구조와 핵심으로 보는
하이라이트 성경 3
| 신약편 |

하이라이트 성경 신약편 3

지은이 임용섭
펴낸이 임상진
펴낸곳 (주)넥서스

초판 1쇄 발행 2015년 1월 10일
초판 2쇄 발행 2023년 5월 1일

출판신고 1992년 4월 3일 제311-2002-2호
10880 경기도 파주시 지목로 5
Tel (02)330-5500 Fax (02)330-5555
ISBN 979-11-5752-248-4 04230
     978-89-6790-641-2 (세트)

www.nexusbook.com

답답했던 성경이
시원하게 읽힌다

Highlight Bible ③

| 신약편 |

마태복음~요한계시록

구조와 핵심으로 보는

하이라이트 성경

임용섭 지음

넥서스CROSS

이 책의 가장 큰 장점은 신약 전체의 흐름과 주제를 우리에게 주어진 성경 그대로의 순서와 배열을 통해 볼 수 있다는 것입니다. 그리고 또 하나의 장점은 "각 권의 구조와 요점" 도표를 통해 그 흐름과 중심 주제를 누구나 쉽고 명확하게 이해할 수 있다는 것입니다. 이미 앞서 출간된 《하이라이트 성경》 구약편을 통해 신학생은 물론이거니와 평신도에 이르기까지 달고 오묘한 그 말씀을 경험케 하고 성경 통독의 큰 목표로까지 인도하는 훌륭한 길잡이가 됨을 입증하였습니다. 하나님 나라를 소망하며 그 비밀을 알고자 하는 모든 이들에게 귀한 선물이 될 것입니다. _정인찬 목사(백석신학대학 학장)

해석학에는 전체와 부분의 순환이라는 문제가 있습니다. 전체를 이해하기 위해서는 부분을 먼저 알아야 하고, 반대로 부분을 이해하기 위해서는 전체를 먼저 이해해야 한다는 것입니다. 성경을 이해하는 것도 마찬가지입니다. 성경의 구체적인 구절들을 이해하기 위해서는 성경 전체의 내용을 먼저 알아야 하고, 성경 전체의 내용을 이해하기 위해서는 먼저 성경의 각 구절들을 제대로 이해해야 합니다. 그래서 때로는 성경을 이해하는 것이 너무나도 요원해 보이곤 합니다. 그런 점에서 복잡해 보이는 내용을 아주 간단하고 일목요연하게 정리하여 성경의 숲을 보게 만들어 주는 임용섭 박사의 《하이라이트 성경》의 출간은 한국 교계에 큰 축복이 아닐 수 없습니다. 이 책을 통해서 성경의 숲을 조망할 수 있다면, 이제는 성경 각 구절의 나무들의 모습을 더욱 더 생생하게 이해할 수 있게 될 것입니다. 특별히 신약은 구약의 배경을 가지고 이해해야 더욱 잘 이해할 수 있다는 점에서 구약을 전공한 임용섭 박사의 신약 읽기는 더욱 풍성한 모습으로 우리에게 제시되고 있습니다. 성경을 진지하게 읽기를 원하는 모든 성도들에게 일독을 권하고 싶습니다.

_이국진 목사(대구 남부교회 담임, 대신대학교 신약학 강사, Noordwes 대학교 신약학 Ph.D.)

성경에 미친 사람, 임용섭 교수를 흔히들 일컫는 말입니다. 그가 또 한 번 별명에 걸맞는 작업을 해냈습니다. 금번에《하이라이트 성경》구약편에 이어 신약편을 출간하게 됨을 진심으로 반기고 환영합니다. 특히 구약학자가 집필한 신약개론서는 구약의 풍부함이 신약을 해석함에 견고한 뿌리가 되어 줄 뿐만 아니라 풍부한 배경을 제공하고 있기에 그 가치를 지닙니다. 특히 현대 성경 연구의 방향이 구약의 터 위에서 신약을, 신약의 빛 아래서 구약을 보고자 하는 경향이 더욱 두드러지고 있기에 이 책은 이런 방향에서 성경을 연구하고자 하는 이들에게 큰 도움을 줄 것입니다.《하이라이트 성경》구약편과 신약편은 성경 연구의 길을 걷고자 하는 이들에게 더할 나위 없는 귀한 동반자가 되어 줄 것이기에 즐거운 마음으로 추천합니다.

_이재성 목사(신원예닮교회 담임, 서울성경신학대학원대학교 신약학 교수)

한국 교회의 자랑스러운 유산들 가운데 하나는 분명 말씀을 사랑하는 것이라 할 수 있습니다. 우리 믿음의 선조들은 기본적으로 성경을 많이 읽으셨습니다. 낡고 손때 묻은 성경을 자손에게 물려주는 것을 자랑스럽게 여길 만큼 성경을 사랑했습니다. 오늘날, 성도들은 그렇게 성경을 많이 읽지도, 그 말씀을 목숨처럼 지키려 하지도 않는 것 같습니다. 이제 교회가 말씀으로 돌아가려면 우선 읽어야 합니다. 그리고 읽으려면 성경의 개요와 맥을 잡게 해 주는 도움이 요청됩니다. 임용섭 박사가 저술한《하이라이트 성경》은 교회로 하여금 성경을 보다 쉽게 접근하게 도와주는 훌륭한 길잡이입니다. 이 책은 단순히 성경 내용을 요약한 책이 아닙니다. 바탕에 성경신학적인 관점을 갖고 있습니다. 특히 저자는 구약을 전공한 장점을 활용하여 신약의 내용을 성경 전체의 흐름 속에서 잘 요약하고 있습니다. 단순한 요약처럼 보이지만, 실은 복음적이고 개혁주의적인 관점에 기초한 건전한 신학적 판단을 바탕으로 정리해 놓았습니다. 교회를 사랑하는 저자의 노고에 감사드리며, 성경을 의미 있게 통독하고자 하는 모든 성도에게 기쁜 마음으로 추천합니다. _채영삼 교수(백석대학교 신학대학원 신약학)

《하이라이트 성경》 구약편이 출판된 지 1년 만에 신약편이 나오게 되었습니다. 구약성경을 본격적으로 공부하고 연구한 지 20년, 그리고 신학교 강단에서 가르친 지 10년이 지난 터라 구약의 세계에는 어느 정도 익숙해 있었습니다. 하지만 거기에 비해 신약의 세계는 다소 생소한 곳이었습니다. 물론 한 사람의 그리스도인이자 성경 신학을 공부하고 가르치는 교사로서 나름 해석적 안목을 가지고 신약을 읽고 묵상해 왔으며, 또 한 사람의 목사로서 여러 차례 신약을 설교하기도 했지만, 그래도 이 부분을 전문적으로 공부한 분들과는 견주지 못할 것입니다. 그럼에도 불구하고 필자가 신약편을 직접 집필하게 된 데는 두 가지 이유가 있습니다.

첫째, 구약과 신약의 연계성 때문입니다. 우리의 성경은 구약과 신약으로 구분되어 있으며 그 역사적인 배경이나 문체 등에 큰 차이가 있습니다. 그렇지만 이 성경을 바르게 읽기 위해서 구약과 신약을 연계해서 읽어야 합니다. 신약은 구약의 역사적 신학적 기초 위에 기록된 것이므로 구약에 대한 바른 이해를 가질 때 신약의 의미를 분명하게 알 수 있습니다. 또 역으로 신약을 알아야 구약의 의미가 분명히 드러납니다. 이것은 마치 작품성이나 구성이 뛰어난 영화를 보는 것과 같습니다. 영화를 중간부터 보기를 좋아하는 사람은 없을 것입니다. 만약 앞부분을 놓친다면 결말의 의미를 온전히 이해할 수 없기 때문입니다. 그런데 일단 영화를 다 보고 결말을 안 상태로 다시 영화를 보게 되면 전반에 깔린 복선이나 세미한 변화 등을 놓치지 않고 볼 수 있게 됩니다. 구약과 신약 역시 하나의 연결된 줄거리로 연계되어 있으므로 구약의 배경을 바탕으로 신약을 읽고, 또 신약의 빛에 비추어 구약을 읽어야 합니다. 이와 같은 연관성을 고려하여 필자는 구약을 넘어 신약까지 아우르는 성경 전체의 큰 그림을 조망하고자 한 것입니다.

둘째, 구조와 핵심을 보는 《하이라이트 성경》 구약편의 기조를 신약편에서도 그대로 유지하고자 했습니다. 현명한 저자는 글을 쓸 때 짜임새 있게 구성하여 메시지나 이야기를 독자에게 확실하게 전달합니다. 연극도 이야기의 흐름을 따라 막과 장으로 구성하여 관객들의 이해를 쉽게 합니다. 성경도 아무렇게나 모아진 수집물이 아니라 체계 있게 짜인 작품입니다. 그러므로 성경을 읽을 때 우리는 어디에서 장면이 바뀌고 주제가 전환되는지 그 구조를 파악하려고 해야 합니다. 그렇게 해서 단원을 구분하고 각 단원의 핵심 메시지가 무엇인지, 또 전후 문맥의 흐름이 어떻게 진행되는지 알아야 성경을 바르게 읽고 해석할 수 있습니다. 그래서 필자는 구약을 개관할 때 대단원부터 중간 단원, 소단원, 소단락에 이르기까지 그 전체와 부분의 단계적인 구조와 핵심을 가급적 단순하고 체계적인 방식으로 정리했습니다. 이것은 부분에 대한 시각을 잃지 않고 전체의 관점을 파악하며, 또 전체의 관점 속에서 부분을 이해하는 데 도움이 되었습니다. 필자는 신약편에서도 이런 기조를 유지하고자 했습니다. 그래서 가급적 본문에 충실하게 그 장면과 논지의 전환에 따라 단원을 구분하고, 각 단계별로 핵심 주제를 파악하여 정리했습니다.

　성경에 제시된 그 방대한 하나님 나라의 뜻과 역사를 쉽고 간결하게 정리하는 것은 결코 쉽지 않은 작업이었지만, 이것으로 성도들이 성경을 부분과 전체를 놓치지 않으면서 그 의미를 쉽게 이해하고 정리할 수 있는 밑거름이 되었으면 좋겠습니다. 이렇게 구약편에 이어 신약편이 나올 수 있도록 해 주신 (주)넥서스의 김명식 목사님 그리고 크로스팀 가족들에게 감사를 드립니다. 그리고 기꺼이 이 책을 추천해 주신 정인찬 교수님, 이국진 교수님, 이재성 교수님, 채영삼 교수님에게 감사드립니다. 마지막으로 어려운 순간에도 항상 함께하며 지원을 아끼지 않는 아내 박경이 그리고 우리의 아름다운 네 자녀 경건, 사랑, 화평, 승리에게 고마운 마음을 전합니다.

말씀의 청지기

임용섭

1. 장기적인 계획을 세우십시오.

이 책은 성경을 진지하게 통독하고자 하는 분들에게 도움이 되도록 만든 것입니다. 성경의 장르와 내용을 따라 구약 5부, 신약 3부로 구성되어 있습니다. 각 파트는 4과로 구성되어 있어 기본적으로 한 주에 1과씩, 한 달에 1부씩 진행하면 좋습니다. 형편에 따라 일정은 조정할 수 있습니다. 다만 장기적인 계획을 세워 꾸준하게 성경과 교재를 병행하여 읽으시기 바랍니다.

구 약	신 약
1부 창세기~룻기(율법서, 역사서 1)	1부 마태복음~사도행전(복음서, 역사서)
2부 사무엘~에스더(역사서 2)	2부 로마서~빌레몬서(바울 서신)
3부 욥기~아가(시가서)	3부 히브리서~요한계시록(일반 서신)
4부 이사야~애가(대선지서)	
5부 호세아~말라기(소선지서)	

2. 차례대로 읽으십시오.

이 책은 우리가 가지고 있는 성경의 순서를 따르고 있습니다. 현재 성경의 배열 역시 중요한 의미를 가지고 있다고 믿기 때문입니다. 입맛에 맞게 역사적으로 재구성하여 읽기보다는 성경의 전후 문맥에 따라 그 구성과 흐름을 살피면 전체의 그림을 볼 수 있는 것은 물론 부분에 대해 보다 깊이 있고 확실한 의미를 발견할 수 있을 것입니다.

3. 빠짐없이 읽으십시오.

성경에는 족보나 명단과 같이 읽기 힘들고 어려운 부분도 있습니다. 하지만 그것들이 의미 없이 그 자리에 있지는 않습니다. 이 교재는 그런 부분들까지 읽을 수 있도록 그 명단이나 목록의 의도가 무엇인지, 그 안의 구조가 어떻게 되어 있는지 등을 설명하려고 했습니다. 지루한 부분이라도 포기하지 않고 그 의도와 구성을 파악하면서 읽는다면, 빨리 가면서도 그 깊은 의미를 놓치지 않고 성경을 읽을 수 있을 것입니다.

4. 비교하며 읽으십시오.

구약의 〈열왕기〉와 〈역대기〉 혹은 신약의 사복음서는 같은 사건을 다양한 시각에서 다루고 있습니다. 이렇게 다른 관점에서 기록된 성경을 통합해서 한 가지 사실을 알아내려고 하는 것은 바른 읽기가 아닙니다. 그것은 같은 재료를 가지고 양념과 조리법을 달리하여 독특하게 요리한 것을 섞어서 잡탕을 만들어 버리는 것과 같습니다. 각각의 성경은 성령의 감동으로 기록된 책이므로 그 나름의 의미를 있는 그대로 각각의 성경이 전달하려고 하는 의도를 이해해야 합니다. 서로 비교하면서 읽는 것은 각각의 강조점과 독특한 관점을 파악하는 데 도움이 됩니다.

구약의 시가서나 선지서 그리고 신약의 서신서를 읽을 때도 마찬가지입니다. 각각의 성경은 다른 상황과 다른 주제를 다루고 있지만 별개의 책들이 아닙니다. 거기에는 공통적인 맥락이 있고, 또 각각의 독특한 기여를 통해 공동의 신학적인 메시지를 전달합니다. 그러므로 각 성경을 읽을 때 개별적인 내용과 주제를 볼 뿐만 아니라, 서로 비교하면서 그 전체적인 구성과 흐름을 염두에 두고 읽을 필요가 있습니다.

5. 교재와 성경을 병행하여 읽으십시오.

이 책은 성경을 읽을 수 있도록 돕는 길잡이입니다. 이것은 위대한 예술 작품을 감상하도록 돕는 안내서와 같습니다. 안내서 없이도 작품을 감상할 수 있지만, 안내서를 잘 활용하면 작품의 진가를 이해하는 데 도움이 될 것입니다. 안내서 읽기와 작품 감상을 병행하듯이 이 책과 성경을 함께 읽으십시오. 이 책은 성경 전체를 대단원에서부터 소단원에 이르기까지 단계적인 단원 구분을 한 다음, 각 단원의 핵심 내용과 주제를 정리하였습니다. 그러므로 교재를 통해 단원 구분과 구조, 그리고 내용 전개의 흐름을 간략하게 살펴보고 그다음에 성경을 읽으면서 그 깊은 의미를 탐구하시기 바랍니다.

6. 도표를 잘 활용하십시오.

각 단원의 큰 그림을 쉽게 기억할 수 있도록 곳곳에 도표가 정리되어 있습니다. 각 단원의 도입 부분에서 전체 내용을 구조적으로 정리하였습니다. 그러므로 위에서 말한 바와 같이 각 성경을 읽기 전에 도표를 통해 먼저 구조적인 큰 틀을 파악하도록 하십시오. 본문에 대한 설명이 마치고 각 과의 마지막에는 핵심 단어를 도표로 다시 정리했습니다. 앞에서부터 차례로 핵심 단어를 되새기면서 차근차근 구조적인 흐름을 암기해 가면 마지막에는 전체 구조가 자연스럽게 머리에 남게 될 것입니다.

7. 목적에 맞는 교재를 사용하십시오.

이 교재는 인도자용과 학습자용으로 구분되어 있습니다.

학습자용은 성경 구절을 직접 적기도 하고 빈 도표를 채우면서 정리를 할 수 있으므로 더 활동적으로 교재를 쓸 수 있습니다. 또한 여러분이 성경에서 얻은 감동이나 깨달은 지식을 난외 여백에 기록하여 둠으로써 다음에 성경을 통독할 때 더 큰 은혜를 받을 수 있을 것입니다. 단지 수동적으로 책에서 지식을 얻는 것이 아니라 능동적으로 여러분이 책을 만들어 가는 것도 큰 의미가 있습니다.

인도자용은 난외 여백에 관련된 중심 성구들을 비롯해 경우에 따라 더 깊이 다루어야 할 내용들이 있습니다. 그러므로 성경 통독반 인도자라면 난외의 내용까지 미리 충분히 숙지해서 참여자들을 인도해야 할 것입니다. 난외주는 기본적으로 다음과 같은 내용을 담고 있습니다.

† **생각해 보세요**   본문의 의미를 다른 각도에서 생각해 보거나 보충하여 설명하는 것입니다.

† **짚어 두세요**   말씀의 더 깊은 의미나 혹은 전체 구속사에서 핵심적인 요소를 짚는 것입니다.

† **적용해 보세요**   본문의 의미를 실제 삶 속에서 적용하거나 교훈을 찾기 위한 것입니다.

† **기억하세요**   성경의 다른 부분 혹은 신약의 성취와 관련된 사항을 새겨보는 것입니다.

성경통독학교
운영 지침

1. 체계적인 교과 과정을 세우십시오.

교회 안에서 계속 성경 통독을 장려할 수 있도록 가급적 1년 단위로 주기적인 교과 과정을 수립하는 것이 좋습니다. 예를 들어 구약 5개월(2~6월), 신약 3개월(9~11월)의 일정으로 구약성경 1년 1독 학교 과정을 운영할 수 있습니다. 또는 구약의 율법서와 역사서를 다룬 1부와 2부 그리고 신약의 복음서와 사도행전을 기본 과정으로 두고, 구약의 시가서와 선지서, 그리고 신약의 바울 서신과 일반 서신을 고급 과정으로 세울 수 있습니다.

2. 학습자들이 결단하고 헌신하게 하십시오.

학습자들이 목표를 가지고 통독할 수 있도록 신청서를 받고 약속된 교과 과정에 헌신하게 하십시오. 모든 과정을 마친 후에는 적절하게 수료식을 하여 계속 참여를 장려하도록 하십시오.

3. 교재와 함께 성경을 읽도록 지도하십시오.

학습자들로 하여금 다음 진도에 대한 성경을 미리 읽어 오게 하는 것이 좋습니다. 각 성경에 대한 간략한 설명과 구조와 요점을 미리 읽어서 대략의 흐름을 파악한 다음 성경을 읽도록 지도하십시오. 숙독이 아니더라도 전체 흐름을 파악하도록 해당 범위의 성경을 미리 읽어 와야 함께 공부할 때 기억에 남게 됩니다. 공부를 한 후에 성경을 다시 정독하면서 내용을 정리하도록 하는 것이 좋습니다.

4. 큰 흐름에 집중하게 하십시오.

학습자들과 함께 공부할 때는 성경의 큰 흐름을 이해하게 하는 데 집중하십시오. 이 교재는 성경 통독을 하면서 하나님 나라를 거시적으로 보게 하는 것을 목적으로 하고 있습니다. 본문 가운데 부분적인 질문이나 논쟁은 별도의 시간에 따로 다루는 것이 좋습니다. 성경에 기록된 것 이외에 알 수 없는 부분을 모른다고 인정하는 것은 매우 바람직한 것입니다. 성경이 가는 데까지 가고 멈추는 데서 멈추십시오. 단, 인도자는 통독 학교를 시작하기 전에 먼저 교재를 끝까지 읽어서 하나님 나라의 거시적인 관점을 숙지하고 있어야 합니다. 가급적 인도자 세미나를 참석하는 것이 도움이 될 것입니다.

5. 도표를 활용하여 구조를 체계적으로 기억할 수 있게 하십시오.

각 단원을 시작하면서 도표를 보고 전체의 구조를 먼저 이해하게 하십시오. 단원 공부가 끝난 후에는 각 과의 마지막에 핵심 단어 정리가 된 도표를 채우고 가급적 차례대로 암기하게 하십시오. 인도자는 핵심 단어를 정리한 카드 혹은 PPT를 활용하여 반복적으로 전체 구조와 흐름, 그리고 핵심 주제를 기억할 수 있게 반복 학습을 하십시오.

Contents

1부 마태복음~사도행전
복음과 역사
026

성경과 하나님 나라

성경은 태초에 하나님이 천지를 창조하신 것으로 시작해서(창 1~2장) 종말에 이루실 새 하늘과 새 땅에 대한 계시로 마무리됩니다(계 21~22장). 그 모든 과정은 이 세상에서 하나님의 통치를 이루시는 "하나님 나라의 역사"입니다. 맨 처음 하나님이 창조하신 그 세상은 모든 것이 질서와 조화를 이룬 완전한 하나님 나라였습니다. 여기에 하나님은 인간을 특별히 하나님의 형상으로 지으시고, 모든 피조물을 다스리도록 하셨습니다. 하지만 인간이 절대적인 통치를 하는 것이 아니라 하나님의 통치를 실현하는 대리자로서 그의 나라를 다스리는 것입니다. 이것이 첫 사람 아담과 하와에게 "선과 악을 알게 하는 과일"을 먹지 말라고 한계를 정하신 이유입니다. 즉 선과 악에 대한 최종적인 결정권을 하나님에게 두고 그분의 말씀과 뜻을 따라 세상을 다스리는 것입니다.

그런데 불행하게도 인간은 하나님의 명령을 어기고 선악과를 따먹었습니다. 이것은 단순한 불순종이 아니라 하나님과 동등해져서 절대적인 통치를 하려는 반역의 사건이었습니다. 그 결과 인간 자신은 물론 그가 다스려야 할 온 세상도 죄의 저주 아래 놓이게 되었습니다. 하지만 하나님은 죄악 된 이 세상을 없애지 않으셨고, 타락한 인간도 포기하지 않으셨습니다. 하나님은 인간과 세상의 역사가 지속되게 하시면서 그 가운데 하나님 나라를 회복하시는 역사를 시작하셨고 지금도 진행하고 계십니다. 성경은 바로 이러한 하나님 나라 회복에 대한 그분의 의지와 역사를 계시하고 있습니다.

구약의 하나님 나라 이스라엘

구약에서 하나님 나라의 역사는 아브라함과 다윗 언약의 기초 위에 세워진 이스라엘을 중심으로 진행되었습니다. 하나님이 온 세상을 회복하시기 위해 그 민족을 제사장 나라 거룩한 백성으로 택하셨기 때문입니다. 이 일을 위해 하나님은 먼저 아브라함을 부르시고 그에게 자손의 번성을 약속하시고 또 그들에게 가나안 땅을 유업으로 주신다고 하셨습니다. 이와 같은 하나님의 약속은 그의 아들 이삭, 그 다음 세대의 야곱에게 전수되었습니다. 하나님의 약속대로 야곱의 열두 아들이 애굽에서 크게 번성하여 이스라엘 민족을 이루었고, 하나님은 그 백성을 애굽의 압제에서 구출하여 내셨습니다. 그리고 시내산에서 그들과 언약을 맺으셔서 공식적으로 하나님의 친 백성으로 삼으시고, 그들을 약속의 땅 가나안으로 인도하셔서 그 땅을 차지하게 하셨습니다.

이스라엘 백성은 가나안 땅에 들어와 하나님의 명령을 어기고 가나안 족속과 교류하면서, 우상을 섬기고 그들의 더러운 풍속을 좇아갔습니다. 하나님은 이에 대한 심판으로서 이스라엘을 주변 나라의 침략에 시달리게 하셨습니다. 그 불행한 역사는 사사 시대 350년 동안 계속되었습니다. 그후 사울이 최초로 기름 부음을 받고 왕이 되었지만 그는 하나님의 명령을 순종하지 않아 버림받았고, 블레셋과의 전쟁에서 죽었습니다. 하나님은 사울을 대신하여 그의 마음에 합한 다윗을 왕으로 세우셨고, 그는 항상 하나님에게 순종하며 그의 뜻을 따라 나라를 통치했습니다.

이런 다윗에게 하나님은 그의 후손이 대대로 그 나라를 다스리도록 영원한 왕권을 약속하셨습니다. 물론 이 나라는 여전히 하나님 나라이므로 그 왕들은 다윗과 같이 하나님의 율례와 법도를 따라 다스려야 하는 책임이 있었습니다. 그런데 불행하게도 그 후손들은 대부분 다윗과 같지 않고, 하나님을 배반하여 그 백성을 바르게 다스리지 않았습니다. 그래서 결국 그 나라는 남북으로 분열된 후 각각 앗수르와 바벨론에 의해 망하고, 다윗 왕조는 끊어졌으며, 그 백성은 약속의 땅에서 쫓겨나 이방 땅에 포로로 잡혀갔습니다. 그럼에도 불구하고 은혜로우신 하나님은 이 나라를 완전히 멸망시키지 않으시고, 그 백성을 다시 약속의 땅으로 돌아오게 하셔서 그 나라를 재건하게 하셨습니다. 하지만 이 나라는 완전히 독립된 것이 아니라 여전히 페르시아(바사) 제국의 지배를 받고 있었고, 그후에는 그리스(헬라) 제국, 그다음 예수님이 탄생할 즈음에는 로마 제국의 지배 아래 있었습니다.

중간사

포로에서 돌아온 이스라엘 백성의 재건 시기에 구약의 계시가 끝나고, 그 뒤로 신약의 계시가 시작되기 전까지 약 400년 동안 계시가 끊겼습니다. 우리는 이 시기를 보통 중간사라고 하는데, 그 역사가 신약의 배경이 되므로 간략하나마 살펴 보는 것이 유익할 것입니다.

⑴ 헬라 제국 시대

구약 역사의 마지막에서 바사 제국은 바벨론 제국을 무너뜨리고 고대 근동의 새 강자로 등장했습니다(주전 539년). 하지만 그 제국 역시 오래가지는 못했습니다. 그리스의 여러 도시 국가들이 바사 제국에 저항하여 전쟁을 하다가, 결국 마게도냐의 알렉산더가 이끄는 헬라 연합군이 바사 제국을 무너뜨렸기 때문입니다(주전 334년). 새로운 헬라 제국은 지중해 북쪽 유럽은 물론 지중해 남쪽 애굽을 비롯한 아프리카 지역, 그리고 아시아와 인도에까지 미치는 광범위한 영토를 지배했습니다. 알렉산더는 동서융합 정책을 폈고 그 과정에서 헬라의 언어, 예술, 문화가 널리 퍼지게 되었습니다. 하지만 그 광대한 제국은 알렉산더가 갑자기 병으로 죽고 난 후 그의 부하들에 의해 네 지역으로 나뉘어졌습니다(주전 323년).

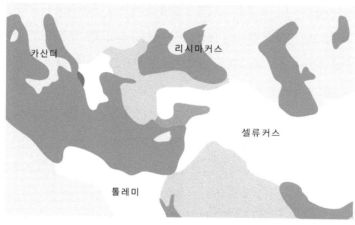

알렉산더 사후 분립된 네 제국

⑵ 톨레미 왕조 시대

헬라 제국이 분열될 때 이스라엘은 애굽을 기반으로 한 남쪽의 톨레미 왕조의 지배 아래 있었습니다. 톨레미 왕조를 처음 시작한 톨레미 1세(주전 305~282년)는 수도 알렉산드리아에 서고와 박물관을 세우며 활발한 문화 활동을 후원했습니다. 그의 뒤를 이은 톨레미 2세(주전 284~246년)는 아버지가 시작한 알렉산드리아의 서고를 정비했고, 바로 이런 시기에 구약성경을 헬라어로 번역한 70인경(LXX)이 나올 수 있었습니다. 알렉산드리아에 거주하는 유대인들은 그 당시 보편적인 언어였던 헬라어를 주로 사용했으므로, 히브리어로 기록된 성경을 헬라어로 번역할 필요가 있었던 것입니다.

⑶ 셀류커스 왕조 시대

바벨론을 중심으로 이스라엘 북동쪽 아시아 지역은 셀류커스가 장악을 했습니다. 팔레스틴 지역을 두고 남쪽의 톨레미 왕조와 북쪽의 셀류커스 왕조 사이에 여러 차례 분쟁이 있다가 셀류커스의 안티오쿠스 3세가 결정적인 승리를 거두고 팔레스틴은 셀류커스의 지배 아래 놓이게 되었습니다(주후 198년). 안티오쿠스 3세는 유대인들에게 비교적 관대한 정치를 하여 종교의 자유를 누리게 했습니다. 하지만 그의 아들 안티오쿠스 4세는 팔레스틴을 완전히 장악하기 위해 강력한 헬라화 정책을 펼치면서 유대인들을 박해했습니다. 자신을 제우스의 현신(에피파네스)이라고 내세우며 예루살렘 성전에 제우스 신상을 세워 숭배하게 하고, 안식일과 할례 등 유대인들의 관습과 제도를 폐지하며, 심지어 율법책까지 파기하게 했습니다. 또 제우스를 위한 제단에서 부정한 제물(돼지)을 바치게 했고 그 부정한 음식을 먹게 만들었습니다. 그는 이렇게 해서 유대인의 종교를 완전히 말살하려고 했던 것입니다.

⑷ 유다의 독립 시대

마카비 반란(주전 167~143년): 예루살렘 근교의 모데인이라는 마을의 늙은 제사장 마따디아가 부정한 제사와 부정한 음식을 거부하고 안티오쿠스의 탄압 정책에 반기를 들었습니다. 그는 자신의 다섯 아들과 경건파 유대인(하시딤)의 지지를 얻어 항전을 하다가 전투 중에 죽고, 셋째 아들 유다 마카비를 후계자로 세웠습니다. 유다는 안티오쿠스의 시리아군을 상대로 곳곳에서 승리를 거두었습니다. 그리고 유다 영토를 회복하고 예루살렘을 수복한 후 성전을 보수하고 정결하게 하여 재봉헌하고 예배를 회복했습니다(주후 164년). 이후로 유다는 비록 정치적으로는 시리아의 통치 아래 있었지만, 어느 정도 종교의 자유를 누릴 수 있었습니다.

유다 마카비가 완전한 독립을 쟁취하기 위해 시리아군과 계속 싸우다 전사한 후, 그의 막내 동생 요나단이 후계자가 되었습니다. 요나단은 셀류커스 왕조 내부에서 계속되는 권력 다툼을 이용해 유다의 안정과 번영을 이루었습니다. 그는 유다의 대제사장과 총독으로 임명을 받아 종교적인 치리권과 행정권을 행사했고, 영토를 늘리며, 조공 면제를 얻어냈습니다. 하지만 그 역시 권력의 암투 속에서 시리아의 전직 장관의 계략에 말려 체포된 후 살해당했습니다(주전 143년).

하스몬 왕조(주전 142~63년): 요나단이 죽고 마따디아의 다섯 아들 가운데 시몬만 남았습니다. 그는 당시 군사령관이었으나 요나단의 대제사장직을 승계한 후 통치를 잘 해냈습니다. 그래서 산헤드린(이스라엘 지도자 회의)의 인정을 받았고, 그렇게 해서 군주의 역할을 하는 대제사장직은 시몬의 가계에서 세습되는 하스몬 왕조가 세워졌습니다. 그런데 야심을 품은 시몬의 양자가 시몬과 그의 두 아들을 살해했고, 피신하여 살아남은 셋째 아들 요한 힐카누스가 시몬의 뒤를 이어 유다 군주가 되었습니다(주전 135년). 요한 힐카누스 시대에 시리아의 안티오쿠스 7세가 파르디아 원정 중에 죽으면서, 유다는 시리아의 지배에서 벗어나 독립 국가와 같은 지위를 누리게 되었습니다(주전 128년). 시리아가 약해진 기회를 타서 힐카누스는 북으로 해안 도시와 사마리아를 정복하고, 남으로는 이두매 지역까지 장악했습니다. 다윗 시대와 같이 영토를 회복했고, 남과 북의 상업로를 장악함으로써 경제적으로도 번영을 이루었습니다.

분파들의 활동: 요한 힐카누스의 시대에 나라가 독립과 안정을 얻으면서 여러 분파들의 활동이 두드러졌습니다. 마카비 반란에 적극 가담했던 경건파 유대인(하시딤)들의 후예로 바리새파와 에세네파가 생겨났습니다. 바리새파는 하스몬 왕조와 결별하고 율법과 교리 연구 및 종교적인 관습을 지키는 데 집중했습니다. 하지만 이들이 비록 현실 정치에서 떠나 있지만 대중들의 지지를 받고 있어서 정치권도 함부로 그들을 무시할 수 없었습니다. 에세네파는 율법을 온전히 순종하기 위해 사해 근처의 광야로 나가 공동체 생활을 했습니다. 이런 점에서 상업을 통해 부

를 축적한 바리새파와 대조된 삶을 추구했습니다. 바리새파나 에세네파와 달리 현실 정치권과 긴밀하게 연결된 사두개파가 있었습니다. 이 분파의 주축은 하스몬 왕가와 연관된 귀족적인 제사장들이었습니다.

힐카누스가 죽은 후에 그의 다섯 아들 사이에 후계자 다툼이 있었습니다. 첫째 아들 아리스토불루스가 정권을 잡고 다른 아우들을 살해하거나 감옥에 가두었습니다. 그는 대제사장이라는 칭호와 함께 왕이라는 칭호를 공식적으로 사용하고, 밖으로는 갈릴리 지역을 회복하는 등 성공적인 통치를 했지만 1년 만에 죽었습니다. 그의 미망인 살로메 알렉산드라는 감옥에서 유일하게 살아남은 시동생 알렉산더 얀네우스와 결혼하고 그를 왕으로 세웠습니다. 얀네우스는 바리새파를 경멸하여 그들의 의식을 모독했고 이에 바리새파가 크게 반발하면서 내란이 일어났습니다. 얀네우스는 질서를 유지한다는 명목으로 용병을 불러와 6,000명을 살해했고, 이에 바리새파는 시리아에 도움을 청했습니다. 시리아군이 얀네우스를 제압하였지만 바리새인들은 나라가 다시 시리아의 손에 넘어갈 것을 염려하여 얀네우스편으로 돌아섰습니다. 하지만 그후로도 얀네우스는 반란 지도자를 색출한다고 사두개인을 연회에 초청하여 그들 앞에서 바리새인 800명을 십자가에 처형했습니다. 이로써 바리새인과 사두개인의 갈등은 더 심화되었습니다.

얀네우스가 죽고 미망인 살로메가 7년을 통치했으나 여자로서 대제사장직을 수행할 수 없었으므로 장자인 힐카누스 2세를 대제사장으로 세우고 그의 아우 아리스토불루스 2세에게는 군사령관직을 맡겼습니다. 살로메 알렉산드라가 죽고 바리새파와 가까운 대제사장 힐카누스가 왕위에 올랐습니다(주전 67년). 하지만 아리스토불루스는 권력의 중심부에서 밀려나 앙심을 품고 있던 사두개파를 소집하여 반란을 일으켜 왕권을 쟁취하였습니다. 힐카누스는 처음에 순순히 왕권을 내어 주었지만 이두매의 총독 안티파테르는 그를 회유하여 왕권을 되찾아 주겠다고 하며 나바테안 왕국의 수도 페트라로 피신을 시켰습니다. 그리고 안티파테르는 나바테안 군대를 이끌고 예루살렘을 공격했습니다. 이와 같은 권력 다툼은 로마의 개입을 불러일으켜 결국 폼페이우스가 군대를 이끌고 예루살렘을 점령했습니다. 그렇게 해서 하스몬 왕조는 힘을 잃고 유다는 로마의 속국이 되었습니다(주전 63년).

(5) 로마 제국 시대

품페이우스는 예루살렘을 장악하고 나서 힐카누스를 대제사장으로 복직시켰습니다. 안티파테르는 힐카누스를 지지하며 로마의 정치와 행정을 지원했습니다. 그동안 로마에서는 시이저가 품페이우스를 살해하고 정권을 잡았습니다(주전 48년). 힐카누스와 안티파테르는 시이저편에 가담했고, 또 그가 애굽과 전쟁할 때 원군을 보내 시이저의 환심을 샀습니다. 그래서 시이저는 힐카누스의 대제사장직을 승인하고 또 그에게 유대인의 통치자라는 칭호를 주었습니다. 안티파테르에게도 로마의 시민권을 주고 그를 유대의 행정장관으로 임명했습니다.

사실상 정치적 실세였던 안티파테르는 큰 아들 파사엘을 예루살렘 총독으로 삼고, 둘째 아들 헤롯을 갈릴리 총독으로 삼았습니다(주전 47년). 로마에서 여러 차례 반란으로 주권자가 바뀌는 동안에도 헤롯가는 여전히 로마의 비호를 받아 권세를 누렸습니다. 그런데 파르디아의 방백 파코루스가 아리스토불루스의 아들 안티고너스를 왕으로 세우려고 하면서 내란이 일어났습니다. 파코루스의 책략으로 힐카누스와 파사엘이 붙잡히고 안티고너스가 왕이 되었습니다. 그동안 헤롯은 페트라로 망명했는데, 기대와 달리 그곳에서 도움을 얻지 못하자 애굽으로 갔다가 로마로 들어갔습니다. 헤롯은 로마의 지원을 얻어 군대를 이끌고 갈릴리를 되찾고 예루살렘까지 정복했습니다. 그리고 하스몬가의 마지막 후계자 안티고너스를 몰아내고 왕이 되었습니다(주전 37년).

헤롯은 예수님이 탄생까지 유대인의 왕으로 다스렸습니다(주전 37~4년). 그런데 그는 혼혈 유대인으로서 이두매인이라 많은 한계와 반발에 부딪혔습니다. 그래서 그는 자신을 지지하는 사람에게는 확실한 보상을 주고 반대하는 사람들은 가혹하게 처벌함으로써 왕권을 확고히 세워 갔습니다. 헤롯 자신은 이두매인으로서 대제사장이 될 수 없었고, 그래서 대제사장 승계권을 가진 처가 하스몬가는 그에게 큰 위협이 되었습니다. 그는 장모 알렉산드라와 아내 미리암네의 압력으로 처남인 아리스토불루스를 대제사장으로 세웠습니다. 그런데 아리스토불루스는 의문의 사고로 일찍 죽었습니다. 헤롯은 힐카누스 마저 음모죄를 덮어씌워 죽였습니다. 그 외에도 헤롯은 주전 25년까지 힐카누스의 남은 남자 친척들을 몰살했습니다.

정적들을 제거하고 나서 헤롯의 통치는 10여 년 정도 전성기를 맞이했습니다(주전 25~14년).

이 시기에 그는 활발하게 건축 활동을 했고, 그 가운데 가장 대표적인 것이 예루살렘 성전을 건축한 것이었습니다(주전 20년). 로마와 관계도 원활하게 유지하여 많은 영토를 얻어냈습니다. 또한 흉년을 핑계 삼아 세금을 감면해 주어 로마에 불만을 가진 백성의 지지를 받았습니다. 이렇게 나라가 안정되는 것 같았지만 그가 10명의 아내와 결혼하여 낳은 아들들 사이에 권력의 암투로 불화가 잦았습니다. 그는 이간자들의 꼬임에 빠져 자신의 두 아들을 교수형 시켰습니다. 또 자신이 왕위 계승자로 세운 아들 안티파테르가 왕위를 찬탈하려고 한다는 음모를 알고 그를 처형했습니다. 하지만 4일 후 혜롯 자신도 지병으로 죽고, 그의 유언대로 막내아들 아켈라오가 왕권을 계승했습니다(주전 4년).

신약성경의 구성

신약성경은 그 장르(문학적 형식)에 따라 크게 두 부분으로 구분됩니다. 예수님의 탄생과 생애를 담은 복음서와 예수님의 제자들의 행적을 보여 주는 〈사도행전〉은 역사적인 기록입니다. 그 외 나머지는 사도들이 교회와 성도들에게 보내는 서신의 형식으로 기록되어 있습니다. 서신서 중에 〈로마서〉부터 〈빌레몬서〉까지 13권은 바울이 쓴 서신이며, 처음 9권은 수신자가 교회이며 뒤의 4권은 개인이 수신자로 되어 있습니다. 바울 서신 다음에 오는 나머지 9권은 다른 사도들이 쓴 서신으로서 특정 교회나 개인을 대상으로 한 서신이 아니라 교회 일반에 보낸 편지라는 의미에서 일반 서신 혹은 공동 서신이라고 합니다(엄밀한 의미에서 〈히브리서〉와 〈요한계시록〉을 제외한 7권을 말하기도 합니다).

역사		서신										
마태	사도행전	롬	고전	고후	갈	엡	빌	골	살전	살후	교회	바울 서신
마가		딤전	딤후	딛	빌						개인	
누가		히	약	벧전	벧후	요일	요이	요삼	유	계	일반 서신	
요한												

신약성경의 구성을 내용면에서 보면 네 부분으로 나누어 볼 수 있으며, 그 기본적인 내용과 구조는 율법서, 역사서, 시가서, 선지서로 구분되는 구약성경과 병행합니다.

1. **복음서**: 처음 네 권의 복음서는 예수 그리스도의 탄생으로부터 공생애 사역 그리고 죽으심까지를 기록한 책들입니다. 구약의 첫 단원인 율법서는 하나님의 언약 백성, 곧 열두 지파로 구성된 이스라엘이 등장하게 된 초기 역사와 그들이 언약 백성으로서 지켜야 할 하나님의 법을 기록한 것입니다. 이와 병행하여 복음서는 열두 사도를 세우시고 또 자신을 희생하여 새 언약 공동체를 이루시는 예수 그리스도의 사역과 새 계명을 기록한 것입니다. 이런 맥락에서 율법서와 복음서는 각각 구약과 신약의 근본적인 토대를 제공한다고 할 수 있습니다.

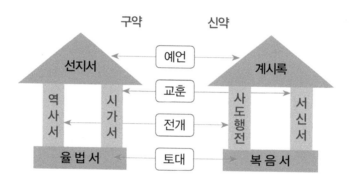

2. **사도행전**: 복음서 다음에 오는 〈사도행전〉은 예수님의 제자들이 그의 지상명령을 따라 예수 그리스도의 증인이 되어 그분이 교훈하시고 명령하신 것을 온 족속들에게 가르쳐 지키게 함으로써 새 구원공동체를 확장해 나가는 과정을 기록한 역사입니다. 즉 〈사도행전〉은 복음서에서 시작된 새 언약 백성의 역사가 예수님의 승천 이후 어떻게 전개되는지를 기록한 것으로서 구약의 역사서와 병행합니다.

3. 서신서: 〈사도행전〉 다음에 오는 책들은 바울과 그 외 사도들이 쓴 편지 형식의 서신서입니다. 이것은 구약의 시가서 특히 지혜서와 마찬가지로 인간편에서 나오는 경험과 사색을 반영하고 있으며, 내용적으로는 교회를 향한 사도들의 권고를 담고 있습니다. 그러므로 서신서는 구원 공동체의 삶에 대한 교훈을 담고 있다는 점에서 구약의 지혜를 담고 있는 시가서와 유사합니다.

4. 계시록: 〈요한계시록〉은 특별한 계시로 받은 예언의 말씀이므로 구약의 선지서와 같은 범주에 둘 수 있습니다. 이 예언의 말씀은 주로 장차 될 일에 대한 것을 보여 주지만, 그것은 구약의 선지서와 마찬가지로 단지 막연한 미래의 사건이나 징조에 대한 암호를 제시하는 것이 아닙니다. 이 책은 주후 1세기에 박해 아래 있는 그리스도인들에게 경고하고 격려하는 메시지를 담고 있습니다. 그러므로 우리는 이 책을 읽을 때 그 예언들을 섣불리 현재 우리의 상황이나 미래에 대한 암시로 해석하지 않도록 주의해야 합니다. 일차적으로 그 말씀이 박해 아래 있는 성도들에게 어떤 메시지를 전달하는가를 생각하고, 그다음에 현재의 그리스도인들에게 어떻게 적용되는가를 찾아야 할 것입니다.

High light Bible

하이라이트 아트 성경

1부

마태복음~사도행전

복음과 역사

복음서는 우리 신앙의 주가 되시는 예수님의 행적과 가르침을 기록한 것입니다. '복음서'라고 부르는 것은 이것이 단순한 전기가 아니라 예수님을 통해서 하나님 나라와 구원의 역사가 성취되었다는 복된 소식을 알리는 책이기 때문입니다. 예수님을 직접 보고 그에 대해 증거했던 제자들이 죽기 시작하면서 예수님에 대한 증거를 후대에게 기록으로 남길 수 있게 한 것입니다.

네 권의 복음서는 중복된 내용도 있지만 같은 사건이나 가르침을 다른 순서와 어휘로 기록하기도 합니다. 사복음서 가운데 처음 3권(마태, 마가, 누가)은 구조나 관점이 비슷하기 때문에, 공통적인 시각에서 본다는 의미로 공관복음이라고 합니다. 하지만 거기에도 분명히 전달 방식이나 표현 혹은 순서 또는 그 전체적인 문맥의 흐름에서 미묘한 차이가 있습니다. 한걸음 더 나아가 〈요한복음〉은 앞의 세 복음과 상당히 다른 내용들을 다루고 있습니다. 이런 차이들이 있는 이유는 각각의 복음서가 다른 강조점과 관점을 가지고 예수님에 대해 더욱 풍성하게 증거하고 있기 때문입니다. 그러므로 복음서를 읽을 때 그 차이를 무시하고 하나의 이야기로 시간에 따라 재구성하려고 할 것이 아니라, 각 저자의 독특한 관점이 무엇인지를 생각하며 읽어야 그 의미를 잘 이해할 수 있습니다.

복음서 다음에 오는 〈사도행전〉은 예수님이 승천하신 후 하나님 나라 복음이 제자들을 통해서 확장되는 역사를 기록한 것입니다. 그러므로 복음서와 〈사도행전〉은 역사적인 연결성을 가지고 있다는 것을 기억하고 성경을 읽어야 합니다.

1과
마태복음

〈마태복음〉은 예수님의 열두 제자의 한 사람인 세리 마태가 썼고 유대인들을 대상으로 한 복음서로서 구약의 많은 말씀을 인용하며 그것이 성취된 것을 증거하고 있습니다. 〈마태복음〉은 이렇게 구약과 밀접하게 연결되어 있으므로 사복음서의 첫 자리에 오는 것이 자연스럽습니다. 즉 신약의 첫 자리에서 예수님이 바로 구약에서 예언된 유대인의 왕 메시야라는 것을 증거하고 있습니다.

〈마태복음〉이 유대인들을 대상으로 하는 책인 만큼 여기에는 이스라엘에 대한 관심이 많이 나타납니다. 예수님은 "유대인의 왕"으로 나신 분이고(마 2:2), "이스라엘 집의 잃어버린 양"을 위해 보냄을 받은 분입니다(마 15:24). 그는 제자들을 보내실 때도 이방인이나 사마리아가 아닌 오직 "이스라엘 집의 잃어버린 양"에게로 가라고 말씀하셨습니다(마 10:5~6). 그러나 이스라엘을 강조한다고 해서 〈마태복음〉이 국수주의적인 구원을 말하는 것은 아닙니다. 오히려 거역하는 이스라엘을 향해 질책하며 하나님 나라의 열매 맺는 이방인이 구원받게 될 것을 선포합니다(마 21:43).

메시야

예수님 태어날 당시 유대인은 로마의 압제 아래 있었습니다. 그래서 하나님의 선택과 약속을 받은 아브라함의 자손으로서 영광과 복은 찾아볼 수가 없었습니다. 그 가운데 유대인들은 구약성경에 예언된 메시야가 오시기를 기다리고 있었습니다. 구약성경, 특히 선지서는 하나님이 다윗의 후손 가운데 다윗과 같은 의로운 왕을 세우시고 구원을 이루실 것을 예언했기 때문입니다. 〈마태복음〉은 신약의 첫머리에서 예수님이 바로 그 구약의 예언을 성취하신 메시야 곧 그리스도이신 것을 증거합니다.

〈마태복음〉의 구조와 요점

1 **왕의 준비** (1:1~4:11)	예수님이 아브라함과 다윗의 자손으로 태어나 성장하신 후 공생애 사역을 위해 준비하셨습니다.		
	1) 계보(1:1~17) 하나님 나라의 회복을 위한 역사의 두 핵심적인 인물 아브라함과 다윗의 계보에서 예수님이 나셨습니다.	**2) 탄생과 성장**(1:18~2장) 예수님이 다윗의 동네 베들레헴에서 탄생하신 후 애굽으로 피신하였다가 나사렛에 정착했습니다.	**3) 공생애 준비**(3:1~4:11) 공생애 사역을 위한 준비로써 예수님이 요한에게 세례를 받으시고 또 마귀에게 시험을 받으셨습니다.
2 **변방 사역** (4:12~16:12)	갈릴리에서 빛이 비칠 것이라는 예언대로 예수님은 갈릴리에서부터 사역을 시작했습니다.		
	1) 1차 사역(4:12~9장) 예수님이 갈릴리에서 가르치고 치유하시는 사역을 시작하시면서 제자들을 모으셨습니다.	**2) 2차 사역**(10~12장) 예수님이 제자들을 세워 파송하시며 사역을 확장해 나가시는 가운데 그에 대한 배척도 커졌습니다.	**3) 3차 사역**(13:1~16:12) 예수님의 천국 복음은 신실한 제자들을 통해 확장될 것을 말씀하시며 배척 가운데 계속 사역하셨습니다.
3 **수난 예고** (16:13~20장)	예수님이 장차 받으실 고난을 예고하시면서 북으로부터 남쪽 유대 지방으로 내려오셨습니다.		
	1) 1차 예고(16:13~17:21) 예수님이 빌립보에서 제자들에게 1차로 받으실 고난을 예고하시고, 영광스러운 변용을 보이셨습니다.	**2) 2차 예고**(17:22~18장) 갈릴리로 돌아오신 예수님이 2차로 고난을 예고하시고, 제자들에게 서로 연합할 것을 교훈하셨습니다.	**3) 3차 예고**(19~20장) 예수님이 유대 지경에 오셔서 3차로 고난을 예고하시고, 천국의 역전된 새 질서에 대해서 가르치셨습니다.
4 **수도 사역** (21~28장)	예수님이 수도 예루살렘에서 최후 사역을 마치고 예고하신 대로 죽임 당하신 후 부활하셨습니다.		
	1) 왕의 출현(21:1~23:36) 예수님이 예루살렘에 입성하신 후 그의 권위에 의문을 품고 도전하는 유대 지도자들과 논쟁하셨습니다.	**2) 왕의 교훈**(23:37~25장) 예수님의 마지막 교훈으로서 장차 있을 환난과 재림 그리고 최후의 심판에 대해 가르치셨습니다.	**3) 왕의 수난**(26~28장) 예고하신 대로 예수님은 유대 지도자들에게 잡히셔서 십자가에 못 박혀 죽으시고 사흘 만에 부활하셨습니다.

1. 왕의 준비(마 1:1~4:11)

1) 계보(1:1~17)

이 계보는 예수 그리스도의 출생 이전 구약의 배경을 보여 줍니다. 첫 구절에 있는 아브라함과 다윗은 하나님 나라 회복을 위한 계획을 따라 언약을 받은 사람들로서 구약의 핵심적인 인물들입니다. 이 두 사람과 더불어 바벨론 포로 사건 역시 하나님 나라의 역사에서 아주 중요한 전환점입니다. 그래서 계보는 각 단계를 강조하기 위해 의도적으로 14대씩 묶고 있습니다.

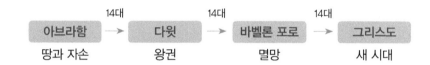

하나님은 아브라함을 택하시고 그에게 땅과 자손의 약속을 주심으로 하나님 나라 회복을 위한 역사적인 기초를 놓으셨습니다. 그 약속을 따라 선택받은 이스라엘 백성이 약속의 땅 가나안을 기업으로 얻었습니다. 그러나 이 백성은 그 땅을 완전히 차지하지 못하고 이방 민족에게 시달리게 됩니다. 아브라함부터 14대 이후 하나님은 다윗을 왕으로 세우셔서 그를 통해 주변 나라를 정복하게 하시고, 또 그에게 영원한 왕권 언약을 주심으로써 그 나라를 견고하게 하셨습니다. 그러므로 다윗 언약과 거기에 따른 다윗 왕조의 수립은 구약에서 전개된 하나님 나라 역사의 정점이라고 할 수 있습니다. 그러나 그후 14대 만에 이스라엘이 망하고 그 백성은 바벨론 포로로 잡혀갔습니다. 아브라함 때 유업으로 받은 약속의 땅은 황폐해지고 다윗 왕조 역시 무너졌습니다. 이 상황에서 이스라엘을 통해 이루고자 하시는 하나님 나라 회복 계획은 무산된 것처럼 보였습니다. 그러나 바벨론으로 사로잡혀 간 후 14대 만에 예수 그리스도의 출현으로 구원과 회복의 새 시대가 열리게 되었습니다. 이렇게 해서 3번의

14대, 즉 7대가 6번이 지난 후 예수님 때부터 마지막 시대가 시작된 것입니다.

2) 탄생과 성장(1:18~2장)

탄생(1:18~2:12). 예수님은 다윗의 후손인 요셉과 그의 정혼녀 마리아의 아들로 나셨습니다. 마태는 예수님이 육신의 법으로 잉태되신 것이 아니라 동정녀의 몸에 성령으로 말미암아 잉태된 것을 증거합니다. 예수 그리스도는 하나님으로서 사람들과 함께하시도록(임마누엘) 육신으로 나신 분이기 때문입니다. 마태는 이것이 이사야 선지자의 임마누엘 예언이 성취된 것으로 제시합니다(사 7:14). 예수님은 다윗의 동네 베들레헴에서 나셨습니다. 이것은 다윗 같은 새 왕의 출현을 예고한 선지자 미가의 예언이 성취된 것입니다(미 5:2).

마태는 또한 유일하게 동방박사들이 찾아와 탄생하신 예수님에게 경배한 사실을 소개합니다. 그들은 별의 징조를 따라 "유대인의 왕"의 탄생을 축하하러 온 사절단이었습니다. 이것은 마치 다윗의 아들 솔로몬이 이방 나라 왕들의 예방을 받았던 것을 연상하게 합니다(왕상 10:23~25). 즉 예수님은 다윗의 후손으로서 하나님 나라를 일으킬 메시야이시기 때문에, 다윗의 후손 가운데 가장 영화로웠던 솔로몬 시대의 영광을 받으시는 것입니다. 또한 이사야의 예언에서도 새 다윗의 이상을 실현하는 메시야는 이방의 빛으로서 이방 민족과 나라들을 인도하는 인물로 묘사되어 있습니다(사 49:6, 55:3~5). 그러므로 마태는 동방박사의 기사를 통해 유대인의 왕으로 나신 그리스도가 온 세상에서 만왕의 왕으로 높임 받으신 것을 증거하고 있습니다.

〈이사야서〉 7장 14절을 적어 봅시다.

_____

_____

애굽으로 피신(2:13~23). "유대인의 왕"으로 나신 예수를 경배한 동방박사들과 대조적으로 헤롯은 자신의 입지가 위협 받을까 염려하여 예수를 죽이려고 하였습니다. 이에 요셉과 마리아는 천사의 지시를 따라 애굽으로 피신하였습니다. 마태는 이 사건을 "애굽으로부터 내 아들을 불렀다."고 한 호세아의 말씀에 연결시켰습니다. 〈호세아서〉에서 이 말씀은 하나님이 이스라엘 백성을 아들로 여기시고 그들을 애굽에서 구출하여 내신 사건을 가리킵니다(호 11:1). 마태는 이 말씀을 인용하면서 하나님이 옛 이스라엘을 애굽에서 구원하신 사건이 새 이스라엘의 대표자이신 예수 그리스도에게서 재현되고 있다는 것을 증거합니다.

3) 공생애 준비(3:1~4:11)

세례(3장). 예수님의 출생 이후부터 공생애를 시작하기 전까지의 성장 과정은 생략하고, 마태는 세례 요한에 대한 소개로 곧바로 넘어갑니다. 요한은 "회개하라."는 외침과 함께 그 이유로 "천국이 가까이 왔느니라."고 했습니다. 다른 복음서 기자와 달리 마태는 세례 요한이 천국 도래의 선언을 하며 나타난 것으로 소개합니다. 이 땅에서 하나님의 통치를 이룰 메시야 곧 하나님의 기름 부음 받은 왕의 시대가 임박해 있음을 선언한 것입니다.

이때 요한은 낙타털 옷을 입고 허리에 가죽 띠를 띠었다고 했습니다(3:4). 구약을 잘 아는 유대 독자들은 이것이 무슨 의미인지를 금방 알아차렸을 것입니다. 무엇보다 그 이상한 옷차림은 엘리야의 특징적인 모습이었기 때문입니다(왕하 1:8). 마태는 털옷과 가죽 띠를 찬 요한이 등장하여 백성들에게 회개하라고 외쳤다는 것을 묘사하면서 이를 통해 바로 구약에서 예언된 엘리야가 등장했으며 이로써 여호와의 날이 가까웠다는 것을 증거합니다.

세례 요한은 사람들에게 회개하라고 외치면서 회개의 증표로 사람들에게 물세례를 주었습니다. 예수님은 죄가 없으므로 세례를 받으실 이유가 없지만 세례를 받으심으로써 죄인인 인간과 같은 입장이 되셨습니다. 그가 물에서 올라오실 때 성령이 임하신 것은 이사야가 예언한 다윗과 같은 메시야의 이상을 이루신 것입니다(사 11:1~2). 그때 하늘로부터 "이는 내 사랑하는 아들이요 내 기뻐하는 자라."(3:17; 참조. 막 1:11; 눅 3:22)는 하나님의 음성이 들렸습니다. 이 선언은 〈시편〉 2편 7절에서 여호와께서 다윗 왕조의 왕들을 가리켜 "너는 내 아들이라."고 하신 말씀과 〈이사야서〉 42장 1절에서 하나님 백성의 구원을 이루실 여호와의 종을 가리켜 "내 마음에 기뻐하는 자"라고 하신 말씀이 합쳐진 것입니다. 그러므로 이 말씀 선포는 예수님이 "기름 부음 받은 왕"이자 "고난받는 종"으로서 사역을 시작하게 되는 취임식 혹은 대관식 선언과 같은 것입니다.

시험(4:1~11). 요한에게서 세례를 받으신 후에 예수님은 광야에 이끌려 가셔서 40일간 주리신 다음에 마귀에게 시험을 받으셨습니다. 예수님이 받으신 시험에 대해 보통 물질욕이나 명예욕 등 인간의 욕심에 대한 시험으로 생각하는 경향이 있습니다. 그러나 예수님은 우리와 같은 인간이시지만 죄는 없으신 분이기 때문에 그런 죄악된 욕심에 끌리시는 분이 아닙니다. 여기에서 마귀는 하나님의 아들 되심에 대해 시험하고 있는 것입니다. 바로 앞에서 예수님이 세례를 받으실 때 하나님은 예수님을 "사랑하는 아들"이라고 선언하셨는데(3:17), 마귀는 예수님에게 "네가 하나님의 아들이어든"(4:3, 6)이라고 시험하며 그의 아들 됨을 도전하며 시험하는 것입니다. 여기에서 예수님의 받으신 시험은 이스라엘이 광야에서 40년간 여정을 재현하는 의미가 있습니다. 즉 구약 시대에 하나님의 아들로 여겨졌던 이스라엘 백성은 광야의 시험에서 실패했는데, 이제 예수님이 그 시험을 이기시고 하나님의 참 아들의 표본을 보이시며 새 이스라엘의 머리가 되신 것입니다.

첫째 시험에서 하나님의 아들로서 육신의 요구를 채우기보다 하나님의 말씀을 순종하는 것이 우선임을 보이셨습니다. 하나님은 광야에서 이스라엘 백성에게 만나를 주실 때 일용할 만큼 주시고 다음날을 위하여 쌓아 두지 않게 하셨고, 또 안식일 전날에는 이틀분을 거두어 안식일에는 거두러 나가지 말라고 말씀하셨습니다. 그러나 이스라엘 백성 가운데 어떤 이들은 말씀에 순종하지 않고 다음날을 위해 쌓아 두거나 혹은 안식일에도 거두러 나간 사람들이 있었는데 그들은 실패했습니다(출 16:20, 27). 이것은 사람에게 먹을 것이 아니라 하나님의 말씀에 순종하는 것이 생명의 길인 것을 깨닫도록 훈련하신 것입니다(신 8:3). 이들은 엿새 동안 충분히 먹었음에도 하나님의 말씀에 순종하지 않았지만, 예수님은 40일을 주리신 후에도 하나님 말씀을 우선순위로 두시며 사람이 떡으로만 사는 것이 아니라 하나님 말씀으로 산다는 〈신명기〉의 말씀으로 마귀의 시험을 물리치셨습니다.

둘째 시험에서는 하나님의 보호하심을 시험하지 않고 절대적으로 신뢰하는 아들의 표본을 보이셨습니다. 광야에서 이스라엘 백성은 물을 구할 수 없을 때 하나님이 그들과 함께 계시는가 안 계시는가를 의심하며 여호와를 시험했습니다(출 17:7). 하나님의 아들이라면 하나님이 보호하실 것이니 성전 꼭대기에서 뛰어내려 보라고 한 마귀의 시험은 하나님에 대한 신뢰를 의심하게 하는 것입니다. 그래서 예수님은 "여호와를 시험하지 말라."는 〈신명기〉의 말씀으로 마귀의 시험을 물리치셨습니다(신 6:16).

셋째 시험에서는 오직 하나님만 섬기는 아들 되심의 모범을 보여 주셨습니다. 모세는 약속의 땅에 들어가려는 이스라엘 백성에게 그 땅에 가서 다른 신을 섬기지 말고 오직 여호와만 섬기라고 했습니다(신 6:13). 그러나 그 백성은 세속적인 욕심을 추구하며 하나님을 배반하고 우상을 섬김으로 심판을 받았습니다. 마귀 역시 예수님 앞에 세상 나라의 권세와 영광을 준다는 빌미로 자기에게 경배하도록 시험했지만 예수님은 단호하게 마귀를 물리치고 오직 하나님에게 경배하고 그를 섬기라는 〈신명기〉의 말씀으로 마귀의 시험을 이기셨습니다.

이렇게 예수님은 참 아들의 모범을 보이심으로 하나님 나라를 사는 백성이 어떻게 살아야 할 것인지를 가르쳐 주셨습니다.

2. 변방 사역(마 4:12~16:12)

예수님은 유대인의 왕으로서 그 중심지인 예루살렘에서 다스릴 분이지만, 처음부터 예루살렘에서 시작하지 않으시고 북쪽 변방 갈릴리에서 사역을 시작하셨다가 점차 남으로 이동하셔서 마침내 예루살렘에서 공생애를 마무리하셨습니다.

1) 1차 사역: 초기 갈릴리(4:12~9장)

사역을 시작하시면서 예수님은 1차적으로 대중들을 대상으로 가르치시고 치유하시는 가운데 제자들을 선발하셨습니다.

갈릴리 사역 시작(4:12~16). 예수님은 공생애 사역을 시작하시기 위해 먼저 갈릴리 호수 주변에 있는 가버나움으로 이사하셨습니다. 이곳은 옛날 스불론 지파와 납달리 지파의 땅으로서, 당시에 유대인들이 이방인의 땅으로 여기고 무시하는 곳입니다. 그러나 북쪽 변방에서 구원의 빛이 비치기 시작할 것이라는 이사야의 예언대로(사 9:1~2) 예수님은 예루살렘이 아닌 갈릴리를 사역 출발지로 삼으신 것입니다.

예수님은 베드로를 비롯해 네 명의 어부를 제자로 부르시고 그들과 함께 갈릴리 호수 주변의 동네들을 다니시며 사역하셨습니다. 예수님의 사역은 크게 가르치심과 치유라고 할 수 있습니다(4:23, 9:35). 가르치심은 왕으로서 지혜를 보여 주고, 치유 사역은 왕으로서 그 백성을 매인 데서 자유하게 하는 능력을 보여 줍니다. 그래서 마태는 예수님의 가르치심을 담은 5편의 강화와 그의 사역을 교차적으로 설명하고 있습니다.

<mark>〈마태복음〉 9장 35절을 적어 봅시다.</mark>

_____

_____

산상수훈(5~7장: 첫째 강화). 이 말씀은 산에서 가르치신 것이라 하여 산상수훈이라고 합니다. 여기의 가르침은 무리가 크게 놀랄 정도로 탁월한 말씀이었습니다(7:28~29).

(1) **팔복(5:3~12):** 팔복의 말씀은 "천국이 그들의 것"이라는 복의 선언으로 시작하여 마지막에 다시 같은 선언으로 마무리됨으로써 하나님 나라 백성을 위한 약속임을 나타냅니다. 그리고 가운데 여섯 가지 복은 미래에 대한 약속으로서 하나님 나라의 소망을 갖게 합니다. 그러므로 팔복의 약속은 이 땅에서 하나님 나라 백성의 삶을 가르치는 말씀입니다.

(2) **소금과 빛(5:13~16):** 소금과 빛의 은유는 세상 속에 있는 하나님 나라 백성의 역할에 대해 설명합니다. 맛을 잃은 소금과 같이 하나님 나라의 삶의 본질을 거역하는 거짓 제자들은 세상에 대한 영향력을 잃고 결국 심판을 받게 되겠지만, 반대로 참된 제자들은 세상에 선한 영향력을 미침으로 하나님에게 영광이 되게 할 것입니다.

(3) **율법의 완성(5:17~48):** 예수님이 율법이나 선지자를 폐하러 오신 것이 아니고 완전하게 하려 하신다는 것은 그가 선포하시고 이루시는 하나님 나라가 구약성경에서 계시한 하나님의 뜻과 다른 것이 아니라는 것을 의미합니다. 그러므로 하나님 나라의 백성은 마땅히 구약의 계명을 여전히 존중하고 지켜 행해야 합니다. 심지어 예수님은 제자들에게 서기관과 바리새인들보다 의롭지 못하면 천국에 들어가지 못하리라고 경고하셨습니다. 이것은 단순히 형식적으로 계명을 지키는 것이 아니라 본질적이고 내면적인 의를 추구할 것을 말씀하시는 것입니다. 이에 대한 실례로 예수님은 다음 여섯 가지 계명에 대해 보다 온전한 순종의 실례를 제시하셨습니다. ① 살인(21~26절), ② 간음(27~30절), ③ 이혼(31~32절), ④ 거짓 맹세(33~37절), ⑤ 보복(38~42절), ⑥ 원수 사랑(43~48절).

(4) **외식(6:1~18):** 계명에 대한 내적인 순종뿐만 아니라 공적인 신앙생활에 있어서도 내면이 강조됩니다. 구제(2~4절), 기도(5~15절), 금식(16~18절)을

행함에 있어서 외식하는 자들과 같이 사람에게 보이기 위해 하는 것은 바람직하지 않습니다. 오직 하나님과의 관계에 집중하여 그가 주실 상급을 바라보며 행해야 합니다.

(5) **재물(6:19~34):** 하나님 나라의 백성은 이 세상의 물질적인 부요함 속에서 안정을 추구하거나 육신적인 염려에 빠지지 말고 우선적으로 하나님 나라와 그의 의를 추구하며 살아야 합니다.

(6) **대인 관계(7:1~12):** 타인과의 관계에 있어서도 의로움이 드러나야 합니다. 외식하는 자들처럼 자신의 허물은 감추고 다른 사람을 비판하지 말고(1~5절), 반대로 선한 말이라도 받을 만한 사람에게 말하는 분별력을 가져야 합니다(6절). 또 구하는 자에게 좋은 것으로 주시는 선하신 하나님에게 기도하면서 동시에 그렇게 받고자 하는 것처럼 다른 사람들에게 먼저 관용을 베풀어야 할 것입니다(7~12절).

(7) **참 제자의 길(7:13~27):** 네 가지 대조를 통하여 참 제자가 얻을 궁극적인 보상과 거짓 제자들이 받을 심판을 설명합니다.

① **좁은 문과 길(13~14절):** 참 제자로서 사는 것은 대부분의 사람들이 기피할 만큼 어려운 길이지만 결국 영생으로 인도하는 길입니다.

② **거짓 선지자(15~20절):** 참된 선지자와 거짓 선지자는 그 행실의 열매를 통해 구분되며, 거짓 선지자는 심판을 피할 수 없습니다.

③ **참 제자(21~23절):** 이적을 행한다고 참 제자가 아니라 하나님 뜻대로 행하는 자가 참 제자이며 최후의 심판 때 구원을 얻을 것입니다.

④ **지혜로운 건축가(24~27절):** 예수님의 말씀을 듣고 행하는 자는 집을 반석 위에 짓는 지혜로운 건축가와 같습니다. 즉 그 말씀을 당장 지키고 행하기는 쉽지 않지만 그 말씀에 순종할 때 궁극적인 안전을 얻을 것입니다.

치유와 이적(8~9장). 첫 번째 강화인 산상수훈을 마치시고 예수님은 산에서 내려오셔서 많은 병자들 곧 나병환자, 이방인, 귀신 들린 자, 유출병 있는 여인

등 당시 사회에서 냉대 받고 소외당하는 자들을 치유하시며 이적들을 행하셨습니다. 마태는 예수님의 사역을 묘사하면서 그가 약속된 메시야이신 것을 증거하고 있습니다. 여기에서 마태는 유일하게 "우리의 연약한 것을 친히 담당하시고 병을 짊어지셨도다."라는 이사야 선지자의 말을 인용하면서 예수님이 〈이사야서〉에서 예고된 메시야의 이상으로서 대속적 희생을 성취하신 고난의 종이라는 것을 증거합니다(마 8:17; 사 53:4. 참고. 막 6:32~34; 눅 4:40~41).

예수님은 또한 사람의 병을 치료하실 뿐만 아니라 자연까지도 다스리시며 귀신들까지 복종하게 하시는 초자연적인 권능을 가지신 분입니다. 더 나아가 하나님과 같이 죄를 사하는 권세를 가지셨으며, 그래서 죄인들을 찾으시고 그들과 함께하셨습니다. 이렇게 예수님이 여러 동네를 두루 다니시며 가르치시고 치유 사역을 하셨지만 무리들은 여전히 목자 없는 양과 같이 바른 지도자들이 없어 고생하고 있었으므로(참고. 렘 50:6) 예수님은 그와 동역할 사역자들을 세우고자 하셨습니다. 그래서 다음 사역 단계는 제자들에 초점을 맞춥니다.

2) 2차 사역: 제자 훈련(10~12장)

예수님의 1차 사역을 통하여 하나님 나라를 선포하고 이루어 나가는 기반이 형성되었습니다. 이제 2차 사역에서 예수님은 제자들에게 권한을 위임하고 파송하여 사역을 더욱 확장해 나가십니다. 그러나 그 가운데 배척하는 무리들도 생겨납니다.

선교 지침(10장: 둘째 강화). 예수님은 열두 제자를 세우시고 그가 하셨던 것처럼 귀신을 쫓아내고 병자를 치유하는 권능을 위임하셨습니다(1~4절). 그리고 그들을 이스라엘에 보내시며 지침과 권면의 말씀을 주셨습니다(5~42절). 이것이 〈마태복음〉의 두 번째 강화에 해당합니다.

여기에서 예수님은 제자들을 "이스라엘 집의 잃어버린 양"에게로만 가라고 하셨습니다(6절). 이것은 유대인에게 복음을 전하는 마태만 특별하게 기록한 부분입니다.

이 말씀은 구원을 이스라엘에게만 제한시키신 것이 아니라 구약에서부터 하나님의 언약 백성인 이스라엘 백성을 향해 먼저 긴급하게 천국 복음에 응답하도록 부르시는 것입니다. 또한 예수님은 제자들이 배척과 박해를 받게 될 수 있음을 경고하시면서 사람을 두려워하지 말고 오직 하나님만 신뢰하라고 하셨습니다. 심지어 가족과 친척에게 배척당할 수도 있겠지만 죽음을 무릅쓰고 예수님을 따르면 생명을 얻을 것을 약속하시며 그들을 준비시키셨습니다.

사역과 배척(11~12장): 제자들을 파송하시며 주신 말씀을 기록한 후에 마태는 다시 예수님의 사역을 묘사합니다. 특히 예수님이 많은 배척을 당하시는 모습이 소개되는데 이것은 앞에서 제자들에게 말씀하신 박해의 경고와 잘 연결됩니다.

(1) **세례 요한의 물음(11:2~19):** 세례 요한은 예수님이 그에게 세례를 받으러 오셨을 때 그가 메시야이신 것을 알아봤습니다(3:13~14). 그런데 지금 세례 요한은 감옥에 갇혀 있는 상황에서 예수님의 사역은 그가 생각했던 것과 달랐습니다. 그는 메시야가 성령과 불로 세례를 주고, 대대적인 심판을 행사할 것을 기대했지만(3:11~12), 예수님은 전도와 치유 사역에 치중하셨던 것입니다. 그래서 세례 요한은 예수님이 과연 오실 메시야이신가에 대해 의문을 품고 제자들을 보내 다시 확인하고자 했습니다. 예수님은 세례 요한에게 확신을 주시기 위해 치유의 이적과 함께 가난한 자에게 복음이 전파된다는 사실을 알리셨습니다. 이것이 〈이사야서〉에서 예언된 메시야의 중요한 사역이기 때문입니다(사 61:1). 그리고 세례 요한을 높이 평가하시며 다른 한편으로 세례 요한도 배척하고 예수님도 배척하는 이스라엘 백성을 꾸짖으셨습니다.

(2) **배척과 영접(11:20~30):** 예수님이 많은 이적을 행하셨음에도 불구하고 그를 배척한 이스라엘의 도시들을 꾸짖으셨습니다. 그러나 기득권을 가지고도 교만하여 예수님을 배척한 자들과 달리 하나님의 뜻대로 어린아이와 같이 순

수하게 예수님을 영접하는 자들은 예수님 안에서 안식을 누리게 될 것을 말씀하시며 고통당하는 자들을 초청하셨습니다.

(3) **논쟁(12:1~45):** 예수님을 배척하던 바리새인과 서기관들이 예수님의 사역에 문제를 제기하며 논쟁을 했습니다.

① **안식일(12:1~8, 9~21):** 안식일에 대해 두 가지 논쟁이 있었습니다. 첫 번째 논쟁은 제자들이 안식일에 시장하여 밀밭 사이에서 이삭을 잘라 먹는 것 때문에 비난을 받은 것이었는데, 예수님은 이 논쟁에서 자신이 "성전보다 더 큰 이" 그리고 "안식일의 주인"이라는 정체성을 선포하셨습니다. 즉 제자들은 성전보다 더 크신 예수님을 섬기는 가운데 양식을 얻은 것이고, 또 예수님은 안식일의 주인으로서 제자들에게 자비를 베푸셨기 때문에 제자들은 정죄에서 자유롭습니다. 두 번째 논쟁 역시 자비의 문제로서, 예수님은 안식일에 선을 행하는 것이 옳다 하시고 안식일에 치유의 사역을 계속하셨습니다. 이 모든 논쟁이 보여 주는 것은 예수님이 사람들에게 평안과 안식을 주심으로써 안식일의 원 뜻을 성취하시는 메시야라는 것입니다.

② **바알세불(12:22~37):** 예수님이 치유의 이적을 행하시는 것을 보고 사람들이 그를 "다윗의 자손"이라고 인정하자 바리새인들은 예수님이 귀신의 왕 바알세불의 힘을 입어 귀신을 쫓아낸다고 하며 그를 바알세불의 하수인으로 모함했습니다. 그러나 예수님은 분명하게 "성령을 힘입어" 귀신을 쫓아내시는 것이며, 그의 사역을 통해 "하나님 나라"가 이미 그들에게 임하고 있음을 선포하셨습니다.

③ **표적(12:38~45):** 서기관과 바리새인들은 예수님에게 표적을 요구했습니다. 앞 단락과 연결하여 본다면 예수님이 귀신이 아니라 성령을 힘입어 사역하신다는 말씀에 대해 보다 구체적인 증거를 요구하는 것이라고 볼 수 있습니다. 여기에 대해 예수님은 그들을 음란하고 악한 세대라고 꾸짖으시며, 자신은 "요나보다 더 큰 이" 그리고 "솔로몬보다 더 큰 이"

라고 분명하게 선포하셨습니다. 또한 예수님이 하나님 나라를 성취하시는 분으로서 그들을 압제로부터 자유롭게 해도 그들이 예수님을 받아들이지 않음으로 더 심한 압제에 시달리게 될 것을 경고하셨습니다.

(4) **예수님의 가족(12:46~50):** 갑자기 예수님의 가족 이야기가 나오는 것은 문맥에 벗어난 것처럼 보이지만, 제자들에 대한 예수님의 마음을 보여 줌으로써 제자들에 초점을 둔 2차 사역에 대한 기사를 마무리하는 것입니다. 예수님은 자신을 만나려고 기다리는 어머니와 동생들 대신에 거기에 함께한 제자들이 바로 어머니와 동생들이라고 하시면서, "내 아버지의 뜻대로 하는 자가 내 형제요 자매요 어머니이니라."고 하셨습니다. 그 제자들은 앞에서 배척하는 자들과 대조적으로 예수님을 그리스도로 인정하고 그가 전하는 하나님 나라의 복음을 받아들인 사람들입니다. 이렇게 아버지의 뜻대로 계시를 받아 예수님을 영접하며(11:25~27) 아버지의 뜻대로 순종하는 자(12:50; 참고 7:21, 21:31)가 예수 그리스도와 함께 하나님 나라를 상속받아 누리는 예수님의 참된 가족입니다.

〈마태복음〉 7장 21절, 21장 31절을 적어 봅시다.

3) 3차 사역: 새 공동체(13:1~16:12)

2차 사역 중에 대두된 예수님과 종교지도자들과의 갈등은 3차 사역에 와서 더 심화되었습니다. 이제 예수님은 바리새인이나 서기관들과 같이 그를 배척하는 종교지도자들과 확실하게 갈라서시고 그 제자들과 따르는 무리들로 새 공동체를 세워 가십니다. 또한 예수님의 사역이 진행되는 가운데 그가 누구이신지 그 정체성에 대해 사람들의 다양한 인식이 드러납니다.

천국 비유(13:1~52: 셋째 강화). 예수님은 지금까지 하나님 나라의 도래를 선포하며 많은 사람들을 초청했습니다. 그런데 여기에서는 천국에 대해 비유로 가르치십니다. 그것은 천국의 비밀을 받을 만한 자들에게는 그 신비를 더 깊이 있게 깨닫게 하시고 반대로 배척하는 자들에게는 감추려 하시기 위해서입니다. 즉 영접하는 자와 배척하는 자를 구별하시는 것입니다. 예수님은 먼저 세 비유를 통해 완전한 하나님 나라의 도래에 이르기까지 천국 복음이 널리 전파되는 확장의 과정을 설명합니다(1~43절). 나머지 세 비유는 하나님 나라의 가치를 가르치시며 그 나라를 최우선으로 선택할 것을 촉구합니다(44~52절).

(1) **천국 복음의 흥왕(1~43절)**: 천국 복음이 널리 퍼지지만 그러나 거기에 참여하는 자들과 그렇지 못한 자들이 구별된 것을 예고합니다.

① **씨 뿌리는 자(1~23절)**: 천국 복음을 들어도 열매 맺지 못하는 여러 사람들이 있겠지만, 이 말씀을 잘 받아들이고 결실을 맺는 사람들을 통해 널리 확장됩니다.

② **가라지(24~30절)**: 거짓 교훈을 따르는 악한 자들이 천국 복음을 받아들이는 자들과 함께 세상에 남아 있겠지만 그들은 결국 최후의 심판 때에 구별되어 형벌을 받을 것입니다.

③ **겨자씨와 누룩(31~33절)**: 천국 복음은 미미하게 시작하는 것 같아도 온 세상을 변화시키며 흥왕하게 될 것입니다.

■ 비유로 말씀하신 이유와 가라지 비유 해설(34~43절)

(2) **천국의 가치(44~52절)**

① **밭에 감추인 보화(44절)**: 천국은 모든 것을 희생하고라도 얻어야 할 만큼 가치 있는 것입니다.

② **진주 장사(45~46절):** 감추인 보화의 비유와 유사한데, 다만 여기에는 좋은 진주를 찾다가 결국 발견한 진주 장사가 나옵니다. 이것은 하나님 나라를 사모하며 기다리는 사람이 그 나라를 얻게 된다는 것입니다.

③ **그물(47~50절):** 하나님 나라가 이루어질 때 그 나라를 선택하고 사모한 사람들은 거기에 참여하게 되겠지만 그렇지 않은 사람들은 심판을 받게 될 것입니다.

■ **비유의 결론(51~52절):** 천국의 제자들은 예수님의 새 가르침(새것)과 이미 계시된 구약의 말씀(옛것)을 토대로 하나님 나라의 복음을 전달해야 합니다.

사역과 반응(13:53~16:12). 바닷가에서 비유로 말씀하신 후에 예수님은 갈릴리 주변 동네를 다니시며 가르치시고 이적을 행하셨습니다. 그 가운데 예수님의 정체성에 대해 다양한 반응들이 나타납니다. 고향에서는 예수님을 "목수의 아들"이라고 하며 배척했습니다(13:53~58). 헤롯은 예수님의 기적에 대한 소문을 듣고 자기가 처형시킨 "세례 요한"이 다시 살아났다고 생각했습니다(14:1~12). 세례 요한의 죽음은 예수 그리스도 희생에 대한 전조이기도 합니다(17:12).

오병이어의 기적 후 예수님이 제자들을 먼저 배로 보내셨는데, 그들이 풍랑을 만나 두려워할 때 예수님이 물 위를 걸어오셔서 배에 오르시자 바람이 멈추었고, 이것을 본 제자들은 그 앞에 절하고 "하나님의 아들"이라고 인정했습니다(14:13~33). 예수님이 갈릴리 넘어 북쪽 이방 땅인 두로와 시돈에서 사역하실 때 귀신 들린 딸을 둔 가나안 여인이 찾아와서 예수님을 "다윗의 자손"이라고 부르며 딸의 치유를 간청했습니다(15:21~28). 그 여인은 예수님이 바로 유대인이 기다리던 그 메시야라고 인정한 것입니다. 그래서 예수님의 거절에도 불구하고 그 여인은 부스러기라도 주워 먹는 심정으로 간절히 구했습니다. 이와 같은 이방 여인의 믿음과 태도는 예수님의 우선적인 사역 대상이면서도 정작 그를 배척한 이스라엘 백성과 극적으로 대조됩니다.

이스라엘 백성 가운데 예수님을 가장 배척한 사람들은 바리새인과 서기관 같은 종교지도자들이었습니다. 이제 예수님은 보다 적극적으로 그들의 주장을 반박하면서 제자들을 그들과 분명하게 나누셨습니다. 예수님의 제자들이 손을 씻지 않고 음식을 먹는 것을 보고 바리새인과 서기관들이 비난하자, 예수님은 오히려 그들이 사람의 전통을 지키느라 정작 하나님의 계명을 어긴다고 하시며 그들의 비난을 일축하셨습니다(15:1~20). 또 바리새인과 서기관들이 표적을 구하자 그들을 음란한 세대라고 꾸짖으시고 요나의 표적밖에는 보여 줄 게 없다고 하시며 그들을 떠나셨습니다(16:1~4). 그리고 제자들에게는 바리새인과 사두개인들의 누룩(거짓 교훈)을 주의하라고 말씀하셨습니다(16:5~12). 이와 같이 예수님은 당시의 종교지도자들과 분명하게 선을 긋고 제자들에게 그들의 외식과 거짓 교훈을 따르지 않도록 경계하셨습니다.

3. 수난 예고(마 16:13~20장)

이 단원에 와서 예수님의 사역과 말씀에는 두 가지 특징이 나타납니다. 첫째, 그 행하시는 걸음이 북쪽 위 빌립보에서부터 시작하여 갈릴리를 지나 남쪽의 유대 지경으로 내려가고 있습니다. 둘째, 가시는 길에서 거듭 제자들에게 예수님이 고난당하실 것을 예고하십니다. 예수님은 고난당하시러 예루살렘을 향하여 남쪽으로 내려가시고 있기 때문입니다.

1) 1차 예고: 빌립보(16:13~17:21)

베드로의 고백(16:13~20). 갈릴리 넘어 북쪽에 있는 빌립보에 와서 예수님은 사람들이 자신을 어떻게 생각하는지 제자들에게 물으셨습니다. 그동안 가르침과 사역을 통해 예수님은 자신의 정체성을 드러내셨고 이제 사람들의 반응을 물으신 것입니다. 사람들이 예수님을 세례 요한이나 엘리야 혹은 예레미야와 같은 선지자의 하나로 본다고 대답하자, 이번에는 제자들이 예수님을 어떻게 생각하는지 직접 물으셨습니다. 이때 베드로가 "주는 그리스도요 살아 계신 하나님의 아들"이라고 대답했습니다. 이것은 하나님으로부터 온 계시라고 할 만큼 절대적인 진리였습니다. 그러나 아직은 때가 아니기 때문에 예수님은 이것을 다른 사람에게 말하지 말라고 명령하셨습니다.

수난 예고(16:21~28). "이때로부터", 곧 예수님의 정체성이 제자들에게 분명하게 정립된 때부터 예수님은 자신의 고난과 죽음 그리고 부활을 예고하시기 시작했습니다. 비록 그가 하나님 아들로서 유대인들이 대망하던 메시야(그리스도)이지만, 많은 유대인들의 기대처럼 그가 당장 왕권을 행사하시며 이스라엘을 회복하실 것이 아니기 때문입니다. 그 일을 이루시기 위해 예수님은 먼저 고난을 당하셔야 했습니다. 그래서 예수님은 고난에 대해 예고하심으로 제자들을 준비시키고자 하셨습니다. 수난 예고에 대한 베드로의 부정적인 반응은 제자들이 여전히 미숙한 상태로 메시야에 대한 기대를 가지고 있다는 증거입니다. 그래서 예수님은 베드로를 꾸짖으시고 제자들에게 죽음을 각오하고 주님을 따를 것을 말씀하셨습니다.

예수님의 영광(17:1~13). 최초의 수난 예고 후 예수님은 세 제자를 데리고 높은 산(헐몬산으로 추정)으로 올라가셔서 제자들 앞에서 영광스럽게 변모하셨습니다. 이것은 바로 앞 절에서 언급된 것처럼 예수님이 왕권을 가지신 메시야(그리스도) 되심을 보여 주는 것입니다(참고. 16:28). 그리고 모세와 엘리야와 함께 말씀을 나누셨고, 또 예수님이 세례를 받으실 때와 마찬가지로 하늘로부터 음성이 나서 예수님을 "내 사랑하는 아들이요 내 기뻐하는 자"라고 하는 선언이 있었습니다. 이 선언은 예수님이 하나님의 사랑하시는 아들로서 왕적인 존재이지만, 동시에 하나님의 뜻을 순종하여 그를 기쁘시게 하는 종이 되신다는 것을 선포함으로써 메시야의 수난을 예고합니다.

귀신 들린 아이를 치유하심(17:14~21). 예수님이 변화산에서 내려오시는 동안 다른 제자들은 곤란한 도전에 직면하고 있었습니다. 어떤 사람이 간질 발작 증세가 있는 자기 아들을 치유해 달라고 찾아왔는데 제자들 가운데 아무도 그를 고칠 수 없었던 것입니다. 결국 예수님이 제자들의 믿음 없음을 꾸짖으시고 그 아이를 고쳐 주셨습니다. 이 사건은 예수님이 고난당하시고 떠나실 때가 가까웠는데 여전히 제자들은 믿음 없이 약한 상태에 있다는 것을 보여 주는 것입니다.

2) 2차 예고: 갈릴리(17:22~18장)

수난 예고(17:22~23). 북쪽 끝 빌립보 지방에서 내려와 갈릴리로 오신 예수님이 다시 그의 받으실 고난을 예고하셨습니다. 그러나 제자들은 여전히 예수님의 수난을 받아들이지 못하고 근심했습니다. 두 번째 수난 예고는 처음 예고와 비슷하지만 "사람들의 손에 넘겨져"라는 말씀에는 제자의 배반이 있을 것이라는 암시가 있습니다.

예수님 시대의 팔레스타인

성전세(17:24~27). 성전세를 거두는 자들이 베드로를 통해 예수님에게 성전세를 내실 것인지 물었습니다. 아마도 이들은 예수님이 유대인의 전통을 거스른다는 트집을 잡아 고소하려는 의도였을 것입니다. 베드로는 내실 것이라고 대답했지만 예수님은 베드로에게 그가 아들이시기 때문에 성전세를 바칠 의무가 없다고 하셨습니다. 그럼에도 불구하고 예수님은 다른 사람들이 실족하지 않도록 베드로에게 물고기를 잡아 그 입 속에 있는 돈을 가져다 세금을 내라고 하셨습니다. 이 기사는 예수님의 신성을 증거하면서 동시에 스스로 낮아지시는 겸손과 수용을 보여 주면서 다음 강화로 연결됩니다.

공동체 윤리(18:1~35: 넷째 강화). 〈마태복음〉의 다섯 강화 중에서 넷째인 이 강화에서 예수님은 제자들에게 서로 겸손과 용서로 연합하도록 권고하셨습니다.

(1) **겸손(1~14절):** 사람들 위에 큰 자로 군림하기보다 오히려 낮아져서 섬기는 자가 하나님 나라에서 큰 자로 인정받을 것입니다(1~4절). 아무리 작은 자라도 하나님 나라에서는 지극히 소중한 존재이기 때문에 그를 실족하게 하는 자는 큰 벌을 받을 것이며, 작은 자 중에 하나라도 잃지 않도록 지키십니다(5~14절).

(2) **회개의 권고(15~20절):** 하나님 나라에서 한 사람 한 사람이 그렇게 소중하기 때문에 누구라도 범죄하면 그를 즉시 정죄하고 쳐내는 것이 아니라 먼저 최선을 다해 돌이키도록 권고해야 합니다.

(3) **용서(21~35절):** 공동체 안에서 다른 형제가 죄를 범하여 피해를 끼쳤다 하더라도 그를 무수히 용서하고 용납해야 합니다. 우리 모두는 하나님에게 더 큰 용서를 받은 사람들이기 때문입니다.

3) 3차 예고: 유대 지경(19~20장)

예수님은 갈릴리에서 사역을 마치신 후 예루살렘에 들어가시기 위해 남쪽 유대 지방으로 오셨습니다. 거기에서도 많은 무리가 그를 따랐고 그래서 예수님은 그들 가운데 가르침과 치유의 사역을 계속하셨습니다(19:1~2). 예수님은 여기에서 주로 역전된 천국의 새 질서에 대해 말씀하셨습니다. 즉 이 땅에서 낮은 자가 천국에서 높아지고, 이 땅에서 높은 자는 천국에서 낮아질 것을 강조하셨습니다.

바리새인의 시험(19:2~12). 바리새인들은 당시 종교지도자들로서 기득권을 가지고 있었고 부자였습니다. 갈릴리 사역 동안에도 그랬듯이 그들은 예수님을 인정하지 않고 어떻게든 고소할 거리를 찾았습니다. 어떤 경우에 이혼이 가능한가라는 그들의 질문에 예수님은 이혼이 본래 하나님의 뜻은 아니며, 다만 사람들이 악하기 때문에 모세의 율법에 이혼을 허락하신 것이라고 하셨습니다. 말씀하신 끝에 "천국을 위하여 스스로 된 고자도 있도다."라고 하신 것은 예수님 자신을 비롯해 천국을 위해 스스로 낮아지고 헌신한 제자들을 의미하는 것으로 보입니다.

역전된 새 질서(19:13~20:16). 사람들이 예수님에게 안수기도해 주실 것을 바라고 어린 아이들을 데려왔을 때 제자들은 꾸짖었지만 예수님은 "천국은 이런 사람의 것"이라 하시며 그들에게 안수하셨습니다(19:13~15). 이 땅에서 낮은 자로 멸시와 거절을 당하는 사람들이 하나님 나라에서 유업을 얻게 될 것을 말씀하신 것입니다.

그러나 이와 반대로 예수님을 찾아온 부자 청년에 대한 기사에서 예수님은 부자가 천국에 들어가기가 어렵다고 하셨습니다(19:16~30). 마지막에 "먼저 된 자로서 나중 되고 나중 된 자로서 먼저 될 자가 많다."고 하신 것은 이 세상에서 부와 기득권을 누리며 예수님과 그의 나라를 거부한 자들이 심판을 받고 반대로 예수님을 위해 모든 것을 포기하고 낮아진 자들이 보상받을 것을 선언하신 말씀입니다.

이와 같은 역전의 상황을 설명하시기 위해 예수님은 포도원 품꾼 비유를 말씀하셨습니다(20:1~16). 아침부터 정오, 그리고 오후 늦게 품꾼이 동원되었는데 가장 나중에 불려 왔던 사람들이 먼저 삯을 받았으며, 더구나 아침부터 온 품꾼들과 동등한 삯을 받았습니다. 결국 하나님 나라를 유업으로 받는 것은 개개인의 공로가 아니라 전적으로 하나님의 주권과 은혜에 달려 있다는 것을 보여 줍니다.

수난 예고(20:17~28). 예루살렘에서 수난과 죽으심을 예고하시며 처음으로 십자가 처형을 구체적으로 언급하셨습니다. 그런데 예수님이 이렇게 십자가의 죽으심을 향해 가고 있을 때, 제자들은 오직 명예와 권력에만 관심을 두고 누가 주의 나라에서 예수님의 좌우편에 앉을 것인가를 두고 신경전을 벌이고 있었습니다. 이런 제자들에게 예수님은 누구든지 으뜸이 되려면 오히려 섬기는 자가 되어야 한다고 말씀하시고 자신의 대속적 죽음을 다시 말씀하셨습니다.

맹인 치유(20:29~34). 여리고를 지나가실 때에 맹인 두 사람이 예수님에게 도움을 요청하였을 때 무리들은 꾸짖었지만 예수님은 그들을 불쌍히 여기시고 그들의 소원대로 눈을 뜨게 하셨습니다. 이 기사는 천하고 무시받는 사람들이라도 사랑하고 아끼시는 예수님의 긍휼을 보여 줍니다. 또한 이들은 비록 맹인이었지만 예수님을 "다윗의 자손" 즉 메시야로 바로 보고 믿는 믿음이 있었습니다. 이러한 인식은 바로 다음 장면에서 예수님이 예루살렘에 입성하실 때 사람들이 그를 다윗의 자손으로 맞아들이는 것의 전조라고 할 수 있습니다.

4. 수도 사역(마 21~28장)

유대인의 왕으로 오신 예수님이 드디어 왕의 도성인 예루살렘에 입성하셨습니다. 하지만 그는 예루살렘에서 왕으로 군림하신 것이 아니라 지금까지 예고해 오신 것처럼 고난과 죽임을 당하시는 대속의 희생물이 되셨습니다.

1) 왕의 출현(21:1~23:36)

왕의 입성(21:1~11). 예루살렘에 가까이 오셔서 예수님은 더 이상 도보로 들어가시지 않고 제자들을 보내 나귀 새끼를 준비하게 하여 그 나귀를 타고 들어가셨습니다. 유대인들을 위해 쓴 복음서인 만큼 마태는 구약 선지자 스가랴의 말씀을 인용하면서 예수님이 이렇게 하신 이유를 설명하고 있습니다.

시온 딸에게 이르기를 네 왕이 네게 임하나니 그는 겸손하여 나귀, 곧
멍에 메는 짐승의 새끼를 탔도다 하라 하였느니라(21:5).

〈스가랴서〉의 이 예언은 예루살렘에 임하시는 메시야가 말을 타고 오는 정
복자가 아니라 겸손하게 섬기는 왕으로 오시며 이방 사람에게까지 평화를 전
하는 왕으로 오실 것을 말합니다(슥 9:9~10). 예수님은 군사적인 힘으로 이스
라엘을 회복하시는 분이 아니라 겸손한 왕으로 오셔서 당신의 희생을 통해 온
세상의 평화를 이루셨습니다.

성전 정화(21:12~22). 예수님이 예루살렘에 입성하셔서 첫 번째 하신 일은
성전에서 장사를 하며 더러운 이익을 탐하는 자들을 몰아내어 성전을 깨끗하
게 하신 것입니다. 이것은 구약에서 다윗의 후손이 성전을 짓고 보수하며 관리
하는 책임을 연상시킵니다. 즉 예수님은 다윗의 언약을 성취하신 분으로서 성
전을 관리하시는 것입니다. 또한 여기에서 마태는 다른 복음서들과 달리 예수
님이 성전에서 맹인들과 저는 자들을 치유하신 것을 묘사하고 있습니다. 아울
러 성전에서 예수님을 다윗의 자손으로 칭송하는 어린이들에 대해 분노하는
대제사장과 서기관들에게 〈시편〉 8편 2절의 말씀으로 반박하시는 것도 기록
하고 있습니다. 예수님은 이렇게 성전에서 교만한 기득권자들을 내치시고 약
한 자들을 돌보심으로 성전이 만민이 기도하는 집이 되게 하셨습니다. 이것은
악한 자들을 물리치고 가난하고 소외된 자들을 불쌍히 여겨 돌보는 이상적인
다윗 왕조의 왕으로서의 면모를 보여 줍니다(참고. 시 72:12~14).

악한 자에 대한 왕의 심판은 성전에서 끝나지 않았습니다. 성전 밖에서 예
수님은 길가에 있는 무화과나무가 열매 없음을 보시고 저주하여 마르게 하셨
습니다. 이것은 전후 문맥과 연결해서 본다면 열매 맺지 못한 이스라엘 백성에
대한 심판을 암시하는 것이라고 할 수 있겠습니다.

왕권에 대한 도전(21:23~22:46). 당시 유대인 지도자들은 예수님의 행동에 앙심을 품고 그가 성전에서 가르치실 때 그의 권위에 도전하며 논쟁을 벌였습니다.

⑴ 권위에 대한 질문과 세 비유(21:23~22:14)

가장 우두머리 격인 대제사장과 백성의 장로들이 예수님에게 누구의 권위로 이런 일을 하느냐고 물었습니다. 예수님은 요한의 세례에 대해 반문하심으로 그들이 말문을 닫게 하시고 이에 직접적인 대답을 주지 않으셨습니다.

여기에서 예수님은 세 가지 비유를 말씀하시면서 그의 권위가 하나님으로부터 온 것을 간접적으로 선포하시며, 그 권위를 받아들이지 않는 자들은 하나님 나라에 들어가지 못하지만, 오히려 소외된 자들이 믿음으로 하나님 나라의 복을 누리게 될 것을 말씀하셨습니다(21:28~22:14).

① **두 아들 비유(21:28~32):** 하나님을 섬긴다고 하면서 정작 그 아들 예수 그리스도를 믿지 않고 배척하는 자들은 아버지의 명령을 따르겠다고 했다가 나중에 불순종한 큰 아들과 같습니다. 회개한 세리와 창녀들은 둘째 아들과 같으며 결국 이런 사람들이 하나님 나라에 들어갈 것을 말씀하셨습니다.

② **악한 소작농 비유(21:33~46):** 하나님은 이스라엘 백성을 돌이키시려고 여러 차례 선지자들을 보내셨지만 그들은 오히려 선지자들을 핍박했고, 마지막 때에 보내신 아들마저 죽이려 하고 있다는 것을 악한 소작농에 빗대어 말씀하셨습니다.

③ **혼인 잔치 비유(22:1~14):** 처음 혼인 잔치의 초대를 거절하여 그 잔치에 들어가지 못하는 사람들은 예수님을 거부하여 하나님 나라에 들어가지 못하는 유대인들을 비유합니다(1~7절). 유대인들이 하나님 나라의 초청에 거부함으로 말미암아 이제 구원의 초청은 이방인에게 열렸습니다(8~10절). 그러나 혼인 잔치에 예복을 입지 않아서 쫓겨난 자들이 있었다는 것은 누구라도 청하심에 대한 적절한 응답이 있어야 했다는 것을

의미합니다(11~14절).

(2) 세 논쟁과 예수님의 반문(22:15~46)

예수님의 비유에 자극을 받은 바리새인과 서기관들은 어떻게든 예수님을 음해하기 위해 논쟁적인 질문들을 던졌습니다.

① **로마에 바치는 세금(22:15~22):** 유대인들은 로마의 지배 아래 있기 때문에 어쩔 수 없이 세금을 바치면서도 그것에 대해 분개하고 있었습니다. 그래서 바리새인들은 로마에 세금을 바쳐야 할지를 물었습니다. 세금을 내야 한다고 하면 유대인들의 마음을 잃을 것이고, 내지 않아야 한다고 하면 로마인들에게 체포될 것입니다. 여기에 대해 예수님이 "가이사의 것은 가이사에게 하나님의 것은 하나님에게 바치라."고 명쾌하게 대답하시자 그들은 더 이상 아무 말도 못하고 떠나갔습니다.

② **부활(22:23~33):** 사두개인들은 부활을 믿지 않는 사람들이었으므로, 부활의 문제를 가지고 예수님을 시험했습니다. 즉 구약의 법인 형사취수법에 따라 형이 죽어서 동생이 형수와 결혼하였을 때 부활한 후에는 누구의 아내가 되느냐는 문제였습니다. 예수님은 부활 때에는 결혼하지 않고 천사들과 같이 될 것이라고 말씀하셨습니다. 이것은 결혼 관계가 사라지는 것이 아니라 하나님의 능력으로 죽음이 없는 완전한 상태에 이른다는 것을 강조하신 것입니다. 또한 하나님이 모세에게 소명을 맡기실 때 살아 있는 자들의 하나님이 되신 여호와가 이미 오래전에 죽은 조상들의 하나님으로 자신을 언급하신 것은 그들이 부활하여 살아 있다는 것을 증거한다고 말씀하셨습니다.

③ **최고의 계명(22:34~40):** 바리새인들은 율법에 관심이 많았습니다. 그들 가운데 한 율법사가 예수님에게 가장 큰 계명이 무엇인지를 물었습니다. 예수님은 하나님 사랑을 최우선으로 하며(신 6:5), 둘째로 이웃 사랑을 말씀하셨습니다(레 19:18). 이 두 가지 원리는 십계명과 율법에 대한 가장 핵심 원리임에 틀림없습니다.

유대 지도자들의 논쟁과 질문에 답변하신 이후에 예수님은 거꾸로 그들에게 질문을 던지셨습니다. 그리스도는 다윗의 자손으로 온다고 믿는 그들의 믿음에 대해 〈시편〉 110편 1절을 인용하시며 다윗이 그리스도를 향해 "주(主)"라고 불렀는데 어떻게 그의 자손으로 오겠느냐는 물음이었습니다. 이것은 예수님이 다윗의 자손 됨을 부인하시는 것이 아니라 그가 다윗의 후손으로서 완전한 인간으로 나신 분이지만, 다른 한편으로 신적 권위를 가지신 완전한 하나님이신 것을 의미합니다. 여기에 대해 그들은 아무 대답도 못하고 물러갔고 이후로 더 이상 예수님의 권위에 대해 대놓고 시비하지 못했습니다.

A 예수님의 권위에 대한 질문(21:23~27)
  B 세 비유(21:28~22:14)
  B′ 세 논쟁(22:15~40)
A′ 그리스도의 권위에 대한 반문(22:41~46)

왕의 심판 경고(23장). 서기관과 바리새인들이 떠나고 예수님은 남아 있는 무리와 제자들에게 서기관들과 바리새인들의 외식과 교만을 본받지 말라고 하셨습니다(1~12절). "화 있을진저"로 시작하는 일곱 편의 저주시는 서기관과 바리새인들의 외식에 대한 엄중한 심판을 경고하고 있습니다(13~32절). 또한 그 심판은 결코 피할 수 없으며(33~36절), 예루살렘 역시 파괴될 것을 경고하셨습니다(37~39절).

유대 지도자들의 외식 경계(23:1~12)
  ① 행함이 없는 가르침(1~4절)
  ② 높임 받으려 함(5~7절)
  ③ 명예로운 칭호를 좋아함(8~10절)
결론: 겸손하게 섬기라(11~12절)

유대 지도자들에 대한 저주시(23:13~32)
  ① 천국 문을 막음(13절)
  ② 지옥으로 인도함(15절)
  ③ 물질에 더 많은 관심(16~22절)
  ④ 물질만 탐하고 본질적인 가치는 버림(23~24절)
  ⑤ 겉은 깨끗한 척하지만 속은 탐욕과 방탕(25~26절)
  ⑥ 겉은 의로운 척하지만 속은 외식과 불법(27~28절)
  ⑦ 선지자를 죽인 조상들과 다름없음(29~32절)

2) 왕의 교훈(23:37~25장)

종말에 관한 교훈(23:37~25장: 다섯째 강화). 앞 장 마지막 부분에서 예수님은 예루살렘성이 황폐하게 될 것을 말씀하셨습니다. 그리고 이제 성전에서 나오시면서 성전의 파괴를 예고하십니다. 성전 파괴는 곧 이스라엘의 멸망과 종말로 여겨지는 것이므로 이와 같은 충격적인 예고에 제자들은 그 종말이 언제 올지, 또 어떤 징조가 있을지 예수님에게 물었습니다. 이에 예수님은 제자들에게 먼저 큰 환난이 있을 것을 경고하시고(24:4~28), 그 이후에 메시야 왕국이 설 것을 말씀하셨습니다(24:29~31). 그다음에 종말을 준비하여 항상 깨어 있으라고 권고하시며(24:32~25:13), 최후의 심판 때 영원한 보상과 형벌이 이루어질 것을 선포하셨습니다(25:14~46).

큰 환난(24:4~28). 예수님은 먼저 종말의 전조로서 미혹과 재난 그리고 성도에 대한 박해가 끊이지 않을 것을 예고하시고 그 가운데 하나님 나라의 복음이 온 세상 끝까지 전파될 것을 말씀하셨습니다(4~14절). 계속해서 예수님은 "멸망의 가증한 것이 거룩한 곳에 선 것"이라는 다니엘의 예언을 인용하시면서 예루살렘의 함락과 유대 지방에 있을 큰 환난을 경고하셨습니다(15~28절).

메시야 왕국(24:29~31). 이 본문은 예수 그리스도가 하나님 나라의 대권을 받아 다스리게 된다는 것을 선포하는 데 있습니다. 여기에는 세 단계의 논리적 진행이 있습니다. 첫째, 해와 달이 어두워지고 별이 떨어집니다. 이것은 세상의 다른 모든 권세들이 내려앉을 것을 의미합니다(29절; 사 13:10, 24:23). 둘째, 인자가 구름을 타고 능력과 큰 영광으로 오실 것입니다. 이것은 예수님이 실제 물리적으로 구름을 타고 오시는 것을 묘사한다기보다는 예수 그리스도가 하나님에게서 영원한 왕권을 받는 것을 묵시적인 언어로 표현한 것입니다(30절; 단 7:13~14). 셋째, "택한 자" 곧 세상의 권세 아래 흩어져 고통당하던 성도들을 하나님 나라에 인도해 들이십니다(31절; 사 27:12, 56:8). 예수님은 죽음에서 부활하시면서 이미 영원한 왕권을 받으셔서 만왕의 왕이 되셨습니다(28:18; 빌 2:9~11). 하지만 메시야 왕국의 완전한 성취는 그의 재림 때에 이루어질 것입니다. 그러므로 이 구절은 단지 종말의 한 사건으로서 재림에 대한 것뿐만이 아니라 역사적이면서도 종말론적인 두 차원을 가지고 있다고 할 수 있습니다.

〈이사야서〉 13장 10절과 27장 12절을 적어 봅시다.

_____

_____

_____

_____

종말의 준비(24:32~25:13). 예수님은 이미 초림에서 왕권을 이루셨지만, 그 완전한 성취는 아직 미래의 사건으로 남아 있습니다. 이 둘 사이에 긴장이 있기 때문에 예수님은 어느 시대에서든지 성도들은 항상 임박한 종말을 준비하며 살아야 할 것을 가르치셨습니다. 즉 그 때는 언제일지 아무도 모르고 오직 하나님만 아시기 때문에 언제나 깨어 준비하라고 하셨습니다(24:42, 25:13). 이 가르침을 위해 예수님은 두 가지 비유, 곧 충성되고 지혜 있는 종과 악한 종(24:45~51) 그리고 신랑을 맞을 준비를 한 지혜로운 다섯 처녀와 준비하지 않은 미련한 다섯 처녀(25:1~13)의 비유를 말씀하셨습니다.

최후 심판(25:14~46). 종말론 강화의 마지막 말씀으로서 예수님은 사람들이 종말을 어떻게 준비하였는지 그 행위에 따라 최후의 심판이 있을 것을 가르치셨습니다. 즉 달란트 비유(25:14~30)와 양과 염소의 비유(25:31~46절)를 말씀하시며 신실하게 하나님의 뜻을 행한 성도들은 합당한 보상을 받을 것이요 그렇지 않은 자들은 엄중한 심판을 받게 될 것을 가르치셨습니다.

3) 왕의 수난(26~28장)

최후의 가르침으로서 종말에 대한 교훈을 마치시고 예수님은 제자들과 마지막 시간을 보내셨습니다. 여기에서 마태는 제자들이 아직 미숙하여 예수님을 배반하고 버린 부정적인 행태를 주로 묘사합니다.

임박한 죽음(26:1~16). 예수님은 곧 십자가에 못 박혀 죽게 되실 것을 제자들에게 예고하셨습니다. 그전에도 제자들에게 그의 고난과 죽으심에 대해 예고해 왔지만 그들은 전혀 준비되어 있지 않았습니다. 예수님의 장례를 준비하여 향유를 부은 여인에게 제자들은 그 여인이 귀한 향유를 낭비했다고 질책했습니다. 그 즈음에 유다는 대제사장들에게 가서 은 30을 받고 예수님을 넘겨 주기로 하고 기회를 찾고 있었습니다. 예수님의 죽으심을 준비하기 위해 값비싼 향유를 부은 여인과 예수님을 죽음으로 몰고 가며 자기 돈을 챙긴 유다의 모습이 극명하게 대조되고 있습니다.

최후 만찬과 감람산 기도(26:17~46). 유월절 식사 자리에서 예수님이 제자들 중 한 사람이 예수님을 팔 것이라고 하시자 제자들은 각각 "나는 아니지요?"라고 물었습니다. 그 가운데 가룟 유다가 물었을 때 예수님은 "네가 말하였다."고 하시며 그가 팔 사람인 것을 말씀하셨습니다. 다른 제자들은 예수님을 팔기까지는 않았지만 위기의 순간에 그를 버릴 것이라고 하셨습니다. 다른 제자들이 예수님을 다 버려도 자신은 절대 버리지 않을 것이라고 장담하는 베드로도 닭이 울기 전에 세 번 부인할 것까지 말씀하셨습니다. 예수님이 죽음을 앞두고 극심한 번민으로 고통당하시며 제자들에게 함께 기도해 줄 것을 요청했지만 그들은 함께 깨어 기도하지도 못했습니다. 결국 예수님이 잡히실 때 제자들은 뿔뿔이 흩어져 도망갔고, 예수님이 심문을 받으시며 조롱과 핍박을 받으실 때 베드로는 예수님을 부인하며 저주하기까지 했습니다.

체포와 심문(26:47~75). 유다를 앞세우고 온 무리가 예수님을 체포하여 산헤드린 공회로 끌고 가 성전모독죄로 기소하였습니다. 거기에 대한 심문에 예수님은 아무 말씀을 하지 않으셨습니다. 그러나 대제사장이 예수님에게 "하나님의 아들 그리스도인지 말하라."고 하였을 때 예수님은 거침없이 "네가 말하였다."고 긍정하셨습니다. 그리고 그들에게 "인자가 권능의 우편에 앉아 있는 것과 하늘 구름을 타고 오는 것을 너희가 보리라."고 선언하셨습니다. 이 것은 예수님이 구약에 예언된 메시야이신 것을 선포하신 것입니다(참고, 단 7:13~14, 시 110:1~2). 예수님은 진실을 말씀하신 것이지만, 그들은 믿지 않았으므로 더욱 격분하여 성전모독보다 더 큰 신성모독으로 몰아 사형을 결정했습니다.

십자가 희생(27장). 유대인의 공회가 사형을 결정했다 하더라도 사형 집행의 최종 권한은 로마 총독에게 있었으므로 유대인들은 예수님을 로마 총독 빌라도의 법정에 넘겼습니다. 유다는 뒤늦게 후회하여 예수님을 팔아 챙긴 돈을 되돌려 주고 자살했고, 대제사장들은 그것이 "핏값"이라 성전 금고에 둘 수 없다 하여 그 돈으로 토기장이의 밭을 사서 나그네의 묘지로 삼았습니다. 마태는 이 사건을 두고 예레미야의 예언이 성취되었다고 했습니다. 예수님의 죽으심은 단순히 유대 지도자들의 음모와 유다의 배반 때문에 우연히 일어난 사건이 아니라 하나님의 경륜 가운데 이루어진 일이라는 것을 증거합니다.

빌라도의 심문 가운데에도 예수님은 "유대인의 왕"인가라는 자신의 정체성에 대한 문제에는 "네 말이 옳다."라고 긍정하셨지만 그 외 다른 고소에는 침묵하셨습니다. 이것은 사형에 해당하는 죄도 아니고 또 빌라도의 아내는 그에게 예수님을 정죄하지 말 것을 권고했지만 빌라도는 민란이 날 것을 두려워하여 십자가 처형을 허락했습니다. 그렇게 해서 예수님은 온갖 고난을 당하시면서 십자가에 못 박혀 죽으셨습니다. 여기에서 마태는 예수님이 운명하실 때 성소의 휘장이 찢어짐과 함께 지진이 나고 무덤에서 부활한 자들이 있었다는 것을 전합니다. 이것을 본 백부장과 군인들이 두려워하며 그가 하나님의 아들이었다고 인정합니다. 유대인들은 정작 메시야이신 예수님을 배척하고 그를 죽게 했지만, 역설적으로 이방인이 그가 하나님의 참 아들 되심을 인정하고 있습니다.

부활(28장). 유대인의 왕으로 오신 예수님은 자기 백성들에 의해 참혹하게 희생을 당하셨지만 그것으로 끝이 아니었습니다. 그는 다시 살아나셨고 처음 사역을 시작하셨던 갈릴리에서 제자들을 만나셨습니다. 부활하신 예수님은 이제 하늘과 땅의 모든 권세를 받으셨습니다(참고. 롬 1:4; 빌 2:9~11). 그래서 그의 왕권을 세상에 널리 전하도록 제자들을 온 세상으로 파송하셨습니다. 여기에서 제자들의 사명은 세례와 교육 두 가지로 요약됩니다. 세례를 주는 것은 새 언약 백성이 된 것을 공적으로 선포하는 의식이며, 예수님의 명령을 가르쳐 지키게 하는 것은 새 언약 백성으로 살아가도록 지도하는 것입니다. 이와 같은 제자들의 사역을 통해 예수님의 왕권이 유대 지경을 넘어 온 세상으로 확장될 것이며 이는 곧 그의 통치를 통해 하나님 나라가 회복되는 것을 의미합니다. 이것은 선지자 이사야가 예언한 바, 곧 하나님이 다윗의 계보를 잇는 메시야로 하여금 "만민의 인도자와 명령자"가 되게 하신다는 새 다윗 언약이 성취됨을 의미합니다(사 55:3~5). 또한 이렇게 해서 천하 만민이 아브라함과 그의 자손을 통해 복을 얻게 하시려는 하나님의 약속도 예수 그리스도를 통해 비로소 완성됩니다(창 12:3, 22:18, 26:4, 28:14).

〈로마서〉1장 4절을 적어 봅시다.

❖ 〈마태복음〉을 정리해 봅시다.

	마태복음	마가복음/누가복음		요한복음	사도행전
	메시야	대권자	전도자	독생자	하나님 나라 확장
복음과역사	( )				
	변방 사역				
	( )				
	수도 사역				

※ 〈마태복음〉 외에 나머지 빈칸은 해당 단원에 가서 차례로 정리할 것입니다.

2과
마가복음/누가복음

〈마가복음〉과 〈누가복음〉은 〈마태복음〉과 내용이나 흐름이 거의 유사하지만, 이방인 독자를 대상으로 한 복음서입니다. 베드로의 동역자인 마가(벧전 5:13)는 로마의 핍박 아래 있는 이방 기독교인들을 위해 복음서를 썼고, 이방인 회심자로서 바울의 동역자인 누가(딤후 4:11)는 '데오빌로 각하'에게 헌정하는 형식으로 〈누가복음〉을 〈사도행전〉과 함께 기록했습니다. 〈마태복음〉은 유대인의 관점에서 예수가 구약성경에 예언된 유대인의 왕 메시야로 묘사한 반면, 〈마가복음〉과 〈누가복음〉은 이방인을 대상으로 하는 만큼, 보다 보편적으로 하나님의 아들로서 그의 나라 권세를 받으신 왕 되신 것을 강조합니다. 그래서 아브라함과 다윗의 자손으로 예수님을 소개한 마태와 달리, 마가는 처음 시작에서 예수님이 하나님의 아들임을 선포하고 마지막에 그가 하늘에 올리시어 하나님 우편에 앉으셨다는 선언으로 마무리하며, 누가는 상향식으로 기록된 예수님의 족보에서 하나님으로 끝을 맺습니다.

마가복음

Ⓐ 대권자

〈마가복음〉은 〈마태복음〉처럼 예수 그리스도의 왕권에 주목하지만, 〈마태복음〉은 유대인의 왕으로서 메시야 됨을 강조하고, 〈마가복음〉은 보다 보편적인 차원에서 하나님 나라의 대권자임을 강조합니다. 또한 마태는 왕의 교훈에 많은 비중을 두었지만, 마가는 예수님이 권능을 가진 하나님의 아들로서 행하시는 사역에 초점을 맞춥니다. 동시에 그런 하나님의 아들이 하나님 나라의 성취를 위해 스스로 낮아지셔서 종이 되어 끔찍한 고난을 당하셨다는 것을 강조함으로써 로마 황제의 박해 아래 있는 성도들에게 예수님이 황제 이상의 최고 권위자이신 것을 알게 하며, 성도들도 예수님을 따라 고난을 견딜 것을 권고합니다.

〈마가복음〉의 구조와 요점

1 초기 사역 (1:1~3:12)	예수님의 공생애가 갈릴리에서 시작되어 많은 무리가 따랐으나 배척하는 자들도 있었습니다.		
	1) 사역 준비(1:1~13) 세례 요한이 예수님의 등장을 준비하고, 예수님은 세례와 시험 받으심으로 공생애를 준비하셨습니다.	2) 사역 시작(1:14~45) 예수님이 갈릴리에서 사역을 시작하시니 그 가르침과 역사를 보고 소문이 퍼져 많은 사람들이 따랐습니다.	3) 배척(2:1~3:12) 예수님의 놀라운 사역에도 불구하고 유대 지도자들은 그 권위에 의문을 품고 도전하며 배척했습니다.
2 제자 훈련 (3:13~8:26)	예수님이 열두 제자를 세우셔서 훈련하시고 권능을 주셨지만 아직 그들의 믿음은 미숙했습니다.		
	1) 선발과 양육(3:13~6:6) 예수님이 열두 제자를 세우시고 말씀을 가르치시며 또 당신의 권능을 직접 보고 체험하게 하셨습니다.	2) 위임과 파송(6:7~29) 예수님의 제자들이 권능을 받고 나가서 활동하므로 그의 이름이 드러나자 유대 왕 헤롯이 경계했습니다.	3) 미숙한 제자들(6:30~8:26) 제자들은 예수님의 이적을 직접 보고 체험하면서도 아직 그 믿음이 미숙하고 온전히 깨닫지는 못했습니다.
3 수난 예고 (8:27~10장)	예수님이 제자들을 양육하시며 당신의 받으실 고난을 예고하시고 예루살렘을 향해 오셨습니다.		
	1) 1차 예고(8:27~9:29) 빌립보에서 예수님은 장차 받으실 고난을 예고하시며 하나님 나라가 권능으로 임함을 보이셨습니다.	2) 2차 예고(9:30~50) 갈릴리에서 예수님이 2차로 고난을 예고하시고, 제자들에게 서로 섬기며 화목할 것을 권고하셨습니다.	3) 3차 예고(10장) 예수님이 예루살렘으로 가시기 위해 유대 지경으로 오셔서 사역하시는 중에 3차로 고난을 예고하셨습니다.
4 대권 성취 (11~16장)	예수님이 예루살렘에서 죽임당하셨다가 부활하신 후 제자들을 증인으로 파송하시고 승천하셨습니다.		
	1) 최후 사역(11~13장) 예수님이 예루살렘에 입성하신 후 유대 지도자들과 논쟁하시고, 또 종말의 징조를 가르치셨습니다.	2) 수난(14~15장) 예수님이 체포당하시자 제자들은 뿔뿔이 흩어지고, 예수님은 홀로 고난받으시다 십자가에서 죽으셨습니다.	3) 부활(16장) 부활하신 예수님이 제자들의 믿음 약함을 꾸짖으시고 능력을 주셔서 확실한 사역자로 파송하셨습니다.

1. 초기 사역(막 1:1~3:12)

1) 사역 준비: 세례와 시험(1:1~13)

처음 시작에서 예수님을 구약 유대인의 조상에 연결시켜 아브라함과 다윗의 자손으로 제시한 마태와 달리, 마가는 예수 그리스도를 "하나님의 아들"로 소개하며 복음을 선포합니다. 그리고 인간적인 기원을 다루는 족보나 탄생 기사 없이 바로 세례 요한에게 세례를 받으신 것과 사탄에게 시험 받으신 것을 설명하며 예수님의 공생애 사역 준비 단계를 간략하게 묘사합니다. 요한에 대해 마가는 이사야의 예언과 함께 〈말라기서〉 3장 1절을 인용하며 그를 예수님 앞에 온 "하나님의 사자(使者)"로 소개합니다. 즉 요한은 하나님이 대권자인 그 아들의 길을 준비하게 하시려고 앞서 보내신 사자라는 것입니다.

세례를 받으실 때 하나님의 성령이 임하시고, 하늘로부터 "너는 내 사랑하는 아들이라 내가 너를 기뻐하노라."는 음성이 들렸습니다. 이 말씀은 하나님의 아들로 세워지는 기름 부음 받은 왕에 대한 〈시편〉 2편 7절과 고난받는 종에 대한 〈이사야서〉 42장 1절의 예언이 결합된 것입니다. 물론 이 말씀은 마태, 마가, 누가가 똑같이 전하는 말씀이지만 〈마가복음〉과 가장 잘 어울립니다. 왜냐하면 마가는 첫 시작에서 예수 그리스도를 "하나님의 아들"로 소개하고 계속해서 그가 하나님의 아들 되신 것과 또 그가 고난받는 하나님의 종 되심을 강조하고 있기 때문입니다.

2) 사역 시작(1:14~45)

첫 선포와 제자들을 부르심(1:14~20). 공생애 준비 과정을 간략하게 묘사한 다음에 마가는 예수님이 갈릴리에서 선포하신 복음을 설명합니다(1:14~15). "때가 찼고"라는 말씀은 구약의 예언이 성취될 때가 다 되어 새 시대가 시작되고 있다는 의미입니다. 또한 〈마태복음〉에는 "회개하라 천국이 가까이 왔느니라."고 되어 있는데, 마가는 좀 더 길게 "하나님 나라가 가까이 왔으니 회개하고 복음을 믿으라."는 말씀으로 표현합니다. 하나님 나라 복음은 회개와 함께 믿음의 결단을 요구하는 것입니다.

예수님은 하나님 나라를 전하기 시작하시면서 갈릴리 해변에서 고기를 잡던 어부들 곧 시몬(베드로)과 안드레, 야고보와 요한을 제자로 세우셨습니다 (1:16~20). 계속해서 마가는 제자들이 예수님에게로부터 훈련을 받고 성장하는 과정을 비중 있게 다룹니다. 왜냐하면 이들은 바로 대권자의 사역을 이어가는 동역자들이기 때문입니다.

드러난 예수님의 권위(1:21~45). 하나님의 아들로서 예수님의 권위가 사역하시는 곳곳에서 드러났습니다. 예수님의 가르침은 당시 율법의 권위자라고 하는 서기관들의 가르침보다 훨씬 뛰어난 것이었기 때문에 사람들이 듣고 다 놀랐습니다. 그의 권위는 단순히 교훈의 차원을 넘어서 치유의 역사를 통해 입증되었습니다. 마가는 세 가지 치유 사건을 자세하게 설명합니다. 첫째, 마가는 예수님이 귀신을 쫓아내신 것을 첫 기적으로 제시하며 계속해서 강조하고 있습니다. 귀신은 하나님 나라를 대적하는 원수의 세력이지만, 예수님은 더 큰 권능으로 이 세력을 제압하셨습니다.

둘째, 예수님은 열병으로 몸져누운 시몬의 장모를 고치셨습니다. 예수님은 영적 세력뿐만 아니라 육체의 질병도 치유하는 권능을 가지신 분입니다. 이런 예수님에 대한 소문이 널리 퍼져서 온 동네 사람들이 귀신 들린 자들과 병자들을 많이 데리고 와서 예수님에게 치유를 받게 했습니다. 동네 사람들이 예수님을 더 찾았지만 예수님은 하나님 나라를 더 널리 전하시기 위해 거기에 머무르지 않으시고 여러 동네를 다니시며 전도와 귀신을 쫓아내는 사역을 하셨습니다.

셋째, 예수님은 나병환자를 고치셨습니다. 나병은 열병과 차원이 다른 육체적 질병입니다. 왜냐하면 나병은 부정한 것으로서 사람들과 격리되어야 하며, 이를 만지는 사람도 부정하게 되는 것이기 때문입니다. 그런데 예수님은 그를 만지심으로 치유하셨습니다. 부정한 것이 예수님을 부정하게 하지 못하고 오히려 예수님이 그 부정을 깨끗하게 하셨습니다. 이때 예수님은 그에게 제 사장 외에는 아무에게도 말하지 말라고 경고하셨는데, 이 사람이 널리 전파하 므로 소문이 나서 예수님은 더 이상 드러나게 동네에 들어가지 못하시고 한적 한 곳에 머무르셨습니다. 그럼에도 불구하고 예수님의 소문이 널리 퍼져 많은 사람들이 그에게로 몰려들었습니다.

3) 배척(2:1~3:12)

예수님의 권위 있는 사역은 계속되었지만 모든 사람들이 그를 긍정적으로 받아들인 것은 아닙니다. 기득권을 가진 유대 종교지도자들은 예수님의 권위 에 대항하고 시비를 걸었습니다. 이에 대해 예수님은 분명하게 자신의 신분과 권위를 나타내셨습니다.

⑴ **중풍병자(2:1~12):** 사람들이 한 중풍병자를 메어 와서 지붕을 뜯어내고 그 누운 상을 예수님 앞으로 달아 내렸을 때, 예수님은 그 사람들의 믿음을 보 시고 중풍병자에게 그가 죄 사함을 받았다고 선언하셨습니다. 그러자 서기관 들은 속으로 "이 사람이 어찌 이렇게 말하는가? 신성모독이로다! 오직 하나님 한 분 외에는 누가 능히 죄를 사하겠느냐?"라고 분개했습니다. 이것은 예수님 이 "땅에서 죄를 사하는 권세"가 있는 줄을 알게 하시려고 의도적으로 하신 일 이었습니다.

⑵ **세리와 죄인(2:13~17):** 예수님이 세리인 레위를 제자로 삼으시고 그의 집 에서 식사하실 때 많은 세리와 죄인들과 함께 자리하셨습니다. 그러자 바리새 인의 서기관들이 예수님의 제자들에게 "어찌하여 세리 및 죄인들과 함께 먹는 가?"라고 비난했습니다. 예수님이 들으시고 병든 자에게 의원이 필요한 것이 라고 하시며 자신은 바로 죄인을 부르러 왔노라고 말씀하셨습니다.

⑶ **금식 논쟁(2:18~22):** 요한의 제자들과 바리새인인 제자들은 금식을 하였 지만, 예수님의 제자들은 금식하지 않는 것을 보고 사람들이 "어찌하여 당신 의 제자들은 금식하지 아니하나이까?"라고 물었습니다. 이에 예수님은 자신을

혼인집 신랑으로 비유하시고 "신랑을 빼앗길 날"에 금식할 것이라고 하셨습니다. 이것은 예수님의 고난을 암시하는 말씀이었습니다. 또한 새 포도주는 새 부대에 넣어야 한다고 하시며 자신의 존재로 말미암아 새 시대 새 질서가 이루어졌다는 것을 말씀하셨습니다.

(4) **안식일 논쟁(2:23~28):** 안식일에 제자들이 밀밭을 지나가며 이삭을 잘라 먹자 바리새인들이 예수님에게 "어찌하여 안식일에 하지 못할 일을 하나이까?"라고 비난했습니다. 이에 예수님은 다윗이 긴박한 상황에서 제사장만 먹어야 하는 진설병을 추종자들과 함께 먹은 사건을 언급하셨습니다. 즉 예수님은 다윗보다 더 큰 권위를 가지신 분이므로 그와 함께 있는 제자들 역시 그들의 정죄로부터 자유롭다고 하셨습니다. 뿐만 아니라 예수님은 안식일의 주인이라고 말씀하심으로 하나님과 같이 안식일에 허용되는 것과 그렇지 않은 것을 규정할 권위가 있다고 선언하셨습니다.

(5) **안식일 치유(3:1~6):** 안식일에 예수님은 회당에서 손 마른 사람을 만나셨습니다. 그때 바리새인들은 예수를 고발하려고 그가 안식일에 그 사람을 고치시는지 주시하고 있었습니다. 예수님은 그들에게 안식일에 선을 행하는 것과 악을 행하는 것, 생명을 구하는 것과 죽이는 것 어느 것이 나은지 따져 물으시고 그들에게 분노하시며 그 사람을 고쳐 주셨습니다.

요약(3:7~12): 이렇게 유대 지도자들은 예수님을 배척했지만, 그들과 달리 갈릴리와 유대에서 그리고 주변의 이방 땅에서까지 많은 사람들이 그의 치유하심을 바라고 그에게 몰려왔습니다. 뿐만 아니라 심지어 귀신들조차도 그 앞에 엎드려 그가 하나님의 아들이신 것을 알고 소리칠 정도였습니다. 그러나 예수님은 자기를 나타내지 말라고 경고하셨습니다.

2. 제자 훈련(막 3:13~8:26)

마가는 예수님의 초기 사역을 기록함에 있어서 전적으로 예수님에 대해서만 초점을 맞추어 그가 어떤 분이신지를 설명했습니다. 이제 두 번째 장면은 예수님이 제자들을 훈련시키시고 파송하시어 함께 사역하신 것을 묘사합니다.

1) 선발과 양육(3:13~6:6)

동역자와 배척자(3:13~35). 구약의 언약 백성 이스라엘이 열두 지파로 구성된 것처럼 예수님은 열두 제자를 세워 새 언약 백성을 이루어 가시려고 합니다(3:13~19). 예수님은 이들을 자신과 동행하게 하시며 그가 하셨던 것처럼 전도하며 귀신을 내쫓는 권능도 갖게 하려 하셨습니다. 다시 말하면 예수님의 권능을 위임하셔서 그와 함께 하나님 나라를 확장해 가도록 동역자로 세우신 것입니다.

그런데 다른 한편 예수님의 권능에 대해 불신하고 배척하는 사람들이 있었기 때문에 예수님은 자신의 권능에 대해 확고하게 변증하실 필요가 있었습니다(3:20~30). 예수님의 친족들은 그가 미쳤다고 생각하고 붙잡으려고 왔습니다. 예루살렘에서 내려온 서기관들은 한 술 더 떠서 단순히 미친 정도가 아니라 귀신의 왕 바알세불의 힘으로 귀신을 쫓아낸다고 했습니다. 이에 대해 예수님은 스스로 분쟁하는 나라나 집은 설 수 없다는 말씀으로 그들의 비난을 반박하셨습니다. 그리고 그가 귀신을 쫓는 사역의 목적을 분명하게 밝히셨습니다. 한마디로 예수님의 귀신 쫓는 사역은 사탄의 세력을 제압하여 그 세력권 아래 있던 세상을 하나님 나라의 통치 아래로 회복하시는 일입니다. 이것은 성령의 역사하심으로 이루시는 일이며, 따라서 예수님과 그의 사역을 비방하고 배척하는 것은 성령을 모독하는 죄로서 그에 대한 무서운 형벌을 피할 수 없음을 경고하셨습니다.

예수님이 이렇게 집에서 논쟁하실 때 예수님의 형제자매들이 밖에서 사람을 보내 예수님을 불러내려고 했습니다(3:31~35). 이들이 예수님을 불러내는 의도는 설명되어 있지 않지만, 문맥의 흐름대로 보면 앞에서 예수님이 미쳤다고 여기고 붙잡으러 온 친족들과 연관이 있는 것으로 보입니다. 예수님은 육신의 친 가족 대신에 그와 함께 둘러앉은 자들을 가리키며 오직 "하나님의 뜻대로 행하는 자"가 그의 어머니요 형제자매라고 했습니다. 종교지도자들은 물론 친족과 가족들까지 예수님을 배척하지만, 이들은 하나님의 아들이신 예수님을 인정하고 그의 말씀을 경청하고 있습니다. 이렇게 예수님을 인정하고 따르는 것이 하나님의 뜻이며, 그런 사람들이야말로 예수님의 참된 가족이라는 것입니다.

비유(4:1~34). 이후로 예수님은 비유로 말씀하시고 그 의미를 제자들에게만 따로 가르치셨습니다. 제자들을 배척하는 자들과 구분 지으시고, 그들을 집중적으로 훈련하신 것입니다. 하나님 나라의 복음이 결국 제자들을 통해서 온 세상으로 확장될 것이기 때문입니다. 여기에 네 가지 비유를 말씀하셨는데, 앞의 두 비유는 하나님 나라의 복음에 대한 바른 응답을 요구하는 것이고, 뒤의 두 비유는 하나님 나라의 궁극적인 완성을 소망하게 하는 것입니다.

(1) **씨 뿌리는 자와 땅(4:1~20):** 예수님은 씨를 뿌리는 농부와 같이 하나님 나라의 복음을 사람들에게 골고루 증거하십니다. 그런데 어떤 사람들은 그것을 잘 받아들이지 못해 결실하지 못하지만, 기름진 옥토와 같이 잘 받아들여 열매를 맺는 사람들을 통해 그 말씀은 좋은 열매를 맺을 것입니다.

(2) **등불(4:21~25):** 등불을 비추기 위해 존재하는 것처럼, 예수님 비유의 궁극적 목적은 진리를 드러내기 위한 것이므로 듣는 자들은 주의 깊게 그 말씀을 듣고 깨달아야 합니다.

(3) **자라나는 씨(4:26~29):** 씨를 심으면 비록 사람들이 의식하지 못하더라도 자라서 열매를 맺는 것처럼 하나님 나라의 역사는 은연중에 확장되어 반드시 최종의 완성을 이룰 것입니다.

(4) **겨자씨(4:30~34):** 예수님의 사역으로 이루시는 하나님 나라는 미약하게

시작하지만 온 세상을 품을 만큼 확장될 것입니다.

권능(4:35~6:6). 예수님의 가르치심을 설명한 다음 마가는 예수님이 하나님 나라의 권능으로 이적을 행하시는 분인 것을 보여 줍니다. 예수님의 권능은 그가 하나님의 아들이심을 믿게 하는 증거이지만, 이에 대한 사람들의 반응은 다양하게 나타납니다.

(1) **자연을 지배하시는 권능(4:35~41):** 예수님은 풍랑과 바다와 같은 자연 만물을 지배하시는 창조주의 권능을 가지신 분입니다. 그러나 제자들은 아직 믿음이 약하여 주님을 온전히 신뢰하지 않았기 때문에 예수님은 그들의 믿음 없음을 꾸짖으셨습니다.

(2) **귀신을 제압하시는 권능(5:1~20):** 귀신은 사람들을 괴롭히는 악한 세력으로 나타납니다. 구약성경에서 하나님의 언약 백성을 압제하는 이방 나라와 같은 존재인 것입니다. 마가는 예수님이 자연 세계뿐만 아니라 영적인 세력을 지배하는 권능을 행사하시는 것을 보여 줍니다. 그런데 이 일이 벌어진 곳이 "바다 건너편" 즉 갈릴리 호수 동쪽의 이방인 거라사인의 지방이었다는 것은 예수님의 권세가 이방 지역까지 미치고 있음을 보여 주는 것입니다. 그런데 정작 그 지방 사람들은 예수님에게 떠나도록 요청했습니다. 자기들의 돼지 떼가 죽어 물질적인 손해를 입은 것 때문에 권능의 주님을 거부한 것입니다. 귀신 들렸다 나은 사람이 예수님과 함께 있기를 요청했으나 예수님은 허락하지 않으시고 그에게 집으로 돌아가 가족들에게 그가 겪은 일을 간증하라고 하셨습니다. 예수님은 지금 비유대 지역인 그곳을 떠나시기 때문에 그를 증인으로 세우신 것으로 보입니다.

(3) **질병과 죽음에 대한 권능(5:21~43):** 영적인 권세뿐만 아니라 육적인 질병과 죽음까지도 예수님의 권세 아래 있습니다. 여기에 회당장 야이로의 딸과 혈루증 여인의 두 사건이 겹쳐져 있습니다. 회당장 야이로는 유력한 사람이었지만 혈루증 앓던 여인은 치료를 위해 모든 재산을 허비한 가난한 자였습니다.

회당장은 예수님에게 그 딸에게 손을 얹어 치유해 주시도록 요청했습니다. 혈루증 여인은 예수님에게 차마 요청하지 못하고 그 옷자락에 손을 대기만 해도 나을 것이라는 믿음을 가지고 예수님의 옷자락을 만져 병이 나았습니다. 예수님은 그 여인의 믿음을 칭찬하셨습니다. 그동안에 딸이 죽었다는 소식을 들은 회당장에게 예수님은 두려워하지 말고 믿기만 하라고 하신 후, 그 딸을 살리셨습니다. 이와 같이 예수님의 권능은 믿음의 응답을 요구합니다.

(4) **권능의 배척(6:1~6):** 예수님이 고향에서 가르치실 때 고향 사람들은 그의 권능을 인정하지 않았습니다. 예수님이 그곳에서 소수의 병자를 고치신 것을 제외하고 권능을 행하지 않으신 것은 그의 능력이 제한을 받아서가 아니라, 믿음이 없는 곳에 권능을 행하시는 것은 아무 의미가 없기 때문입니다. 예수님은 이들의 배척 때문에 낙심하지 않으시고 오히려 다른 촌에 두루 다니시며 가르치셨습니다.

2) 위임과 파송(6:7~29)

제자들의 사역 시작(6:7~13). 지금까지 하나님 나라의 권능을 보이신 예수님은 열두 제자에게도 귀신을 제어하는 권능을 나누어 주시고 둘씩 짝을 지어 파송하셔서 하나님 나라의 사역이 더 널리 확장되게 하셨습니다. 〈마태복음〉의 같은 기사에서 예수님은 제자들에게 이방인이나 사마리아인 지방으로 가지 말고 이스라엘 집의 잃어버린 양에게로 가라고 말씀하셨으나(마 10:5~6), 마가는 이 말씀을 생략합니다. 아마도 이방인들에게 쓴 복음서인 만큼 이 부분을 굳이 강조하지 않은 것으로 보입니다. 그다음에 다른 복음서에서 기록된 것과 마찬가지로 예수님은 어디서든지 누구의 집이든지 가서 머물되, 그들을 배척하는 사람들과 마을에 대해서는 가차 없이 떠나라고 말씀하셨습니다. 이것은 예수님이 믿지 않는 사람들에 대해서 권능을 나타내지 않으신 것과 같은 맥락입니다. 파송 받은 제자들은 나가서 예수님이 하셨던 것처럼 전도하고, 귀신을 쫓아내며, 병자를 고쳤습니다.

헤롯의 두려움(6:14~29). 제자들은 예수님에게로부터 위임과 파송을 받았으므로 그의 이름으로 사역을 했을 것입니다. 그래서 그들의 활동으로 말미암아 예수님의 이름이 널리 드러나게 되었고 이에 대한 사람들의 반응은 다양했습니다. 어떤 사람들은 예수님을 엘리야라 하고 또 어떤 사람들은 선지자 중의 하나라고 했습니다. 그런데 당시 유대인의 왕 헤롯은 예수님의 소문을 듣고 바로 자신이 참수시켰던 세례 요한의 능력이 다시 나타났다고 두려워했습니다. 이와 같은 다양한 반응들은 예수님의 권능에도 불구하고 아직 사람들이 그에 대해 확실히 알지 못했다는 것을 보여 줍니다.

3) 미숙한 제자들(6:30~8:26)

예수님의 권능과 가르치심은 계속되고 있지만 그 가운데 제자들은 다른 사람들과 마찬가지로 여전히 그분에 대한 깨달음과 믿음이 미숙한 상태에 있음을 보여 주고 있습니다.

오천 명을 먹이심(6:30~44). 파송을 받아 성공적으로 사역을 하고 돌아온 제자들이 예수님에게 사역 보고를 했습니다. 예수님은 그들의 지친 것을 아시고 따로 한적한 곳으로 가서 쉬게 하셨습니다. 그런데 무리가 여전히 그들이 가는 곳에 함께했고, 예수님은 그들을 불쌍히 여기시고 말씀을 가르치셨습니다. 날이 저물어 제자들은 예수님에게 무리를 동네로 보내 먹을 것을 사 먹게 하자고 했지만, 예수님은 제자들에게 먹을 것을 주라고 하시며, 그들 가운데 있는 떡 다섯 개와 물고기 두 마리로 오천 명을 먹이는 기적을 베푸셨습니다.

물 위를 걸어오심(6:45~56). 예수님은 제자들을 먼저 배로 태워 돌아가게 하시고 무리를 보내신 후 기도하러 산으로 가셨습니다. 그러다 제자들이 풍랑을 만나 고생하는 것을 보시고 물 위를 걸어 그들의 배에 오르셨습니다. 그러자 풍랑이 멈추어 제자들은 크게 놀랐습니다. 마가는 그들이 놀란 이유가 "떡 떼시던 일을 깨닫지 못하고 도리어 그 마음이 둔하여졌음"이라고 합니다. 예수님의 권능을 직접 체험하고 또 그분과 함께 동역하면서도 아직 그들의 믿음은 약한 상태에 있었습니다. 이후로 예수님은 그에게 데려온 많은 병자들을 치유하셨고, 또 친히 여러 지방과 동네를 다니시며 치유의 권능을 보이셨습니다.

정결례 논쟁(7:1~23). 예수님의 제자들이 손을 씻지 않고 떡을 먹는 것을 보고 바리새인과 서기관들이 비난을 했습니다. 그들은 장로들의 전통을 따라 항상 손을 씻고 음식을 먹어야 한다고 믿었기 때문입니다. 예수님은 그들이 전통으로 하나님의 말씀을 어긋나게 하는 모순을 지적하며 그들의 비난을 공박하시고, 무리에게 밖에서 들어가는 것이 사람을 더럽게 하는 것이 아니라 사람에게서 나오는 것이 사람을 더럽게 한다고 가르치셨습니다. 제자들이 그 의미를 여전히 깨닫지 못하고 예수님에게 물었을 때 예수님은 "너희도 이렇게 깨달음이 없느냐."고 하시며 사람의 속에서 나오는 여러 악한 것들이 사람을 더럽게 한다는 것을 분명하게 가르치셨습니다.

수로보니게 여인의 믿음(7:24~30). 외형이 아니라 중심이 문제라는 예수님의 가르침은 수로보니게 여인의 본을 통해서 다시 확증됩니다. 혈통적인 유대인들은 외적인 정결만을 추구하고 정작 예수님은 배척했지만, 유대인들이 부정하다고 멸시하는 이방 여인은 절실하게 예수님을 믿음으로 귀신 들린 딸의 나음을 얻었습니다. 이 여인의 믿음은 예수님과 가까이 있으면서도 예수님에 대한 확신이 부족한 제자들의 미숙함과 대조됩니다.

귀먹고 말 더듬는 자를 고치심(7:31~37). 예수님이 이방 지역에서 나와 갈릴리 호수에 돌아오셨을 때 사람들이 귀먹고 어눌한 사람을 데려와 치유를 요청했습니다. 예수님이 그의 귀와 혀를 만지시고 "에바다"(열리라)라고 하자 그의 귀가 열리고 혀가 풀려 나음을 얻었습니다. 이사야의 예언에 따르면 이와 같은 이적은 마지막 구원의 때에 대한 징조입니다(사 35:5~6).

사천 명을 먹이심(8:1~10). 앞에서 오천 명을 먹이신 기적과 유사한 상황이 반복되었습니다. 예수님이 무리들을 불쌍히 여기시고 그들의 먹을 것에 대해 말씀하실 때, 제자들은 여전히 아무것도 없는 광야에서 어떻게 그들을 먹일 것인지 의문을 가졌습니다. 이렇게 마가는 제자들의 우둔함을 드러내고 있습니다. 예수님은 그들에게 있는 떡 일곱 덩이를 가지고 사천 명을 먹이는 기적을 다시 보이셨습니다.

바리새인들과 제자들의 불신(8:11~21). 예수님이 이미 하나님 나라의 복음을 가르치시고 또 여러 가지 기적들을 보이셨음에도 불구하고 바리새인들은 "하늘로부터 오는 표적"을 구하면서 예수님을 시험했습니다. 예수님은 그들의 불신에 대해 탄식하시고 그들에게 표적을 주지 않으실 것이라고 하셨습니다. 그리고 즉시 그들을 떠나 배를 타고 건너편으로 가셨습니다.

배에서 예수님은 제자들에게 바리새인들과 헤롯의 누룩을 주의하라고 하셨습니다. 문맥에 비추어 생각하면 예수님은 표적을 구하는 그들의 불신을 경계하고 온전한 믿음을 가질 것을 권고하신 것으로 보입니다. 그러나 제자들은 예수님이 그들에게 먹을 떡을 준비하지 못한 것에 대해 말씀하시는 것으로만 생각했습니다. 그들은 육신의 필요에만 집착하여 예수님 말씀의 영적 의미를 깨닫지 못한 것입니다. 그래서 예수님은 제자들에게 무리를 먹이신 기적을 상기시키시며 "아직도 깨닫지 못하느냐."고 나무라셨습니다.

뱃새다의 맹인 치유(8:22~26). 다른 치유 기적들과 달리 뱃새다의 맹인의 경우 예수님은 그를 즉시 치유하지 않으시고 두 단계를 거치게 하셨습니다. 처음 안수하신 후에는 나무 같은 것들이 걸어 다니는 것을 보았고, 두 번째 안수 후에 비로소 모든 것을 밝히 보았습니다. 이것은 제자들이 처음에 예수님에 대해 희미하게 알다가 점차로 밝히 보게 된다는 것의 예증이라고도 할 수 있습니다.

3. 수난 예고(막 8:27~10장)

〈마가복음〉 첫 단원에서 예수님은 사역을 시작하시며 자신이 하나님 나라의 권능을 행하시는 대권자임을 보이셨고, 두 번째 단원에서는 계속되는 대중 사역 가운데 특별히 제자들을 교훈하시고 권능을 주시며 사역을 맡기셨습니다. 그러나 이때에도 제자들은 여전히 예수님에 대한 확실한 믿음이나 깨달음이 부족한 상태였습니다. 이제 베드로의 신앙고백으로 시작하는 세 번째 단원에서 제자들은 예수님에 대해 어느 정도 바른 인식을 하는 궤도에 들어섰다고 할 수 있습니다. 여기에서 예수님은 한 차원 더 넘어서 그가 고난받으심으로 하나님의 뜻을 이루시는 대권자라는 것을 가르치시며, 그 일을 위해 제자들과 함께 예루살렘으로 향하여 가십니다.

1) 1차 예고: 빌립보(8:27~9:29)

베드로의 고백과 수난 예고(8:27~9:1). 예수님은 이스라엘의 북쪽 언저리에 있는 빌립보에서부터 남쪽 예루살렘을 향하여 가십니다. 예수님은 제자들에게 먼저 자신에 대한 사람들의 인식을 물으시고 그다음에 제자들은 어떻게 생각하는지 물으셨습니다. 베드로가 "주는 그리스도"라고 고백하였고, 예수님은 자신의 신분에 대해 함구할 것을 명령하셨습니다. 예수님이 그리스도 곧 메시아이신 것은 명백한 진리이지만, 사람들이 당장 기대하는 메시야는 영광과 승리와 메시야였으므로 고난과 희생을 앞둔 예수님이 가시려는 길과 어긋날 수 있기 때문입니다.

베드로의 고백을 들으신 후에 예수님은 비로소 당신이 받으실 고난에 대해 드러내 놓고 예고하셨습니다. 그러나 베드로는 그리스도의 고난당하심을 받아들이지 못하고 예수님에게 항변했습니다. 이것은 공생애 시작하시기 전에 사탄이 쉬운 방법으로 이 땅의 권세를 취하도록 유혹하려 했던 것과 같은 것이므로 예수님은 베드로를 엄하게 꾸짖으시고 사탄의 시험을 물리치셨습니다. 그리고 무리와 제자들을 향하여 예수님을 따르는 자들도 그와 같이 희생을 각오하라고 하셨습니다. 아울러 그들 가운데 "하나님의 나라가 권능으로 임하는 것"을 볼 자들도 있을 것이라고 약속하셨습니다. 이것은 바로 다음에 오는 예수 그리스도의 변화부터 십자가 죽으심 후 부활 및 승천 그리고 오순절 성령 강림까지 이어지는 하나님 나라의 영광스러운 역사가 진행되는 것을 말씀하시는 것입니다. 물론 그 역사는 최종적으로 예수 그리스도의 재림으로 완성될 것입니다. 예수 그리스도의 고난은 이와 같은 영광스러운 완성으로 가는 필연적인 과정입니다.

변모하신 예수님(9:2~13). 예수님은 제자들에게 고난을 예고하시고 엿새 후에 베드로, 야고보, 요한을 산에 데리고 올라가 그들 앞에서 영광스럽게 변모하셨습니다. 아마도 고난 후에 그가 영광스럽게 되실 것을 미리 보여 주심으로써 그들에게 소망을 갖게 하신 것으로 보입니다. 그 자리에 함께 있었던 모세와 엘리야는 각각 율법과 선지자를 대표하는 인물들로 예수 그리스도가 이루시는 하나님 나라가 구약의 역사와 예언의 성취임을 증거합니다(행 28:23; 롬 3:21). 또한 예수님이 세례 받으실 때와 마찬가지로 하늘로부터 그가 하나님의 아들이신 것과 그의 말에 순종하라는 음성이 들렸습니다. 고난의 여정을 앞두고 그가 실패자가 아니라 하나님 나라의 대권자이신 것을 확증하신 말씀이었습니다. 하지만 대권자로서 예수님의 정체는 여전히 감춰져야 했습니다. 왜냐하면 대중들이 당장에 예수님을 메시야로 떠받들려 할 수 있기 때문입니다.

귀신 들린 아이 치유(9:14~29). 예수님이 산에서 돌아오실 때 제자들은 한 귀신 들린 아이를 치유하지 못해 소동이 있었습니다. 예수님은 떠나실 기약이 가까웠는데 여전히 제자들은 그 사역을 이어받기에 역부족이었습니다. 예수님은 믿음이 없는 그 세대에 대해 탄식하시고, 또 그 아이의 아버지 역시 믿음이 없음을 지적하셨습니다. 그 아이 아버지가 자신의 믿음 없는 것을 도와 달라고 요청하는 것을 들으시고 예수님은 그 아이를 치유하셨습니다. 또한 제자들이 왜 그 아이를 치유하지 못했는가 물었을 때 예수님은 기도 외에 다른 길이 없다고 하셨습니다. 사역을 감당하기에 여전히 믿음이 없고 부족한 제자들이지만 예수님은 그들에게 기도라는 해결책을 보여 주신 것입니다.

2) 2차 예고: 갈릴리(9:30~50)

수난 예고와 섬김의 권고(9:30~50). 갈릴리로 오셔서 예수님은 다른 사람들에게 오신 것을 알리지 않으시고, 오직 제자들에게만 집중적으로 그의 받으실 고난에 대해 가르치셨습니다. 그러나 제자들은 이 말씀을 깨닫지도 못하고 더 묻는 것도 두려워했습니다. 그러면서 누가 서로 크냐 하며 자리 다툼만 하고 있었습니다. 예수님이 가려 하시는 고생과 희생의 길에는 정작 관심이 없었던 것입니다. 그래서 예수님은 그들에게 으뜸이 되려 하지 말고 도리어 겸손하게 섬기는 자가 되어야 할 것을 권고하셨습니다.

요한은 자기들 무리에 들지 않은 사람이 주의 이름으로 귀신을 쫓아내는 것을 금했다고 자랑스럽게 보고했습니다. 이러한 독점 의식은 우월감 혹은 교만에서 나온 것이었습니다. 제자들의 기대와 달리 예수님은 그런 일들을 금하지 말라 하시고, 또 그리스도의 이름으로 선행을 하는 사람들에게 반드시 보상이 있을 것을 말씀하셨습니다. 그러나 반대로 악한 자들이 받을 지옥의 형벌을 경고하시며 바르게 살 것을 권고하셨습니다.

3) 3차 예고: 유대 지경(10장)

예수님은 이제 예루살렘이 있는 유대 지경에 오셨습니다. 여기에서 예수님은 하나님 나라에 대해 가르치시되 특히 약자에 대한 배려를 교훈하시고, 자신의 고난을 다시 예고하시며 다른 사람들을 위해 자신을 내어 주시는 섬김의 모범을 말씀하셨습니다.

약자에 대한 배려(10:1~31). 여기의 세 기사는 서로 연관성이 없을 것처럼 보이지만 구약성경에서 사회적 약자로 자주 언급되는 고아와 과부 그리고 가난한 자에 대한 배려의 측면에서 함께 볼 수 있습니다.

⑴ **아내를 버리지 말라(10:1~12):** 고대 유대인들은 가장인 남편에게 재산권이 있었고, 또 이혼권도 남편에게 있었습니다. 그렇기 때문에 여자는 남편 없이 스스로 생존하기 어렵습니다. 바리새인들은 〈신명기〉 24장 1절에 근거해 남편이 아내를 버리는 것이 가능하다고 하지만, 예수님은 그 법은 사람들이 악하기 때문에 제한적으로 주신 것이고 근본적인 창조 원리에 따라 이혼이 불가하다고 하셨습니다. 하나님 나라의 원리는 한 남자와 한 여자가 결혼하면 평생토록 배우자와 신실하게 연합하여 사는 것입니다.

⑵ **어린 아이를 금하지 말라(10:13~16):** 사람들이 예수님의 만져 주심을 바라고 어린 아이들을 데려오자 제자들이 꾸짖었습니다. 어린 아이들은 유대인의 총회나 집회에 들어오지 못하므로 제자들의 행동은 당시 풍습에 따라 자연스러운 것이었을 것입니다. 하지만 예수님은 이에 대해 화를 내시며 어린 아이들을 금하지 말라 하시고 오히려 하나님 나라가 이런 자의 것이라고 하셨습니다. 사회적으로 소외되고 약한 자라 하더라도 하나님 나라를 간절히 소망하고 찾는 자들이 차지하게 될 것을 말씀하신 것입니다.

⑶ **가난한 자에게 나누어 주라(10:17~31):** 예수님이 나가실 때 한 사람이 달려

와 예수님에게 무엇을 하여야 영생을 얻을 것인지 물었습니다. 그는 구약의 계명을 어려서부터 잘 지켜 온 도덕적인 사람이었고, 또 재물도 많은 부자였습니다. 모든 것을 다 가지고 누린 그에게 예수님은 한 가지 부족한 것이 있다 하시고 소유를 다 팔아 가난한 자들에게 주라고 하셨습니다. 그는 많은 재물을 가진 사람이라 근심하여 그 자리를 떠나갔고 예수님은 제자들에게 부자가 하나님 나라에 들어가는 것은 하나님의 도우심 없이는 불가능하다고 가르치셨습니다. 이 기사는 천국이 어린 아이와 같은 자의 것이라고 하신 앞의 이야기와 비교됩니다. 세상의 기득권을 누리며 그것을 하나님 나라의 가치보다 소중히 여기는 사람은 그만큼 하나님 나라에서 멀리 있는 것입니다. 또한 이 부자의 주저함은 자신의 생명을 많은 사람의 대속물로 내어 주신 예수님의 희생과도 대조됩니다.

수난 예고와 섬김의 권고(10:32~45). 예수님이 예루살렘에 가까이 오셔서 앞장서 가실 때 그를 따른 사람들은 놀라고 두려워했습니다. 무엇 때문에 놀라고 두려워했는지 설명은 없습니다. 지금까지 두 차례 예고를 받았기 때문에 다가올 위기에 대한 막연한 두려움일 수도 있고, 또는 그런 위기를 무릅쓰고 앞장서 가시는 주님에 대한 두려움일 수도 있습니다. 이때 예수님은 세 번째로 그가 받으실 고난에 대해 예고하셨습니다. 앞의 예고들보다 더 자세하게 대제사장들과 서기관들이 사형 판결을 내리고, 이방인들에게 넘겨져 조롱과 멸시를 당하신 후에 죽으실 것까지 말씀하셨습니다.

예수님이 이렇게 수난을 말씀하시는데도 제자들은 또 자리 다툼에 급급했습니다. 야고보와 요한은 장차 예수님이 영광의 자리에 오르실 때 그와 함께 좌우편에 앉게 해달라고 요청했고, 이것을 들은 다른 제자들은 화를 내었습니다. 이런 제자들에게 높아지려 하지 말고 섬기는 종이 되라고 하시며 예수님 자신이 그와 같이 섬기는 종이 되어 다른 사람의 대속물로 자신의 생명을 내어 주신다는 것을 말씀하셨습니다.

맹인 바디매오를 고치심(10:46~52). 이것은 마지막으로 기록된 치유 사건입니다. 맹인 거지인 바디매오는 예수님을 "다윗의 자손"이라 부르며 도움을 요청하여 눈을 뜨게 되었습니다. 예수님을 다윗의 자손으로 믿고 구원을 요청한 바디매오의 신앙은 예수님을 다윗의 왕권을 이루신 분으로 영접하는 예루살렘 입성의 광경을 암시하는 전조와 같습니다.

4. 대권 성취(막 11~16장)

〈마가복음〉의 마지막 단원에서 예수님은 드디어 예루살렘에 입성하신 후 고난당하시고 죽으셨다가 다시 살아나셨습니다. 그리고 부활하신 예수님은 하나님의 대권자로서 그 우편에 앉으시고 제자들은 세상에 나가 표적과 함께 말씀을 증거합니다.

1) 최후 사역(11~13장)

예수님은 왕으로 예루살렘에 오셨으나 유대 지도자들의 도전을 받았고 그 가운데 마지막 교훈을 가르치시며 사역을 마무리하셨습니다.

왕의 입성(11:1~11). 예수님은 예루살렘 가까이 베다니에 오셔서 제자 중 둘을 맞은편 마을에 보내 사람을 태운 적이 없는 나귀가 매어 있을 것이니 이를 가져오게 하셨습니다. 누가 묻거든 "주가 쓰시겠다."라고 하면 허락할 것이라 하셨는데 말씀하신 대로 되었습니다. 이것은 예수님의 왕적 권위를 드러내는 것입니다. 실제로 예수님이 나귀를 타고 입성하실 때 군중은 "주의 이름으로 오시는 이여."라고 영접하며 동시에 "찬송하리로다 오는 다윗의 나라여."라고 외쳤습니다. 적어도 예수님을 맞이한 이 무리는 그분을 다윗의 나라 곧 이스라엘을 회복하는 메시야로 인정하고 영접한 것입니다. 이렇게 예수님은 왕으로서 수도 예루살렘에 입성하신 첫날 성전을 둘러보시고 다시 베다니로 나가셨습니다.

왕의 심판: 무화과나무 저주와 성전 정화(11:12~25). 예수님이 열매 없는 무화과나무를 저주하시니 말라죽었는데(11:12~14, 19~25) 마가는 이 기사 사이에 예수님이 성전을 정화하신 일을 다루고 있습니다(11:15~18). 열매 없는 무화과나무는 당시에 제 역할을 하지 못하고 있는 성전이나 이스라엘 백성과 같습니다. 무화과나무 저주는 이들에 대한 심판이 임박해 있음을 암시하는 것입니다.

시들어 마른 무화과나무를 보고 놀란 제자들에게 예수님은 이것을 통해 효과적인 기도의 두 가지 원리 곧 하나님을 믿을 것 그리고 다른 사람의 허물을 먼저 용서할 것을 가르치셨습니다. 수직적 차원과 수평적 차원의 관계가 바로 되어 있어야 기도의 응답이 이루어지는 것입니다.

왕권에 대한 도전(11:27~12:12). 성전 정화 사건은 당시 종교지도자들의 반감을 일으켰습니다. 그래서 그들은 성전에 계신 예수님을 보고 무슨 권위로 이런 일을 하는지 따졌습니다. 이에 대해 예수님은 세례 요한의 권위가 어디에서 나오는 것인지 반문하시고, 그들이 대답을 못하자 예수님도 역시 대답을 하지 않으시겠다고 하셨습니다.

예수님은 직접적인 답변을 주지 않으셨지만 포도원 주인의 아들과 소작농의 비유(12:1~12)를 통해 자신의 권위가 어디서 나오는 것인지, 그리고 그들의 도전이 얼마나 무모하고 악한 것인지를 설파하셨습니다. 즉 예수님은 하나님의 아들로서 대권을 행사하시는 것이지만 그 지도자들은 아들을 존대하기는커녕 오히려 불의한 동기로 그 아들을 대적하고 있음을 지적하신 것입니다. 또한 주인이 악한 농부들을 심판하고 포도원을 다른 사람들에게 주신다는 말씀은 하나님 나라의 유업을 받는 은혜를 이방인에게 돌리실 것을 예고하는 것입니다.

논쟁(12:13~44). 유대 지도자들은 계속해서 예수님을 책잡기 위해 논쟁을 벌였지만, 예수님은 권위와 지혜로 그들의 말문을 닫게 하셨습니다.

⑴ **세금(12:13~17):** 로마의 통치 아래에서 유대인들은 마지못해 세금을 내면서도 반발이 심했습니다. 그래서 바리새인들의 세금에 대한 질문에 예수님이 세금을 내야 한다고 하면 유대인들의 마음을 잃을 것이고, 내지 않아야 한다고 하면 로마에 대한 납세 거부와 반란의 죄목으로 엮이게 될 것입니다. 이에 대해 예수님은 동전에 있는 가이사의 화상을 지적하시고, 가이사의 것은 가이사에게 하나님의 것은 하나님에게 바치라고 명쾌하게 답변하셨습니다.

⑵ **부활(12:18~27):** 바리새인들의 말문이 막히자 부활을 믿지 않는 사두개인들이 나섰습니다. 그들은 형이 죽으면 동생이 형수를 아내로 취하게 하는 모세의 율법을 가지고 부활이 있다면 누구의 아내가 될 것인지를 물었습니다. 예수님은 부활 후 세상은 현재의 질서와 다른 것을 말씀하시며, 또한 그들이 권위로 내세우는 모세의 책에서 한 예를 들어 부활을 부인하는 그들의 오해를 논박하셨습니다. 즉 하나님이 말씀하시기를 "나는 아브라함의 하나님이요 이삭의 하나님이요 야곱의 하나님이로라." 하셨고, 그 하나님은 "산 자의 하나님"이시기 때문에 아브라함, 이삭, 야곱은 죽은 자가 아니라 부활하여 산 자라는 논리입니다.

⑶ **큰 계명(12:28~34):** 세 번째로 서기관이 예수님에게 첫째 되는 계명이 무엇인지를 물었고, 예수님은 하나님을 사랑하는 것이 첫째요 그다음은 이웃을 사랑하는 것이라고 대답하셨습니다. 이에 서기관은 전적으로 동의하였고 예수님 역시 서기관이 지혜롭게 응답하는 것을 보시고 그가 "하나님 나라에서 멀지 않다."고 칭찬하셨습니다.

⑷ **다윗의 자손(12:35~37):** 예수님이 시험하는 자들에게 명쾌하게 논박을 하시므로 그들이 더 이상 묻지 못하였고, 이제 반대로 예수님이 그들에게 물으시며 부끄럽게 하셨습니다. 다윗이 메시야를 '나의 주'(主)라고 부르는데 어떻게 그리스도(메시야)가 다윗의 자손으로 날 수 있겠는가라는 질문이었습니다. 이것은 메시야가 다윗의 자손으로 난다는 구약의 전통을 예수님이 부인하시는 것이 아니라 그들의 무지함을 드러내시려 하신 것입니다. 예수님은 다윗의 왕

권 언약을 성취하신 메시야이지만, 그분은 단지 다윗의 육신적인 혈통을 따라 난 후손이 아니라, 성령으로 잉태되신 하나님의 참 아들이시므로 다윗이 예수 그리스도를 나의 주로 부르는 것이 타당합니다.

(5) **과부의 헌금(12:38~44):** 논쟁은 유대 지도자들에 대한 예수님의 비판으로 마무리됩니다. 사람들에게 높임 받기를 좋아하고 위선을 떨며, 정작 과부와 같이 약한 자들의 재산을 탈취하는 지도자들이 하나님의 심판을 받을 것이라고 하셨습니다. 그러나 반대로 가난한 과부가 적은 돈을 헌금했어도 온전한 헌신으로 드리는 것을 칭찬하셨습니다.

종말의 징조(13장). 예수님은 죽음을 앞두고 사역을 마무리하는 마지막 교훈으로서 감람산에서 성전을 마주 보시며 종말에 관한 징조를 가르치셨습니다.

성전 파괴의 예고(1~4절). 제자들을 비롯해 당시 유대인들은 성전을 거룩하게 여기고 바라보지만, 예수님은 그 성전이 파괴될 것을 예언하셨습니다. 예루살렘 성전은 하나님 임재의 상징으로서 하나님 통치의 자리이고, 따라서 유대인들 신앙의 중심이기 때문에 성전 파괴는 종말을 의미하는 엄청난 사건입니다. 그래서 제자들은 이 일이 언제 어떻게 이뤄질 것이지 예수님에게 물었고 이에 대해 예수님이 종말의 징조에 대해 가르치셨습니다. 그 가르침을 요약하면 아래와 같습니다.

(1) **미혹(5~8절):** 거짓 그리스도가 나타나겠으나 미혹되지 말라. 난리와 전쟁, 재난이 일어나겠으나 끝이 아니고 재난의 시작이다.
(2) **박해(9~13절):** 제자들이 체포되어 권력자들 앞에서 박해를 받으며 증거하겠고, 심지어 가족 친족들에게 배신을 당하기도 할 것이다. 그러나 이 박해 가운데 복음이 만국에 전파될 것이다.
(3) **환난(14~23절):** 처참한 큰 환난이 있을 것이다. 거짓 그리스도와 거짓 선지자들이 많이 일어날 것인데, 미혹되지 말라.
(4) **재림(24~27절):** 환난 후에 모든 권세가 내려앉고 오직 인자가 권능과 영광을 입고 와서 택하신 자들을 모아 구원할 것이다.
(5) **준비(28~37절):** 그날과 그때는 언제일지 알 수 없으니 항상 깨어 준비하고 있으라.

2) 수난(14~15장)

고난과 제자들의 배신(14:1~26). 예루살렘에서 모든 사역까지 마치시고 이제 예수님은 예정하신 대로 자신을 희생제물로 드리시기 위해 제자들과 함께 마지막 순간을 보내시는데, 이때에도 제자들은 여전히 약한 모습을 보이고 있습니다.

그동안 예수님의 행적과 논쟁으로 반감을 가진 유대 지도자들이 예수님을 죽일 흉계를 꾸미고 있으므로 그의 죽으심이 가까웠습니다. 이때 한 여인이 예수님에게 값비싼 향유를 가지고 와서 예수님 머리에 붓자 제자들은 그것을 팔아 가난한 사람을 많이 도울 수 있었을 것인데 낭비하였다고 하며 화를 내었습니다. 그 여인은 예수님의 죽으심을 위해 준비하였지만 제자들은 아직 그의 죽으심에 대해 깊이 생각하고 있지 못했던 것입니다. 가룟 유다는 한 술 더 떠서 예수님을 팔아넘기려고 대제사장에게 가서 약속을 받고 예수님을 팔 궁리를 하였습니다. 예수님은 이것을 아셨고, 제자들과 함께하는 유월절 만찬의 자리에서 한 제자의 배신을 예고하셨습니다.

유월절은 애굽에서 압제 받던 이스라엘 백성의 해방을 기념하는 것입니다. 예수님의 희생은 유월절의 양과 같이 다른 사람들의 구원을 위해 생명을 내어 놓으시는 것입니다. 하지만 제자들은 그 위기의 순간에 도망할 것이라고 하셨습니다. 베드로는 절대 떠나지 않겠다고 장담하자 예수님은 그가 세 번 부인할 것을 말씀하셨습니다.

제자들의 약함은 예수님이 겟세마네 동산에서 기도하실 때도 드러납니다. 예수님은 심히 고민하여 죽게 되었다 하시며 제자들에게 깨어 있으라 부탁하시고 기도하셨습니다. 하지만 제자들은 이내 잠이 들었고, 예수님은 다시 부탁하셨지만 제자들은 또 잠이 들었습니다. 그런 가운데에서도 예수님은 제자들의 약함을 감싸 주시며, 또 전적으로 하나님의 뜻에 순종하시기로 하셨습니다. 결국 예수님이 말씀하신 대로 유다는 유대인 지도자들과 사람들을 데리고 와서 예수님을 넘겨주었고, 제자들은 뿔뿔이 흩어졌습니다. 여기에서 마가는 벗은 몸으로 도망간 한 청년에 대해 이야기합니다. 누구인지 확실하지는 않지만 대부분 이 복음서의 저자인 마가 자신을 말하는 것으로 봅니다.

체포되신 예수님은 공회에서 심문을 받으시는데, 다른 질문에 대해 침묵하셨지만 "네가 그리스도냐?"라는 질문에는 "인자가 권능의 우편에 앉은 것과 하늘 구름을 타고 오는 것을 너희가 확실히 보리라."고 단호하게 말씀하셨습니다. 자신이 〈다니엘서〉에서 예언된 말씀을 성취하신 메시아라는 것을 말씀하신 것입니다(단 7:13~14). 심문하는 자들과 무리는 이 말을 듣고 크게 화를 내며, 예수님을 신성모독죄로 몰아붙이고 그를 때리며 조롱하였습니다. 이렇게 예수님이 고통당하실 때에 베드로는 예수님을 세 번 부인했습니다.

〈다니엘서〉 7장 13~14절을 적어 봅시다.

_____

_____

_____

_____

_____

십자가 처형(15장). 유대인 공회에서 예수님은 신성모독죄를 지었다고 결론 내렸지만, 그들에게는 처형할 권한이 없었으므로 로마에서 온 총독 빌라도의 법정으로 예수님을 넘겼습니다. 빌라도는 예수님이 죄가 없고 단지 대제사장들이 시기하여 잡아 온 것을 알고서 예수님을 놓아주고자 했지만 예수님을 십자가에 못 박게 하라는 무리의 요청에 맞춰 십자가 처형을 선고했습니다. 그렇게 해서 예수님은 갖은 모욕과 고통을 받으신 후에 십자가에서 운명하셨습니다.

예수님이 죽으신 후에 아리마대 요셉이 빌라도에게 그 시신을 달라고 하여 그의 무덤에 장사하였습니다. 그는 부자요 존경받는 공회원이었기 때문에 그만한 재력과 영향력이 있었습니다. 마가는 그의 배경과 함께 그가 "하나님의 나라를 기다리는 자"였다고 소개합니다. 그는 예수님의 죽으심 이후에도 여전히 하나님 나라에 대한 소망이 있었기 때문에 위험을 무릅쓰고 그 일을 했던 것입니다.

3) 부활(16장)

빈 무덤(16:1~8). 예수님이 죽으시고 안식일이 지난 후 세 여인 곧 막달라 마리아와 야고보의 어머니 마리아 그리고 살로메가 예수님의 시신에 향유를 바르기 위해 무덤을 찾았습니다. 그러나 그곳에 예수님은 계시지 않고 천사로 추정되는 "흰 옷을 입은 한 청년"이 말하기를 "그가 살아나셨고 여기 계시지 아니하니라."고 하며 빈자리를 보이고, 또 그들에게 명령하기를 베드로를 비롯한 제자들에게 가서 예수님이 갈릴리에서 그들을 만나실 것을 전하라고 했습니다. 하지만 이 여인들은 너무 두려워서 그 자리에서 도망 나와 아무에게 아무 말도 전하지 못했습니다.

예수님이 막달라 마리아에게 보이신 후에야 비로소 마리아는 제자들에게 예수님이 부활하셨고 자기에게 나타나신 것을 알렸지만 그들은 믿지 않았습니다. 제자들 가운데 시골(엠마오)로 가던 두 사람이 예수님을 만나고 다른 제자들에게 예수님의 부활을 전했지만 그들은 여전히 믿지 않았습니다. 제자들이 이렇게 예수님의 부활을 전하는 사람들의 증거를 믿지 않았기 때문에 이제는 예수님이 직접 나타나셔서 그들의 믿음 없음을 꾸짖으셨습니다. 그들에게 온 천하에 다니며 만민에게 복음을 전파하라는 대위임령과 함께 믿는 자에게 표적이 따를 것을 약속하셨습니다. 그다음 예수님은 승천하셔서 하나님 우편에 앉으셨습니다. 이것은 부활하신 예수님이 하나님 나라의 대권자가 되셨음을 말하는 것입니다. 그리고 그가 파송한 제자들은 위임받은 권능으로 표적을 행하며 하나님 나라의 복음을 전파했습니다.

누가복음

ⓑ 전도자

신약의 저자들 중 유일한 이방인인 누가는 〈사도행전〉과 함께 이 복음서를 썼습니다. 의사인 그의 성향 때문인지(골 4:14) 그의 복음서에는 의학 용어가 많이 나타나고 또 상세하게 '모든 일을 근원부터 차례대로' 기술하려고 했습니다. 〈누가복음〉은 〈마가복음〉과 마찬가지로 이방인들을 대상으로 하면서 하나님 나라를 강조하고 그 나라를 성취하신 하나님의 아들이신 예수 그리스도를 증거했습니다. 그 가운데 마가는 하나님 나라의 대권자로서 예수님의 권능에 초점을 맞춘 반면, 누가는 하나님 나라를 전하는 전도자로서 예수님을 부각시키며(눅 16:16, 4:18~19), 특히 가난한 자와 소외된 자에 대한 관심을 강조합니다.

〈누가복음〉의 구조와 요점

1 나사렛 (1:1~4:13)	다윗의 후손으로 탄생하신 예수님이 나사렛에서 성장하신 후 세례와 시험을 받으셨습니다.		
	1) 탄생(1~2장) 메시야의 길을 준비하는 선지자 요한이 먼저 태어나고, 예수님이 탄생하시어 나사렛에서 성장하였습니다.	**2) 세례와 족보(3장)** 요한이 백성에게 회개를 선포하고 세례를 주었고, 하나님의 아들이신 예수님도 세례를 받으셨습니다.	**3) 시험(4:1~13)** 예수님이 성령의 인도하심 가운데 광야에서 사십 일을 주리신 후에 마귀에게 시험을 받으셨습니다.
2 갈릴리 (4:14~9:50)	예수님의 갈릴리 사역이 시작되어 소문이 널리 퍼져서 사람들이 그의 정체에 관심을 기울였습니다.		
	1) 예수의 소문(4:14~7:17) 예수님이 갈릴리에서 사역을 시작하시니 그에 대한 소문이 갈릴리와 온 유대와 사방에 두루 퍼졌습니다.	**2) 예수의 정체(7:18~8장)** 사람들이 예수님의 언행과 이적을 보고 놀라며 그가 누구신지에 대해 다양하게 인식했습니다.	**3) 제자 파송(9:1~50)** 예수님이 열두 제자를 따로 세우셔서 권능을 주시고 하나님 나라 전파와 치유의 사역을 위임하셨습니다.
3 여행 (9:51~19:27)	예수님이 희생당하시기 위해 예루살렘을 향해 가시면서 하나님 나라에 대해 가르치셨습니다.		
	1) 초기(9:51~13:21) 예수님이 예루살렘으로 여행을 시작하시며 제자들을 훈련시키시고 하나님 나라의 말씀을 가르치셨습니다.	**2) 중기(13:22~17:10)** 예루살렘으로 계속 가시면서 하나님 나라에 참여할 자와 참여하지 못할 자가 있다는 것을 가르치셨습니다.	**3) 후기(17:11~19:27)** 예루살렘에 가까이 오시면서 하나님 나라의 완전한 성취가 당장에 이뤄지는 것이 아님을 가르치셨습니다.
4 예루살렘 (19:28~24장)	예루살렘에서 예수님이 죽임당하셨다가 부활하신 후 제자들을 가르치시고 승천하셨습니다.		
	1) 최후 사역(19:28~21장) 예수님이 예루살렘에 입성하셔서 성전에서 가르치시니, 유대 지도자들이 그를 죽이려고 했습니다.	**2) 수난(22~23장)** 예수님이 제자들과 마지막 시간을 보내신 후, 체포되시어 핍박을 당하시고 십자가에서 처형되셨습니다.	**3) 부활(24장)** 부활하신 예수님이 제자들에게 말씀을 깨닫게 하신 후 승천하셨고, 제자들은 예루살렘에 머물렀습니다.

1. 나사렛(눅 1:1~4:13)

〈누가복음〉은 예수님에 대해 설명하면서 시간적인 순서와 장소의 이동에 따라 차례대로 기록하였습니다. 첫 장면은 예수님이 공생애 전까지 사셨던 고향 나사렛을 주요 배경으로 하고 있습니다.

1) 탄생(1~2장)

처음 네 구절은 〈누가복음〉 전체의 서론으로서 저자와 기록 목적 등을 설명합니다(1:1~4). 그다음에 세례 요한과 예수님의 수태 예고와 출생을 묘사하는데, 이 기사의 목적은 단순히 탄생하신 정황을 이야기하는 데서 그치는 것이 아니라 탄생으로 말미암아 하나님 나라의 새로운 역사가 진행되고 있음을 여러 증거를 통해 선포하는 것입니다.

세례 요한의 수태(1:5~25). 제사장 사가랴는 아내 엘리사벳이 불임하여서 늙도록 자식이 없었는데 천사가 아들을 낳을 것을 예고하며 요한이라 이름 짓게 하였습니다. 예수님의 탄생과 함께 세례 요한을 중요하게 다룬 이유는 그가 메시야의 길을 예비하는 자이기 때문입니다. 구약의 맨 마지막 예언은 여호와의 날에 하나님이 엘리야 같은 선지자를 다시 보내셔서 그 백성을 회개하게 하여 하나님과의 관계를 회복되게 하신다고 했습니다(말 4:5~6). 누가는 마태와 마찬가지로 세례 요한이 이 예언을 성취한 자라고 소개합니다. 단지 마태는 세례 요한을 엘리야와 직접 연관시키지 않고 단지 그가 엘리야의 특징적인 모습대로 약대 털옷을 입고 가죽 띠를 띠고 나타났다는 것만 말했는데(마 3:4; 왕하 1:8), 누가는 구체적으로 말라기 예언을 인용하면서 세례 요한이 메시야 시대의 도래를 위해 백성을 회개하도록 하는 사자라는 것을 증명합니다.

예수님의 수태(1:26~56). 세례 요한이 임신되고 6개월 후에 천사 가브리엘은 다윗의 자손인 요셉과 정혼한 처녀 마리아에게 가서 성령으로 말미암아 아들을 낳을 것을 예고합니다. 그 아들이 "하나님의 아들이라 일컬음을 받고 다윗의 왕위를 얻을 자"가 된다는 것은, 하나님이 다윗의 자손에게 영원한 왕권을 주시고 또 그 자손은 하나님의 아들이 될 것이라고 말씀하신 약속이 성취되는 것입니다(1:32~35; 삼하 7:12~16). 마리아가 처녀의 몸으로 임신하게 된다는 사실에 놀라 천사에게 반문하자 천사는 마리아의 친족인 엘리사벳의 임신을 증표로 제시하였습니다. 그래서 마리아는 유대에 살고 있는 엘리사벳을 방문하였고 엘리사벳은 배 속에서 아이가 뛰노는 반응과 함께 성령 충만함을 받아 마리아를 축복했습니다. 이에 마리아는 하나님을 찬양하며 하나님의 은혜가 "아브라함과 그의 자손에게" 영원히 함께할 것을 기원했습니다. 이것은 아브라함에게 주신 복의 약속이 이 아들을 통해 성취될 것을 노래한 것입니다.

세례 요한의 출생(1:57~80). 때가 되어 엘리사벳이 아들을 출산하고 사가랴는 천사의 지시대로 아들의 이름을 요한이라고 지었습니다. 이에 처음 수태 예고 때 믿지 않은 벌로 얼어붙은 입이 풀렸고, 그래서 사가랴는 새 시대를 이루시는 하나님을 찬양하며 예언했습니다. 그의 찬양은 메시야에 대한 예언(68~75절)과 메시야의 길을 준비하는 선지자 요한에 대한 예언(76~79절)으로 되어 있습니다. "구원의 뿔을 그 종 다윗의 집에 일으키셨으니"(1:69)라는 것은 다윗에게 주신 왕권의 언약을 성취하는 메시야가 날 것을 선포하는 것입니다. 또한 새 시대의 도래는 하나님이 거룩한 언약 곧 아브라함에게 하신 맹세를 기억하시고 성취하시는 것이라고 했습니다(1:72~73; 참고. 창 12:2~3, 17:19, 22:17~18). 마태는 그 복음서 서두에서 "아브라함과 다윗의 자손 예수 그리스도의 세계라."고 간단하게 언급했던 것을, 누가는 이방인들에게 보다 자세하게 예수님이 아브라함과 다윗의 언약을 성취하신 분인 것을 설명합니다.

예수님의 탄생과 성장(2장). 요셉과 마리아는 나사렛에서 살고 있었지만, 당시 로마 황제가 내린 법령을 따라 원 고향에 가서 호적을 하려고 베들레헴으로 갔습니다. 만삭의 몸이었던 마리아는 베들레헴에서 예수님을 낳았고, 이로써 베들레헴에서 왕이 날 것이라고 했던 선지자 미가의 예언이 성취된 것입니다(미 5:2).

모세의 율법에 따라 요셉과 마리아는 정결 예식을 위해 아기 예수님을 예루살렘 성전으로 데리고 갔습니다. "이스라엘의 위로"를 기다리던 경건한 시므온이 아기 예수님을 보고 하나님을 찬양하며 예수님이 "이스라엘의 영광"이요 "이방의 빛"이 될 것을 예언했습니다. 예수님으로 말미암아 이스라엘뿐만 아니라 온 세상이 복을 받게 되는 영광스러운 새 시대가 이른 것을 증거하는 것입니다. 그러나 다른 한편으로 마리아가 극심한 심적 고통을 당할 것을 말함으로써 예수님이 당하실 고난까지 예고했습니다. 성전을 떠나지 않고 금식하고 기도하며 섬기던 안나 역시 아기 예수님을 보고 하나님에게 감사하며 "예루살렘의 속량"을 바라는 사람들에게 예수님에 대해 이야기했습니다. 즉 이 예수가 구약성경 특히 선지서에서 예언된 예루살렘의 영광스러운 회복을 성취하시는 분인 것을 증거했습니다.

아기 예수는 육체적으로 또 정신적으로 성장하였고, 그가 자라는 동안에 하나님의 특별한 은혜와 사랑이 함께했습니다(2:40, 52). 그러나 예수님의 성장기에 대해 다른 기록은 없고 오직 예수님이 12세 때 부모와 함께 유월절에 성전에 방문한 기사만 있습니다. 절기가 끝나고 요셉과 마리아는 고향으로 돌아가는 길에 예수님이 함께하시지 않은 것을 알고 근심하며 돌아와 성전에서 아이 예수를 찾았습니다. 이때 예수님이 "내가 내 아버지 집에 있어야 될 줄을 알지 못하셨나이까?"(2:49)라고 반문한 것은 하나님 아들로서 자기 이해를 나타낸 것입니다. 즉 예수님은 아버지와 아들의 친밀한 관계 속에서 하나님의 뜻을 행하시는 그리스도이신 것을 말씀하셨습니다. 그러므로 이것은 수태 예고부터 정결 예식에 이르기까지 다른 사람들의 입을 통해 증거된 예수님의 정체성에 대한 결론이요, 정점이라고 할 수 있습니다.

〈말라기서〉 4장 5~6절을 적어 봅시다.

_____

_____

_____

_____

2) 세례와 족보(3장)

12세 예수님의 성전 방문 외에 다른 기사 없이 장면은 성인(30세)이 되어 사역을 시작하려는 요한과 예수님에게로 건너뜁니다. 예수님이 공생애를 시작하시기 전에 요한에게 세례를 받으심으로 사역을 위한 준비를 하셨습니다.

요한의 세례(3:1~22). 세례 요한이 먼저 광야에서 하나님의 말씀을 받아 선포하기 시작했습니다. 이것은 말라기 이후 400년의 침묵기를 깨고 선지자를 통한 하나님의 계시가 나타난 것입니다. 그는 사람들에게 회개를 촉구하며 세례를 줌으로써 메시야의 길을 준비하였고, 누가는 이것을 〈이사야서〉 40장 3~5절에 있는 예언의 성취로 보았습니다.

예수님은 죄가 없으시지만 요한에게 세례를 받으심으로써 스스로 죄인들과 같이 낮아지셨습니다. 또한 예수님이 세례를 받고 기도하실 때에 성령이 예수에게 임하시고 하늘에서 "너는 내 사랑하는 아들이라 내가 너를 기뻐하노라."는 음성이 들렸습니다. 이런 맥락에서 예수님이 받으신 세례는 다른 사람들과 같이 죄를 씻는 정결 의식이 아니라 하나님의 아들로서 공식적인 사역을 시작하게 하는 대관식과 같은 것이었습니다.

예수님의 족보(3:23~28). 예수님이 세례 받으신 기사 다음에 누가는 예수님의 족보를 소개합니다(23~38절). 마태가 제시한 족보는 아래로 내려가는 하향식 족보였지만 누가는 위로 거슬러 올라가는 상향식 족보입니다. 마태는 아브라함으로부터 시작하여 예수님의 유대적 배경을 강조하지만 누가는 아브라함을 넘어 아담까지 소급하면서 예수님을 인류 전체와 연결시킵니다. 심지어 아담 이상으로 하나님까지 언급함으로써 예수님이 하나님의 아들 되심을 강조합니다. 아브라함부터 다윗까지는 누가의 족보에서 두 사람이 빠진 것 외에는 두 명단이 일치합니다. 그러나 다윗 이후 계보는 크게 달라집니다. 마태는 다윗 이후 솔로몬으로 이어지는 왕가의 계보를 보여 줌으로써 예수님이 다윗 이상을 이룬 메시야임을 강조했지만, 누가는 솔로몬 대신 나단으로 이어지는 평민의 계보를 제시합니다.

누가	마태	누가	마태	누가	마태	누가
하나님	아브라함	아브라함	다윗	다윗	스알디엘	스알디엘
아담	이삭	이삭	솔로몬	나단	스룹바벨	스룹바벨
셋	야곱	야곱	르호보암	맛다다		레사
에노스	유다	유다	아비야	멘나		요아난
가이난	베레스	베레스	아사	멜레아		요다
마할랄렐	세라	x	여호사밧	요남		요섹
야렛	헤스론	헤스론	요람	요셉	아비훗	서머인
에녹	람	x	웃시야	유다	엘리아김	맛디디아
므두셀라	암미나답	아미나답	요담	시므온	아소르	마앗
레멕	나손	나손	아하스	레위	사독	낙개
노아	살몬	살몬	히스기야	맛닷	아킴	에슬리
셈	보아스	보아스	므낫세	요림	엘리웃	나훔
아박삿	오벳	오벳	아몬	엘리	엘르아살	아모스
가이난	이새	이새	요시야	예수	맛단	맛다디아
살라			여고냐	에르	야곱	요셉
헤버				엘마담		안나
벨렉				고삼		멜기
르우				앗디		레위
스룩				멜기		맛닷
나홀				네리		헬리
데라					요셉	요셉
					예수	예수

090

3) 시험(4:1~13)

예수님은 세례 때 성령을 받으신 후 성령의 인도하심을 따라 40일을 광야에서 금식하며 지내시고 마귀에게 시험을 받으셨습니다. 이렇게 예수님은 친히 육신의 고통과 영적인 도전을 겪어 보셨기 때문에 우리 인간의 약함을 누구보다 잘 아시고 도우실 수 있습니다(참고. 히 2:18). 그러므로 이것은 앞의 세례와 마찬가지로 공생애 사역을 위한 준비라고 할 수 있습니다. 하지만 예수님이 시험을 받으신 것은 보통 인간들과 같이 죄에 끌리는 유혹이 아닙니다. 왜냐하면 그는 죄가 없으신 분이기 때문입니다. 바로 앞에서 하나님의 아들로 선포하신 말씀에 대한 도전이며, 이 시험을 통해 예수님은 참 하나님 아들의 모범을 보여 주신 것입니다. 시험 받으신 일에 대한 기사는 〈마태복음〉과 거의 유사하고 단지 두 번째 시험과 세 번째 시험의 순서가 바뀌었을 뿐입니다.

2. 갈릴리(눅 4:14~9:50)

세례와 시험을 받으신 후에 예수님은 본격적으로 공생애 사역을 시작하셨습니다. 먼저 그가 자라나신 고향 나사렛에서 시작하여 인근의 갈릴리 호수 주변을 다니시며 권위 있는 교훈으로 가르치시고 치유의 기적을 행하셨습니다.

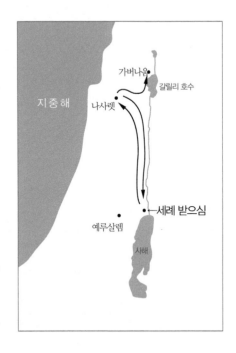

1) 예수의 소문(4:14~7:17)

초기 사역(4:14~5:11). 예수님이 갈릴리에서 말씀을 가르치시고 치유하시니, 그 권위와 능력이 드러나서 많은 사람들이 놀라고 그의 소문이 사방에 퍼졌습니다(4:14, 37, 5:15).

⑴ **서론(4:14~15):** 예수님이 여러 마을의 회당을 돌며 말씀을 가르치시자 사람들이 놀라고 칭송이 자자했습니다.

⑵ **나사렛 선언(4:16~30):** 여러 마을에서 긍정적인 반응을

받으신 것과 달리 예수님의 고향 마을인 나사렛에서는 예수님의 권위를 인정하지 않고 배척했습니다. 마태와 마가는 예수님이 고향에서 배척당하신 일을 사역 중간에 일어난 사건으로 기록했는데(마 13:53~58; 막 6:1~6), 누가는 이 것을 앞당겨 사역 초두에 설명하고 있습니다. 이 기사는 예수님의 사명 선언과 같은 것으로서 그의 사역의 본질적인 목적이 무엇인지를 보여 주기 때문입니다. 예수님은 〈이사야서〉 61장 1~2절의 말씀을 읽으시고 그 예언이 자신을 통해 성취되었다고 선언하셨습니다. 즉 자신이 성령을 받아 가난한 자에게 복음을 전하고 질병과 억압에 눌린 자를 자유하게 하는 기름 부음 받은 자(메시야, 그리스도)라는 것을 선포하신 것입니다.

〈이사야서〉 61장 1~2절을 적어 봅시다.

(3) **전도와 치유(4:31~44):** 나사렛 선언에 이어 누가는 실제 예수님이 "전도"와 "치유"를 어떻게 행하셨는지 보여 줍니다. 예수님은 가버나움 동네에서 권위 있는 가르치심을 전하고 또 귀신 들린 사람을 보시고 귀신을 쫓아내어 자유롭게 하셨습니다(31~37절). 시몬의 장모의 열병을 고치시고 그 밖에 귀신 들린 자들을 많이 치유하셨습니다(38~41절). 이렇게 예수님이 치유의 이적을 행하시자 사람들이 예수님을 붙잡았지만 예수님은 "하나님 나라의 복음"을 다른 동네에서도 전하시기 위해 떠나셨습니다. 같은 사건을 기록하면서 마가는 예수님의 대권자로서 권능을 강조해 귀신 쫓는 것을 언급하지만 누가는 하

나님 나라 전파에 초점을 맞추고 있는 것을 알 수 있습니다.

막 1:38~39	눅 4:43~44
…… 우리가 다른 가까운 마을들로 가자 거기서도 전도하리니 내가 이를 위하여 왔노라 하시고 이에 온 갈릴리에 다니시며 그들의 여러 회당에서 전도하시고 또 귀신들을 내쫓으시더라.	…… 내가 다른 동네들에서도 하나님의 나라 복음을 전하여야 하리니 나는 이 일을 위해 보내심을 받았노라 하시고 갈릴리 여러 회당에서 전도하시더라.

(4) **베드로를 부르심(5:1~11):** 예수님이 갈릴리 호수에서 처음 제자들 곧 베드로와 안드레, 야고보와 요한을 부르신 장면에 있어서 누가는 마태나 마가와 달리 자세한 상황을 묘사하고 있습니다(참고. 마 4:18~22; 막 1:16~20). 베드로는 밤새도록 그물을 쳤어도 고기를 잡지 못하다가 예수님의 지시를 따라 많은 물고기를 잡는 기적을 체험했습니다. 예수님의 권능 앞에서 두려운 베드로는 자신이 죄인임을 고백하고 예수님에게 떠나 주실 것을 요청했지만 예수님은 그를 제자로 삼았고, 그의 동업자였던 야고보와 요한도 함께 예수님을 따랐습니다.

바리새인들과 논쟁(5:12~6:11). 예수님의 가르침과 권능을 체험한 많은 무리가 그를 따르지만, 바리새인과 서기관 같은 유대 지도자들은 예수님의 사역과 제자들의 행동을 비난하며 배척했습니다. 예수님은 그들과 논쟁하시며 자신이 어떤 분인지를 확실히 보여 주셨습니다. 처음 세 장면은 예수님이 부정함과 죄를 깨끗하게 하시는 분임을 알립니다. 다음 세 장면에서 예수님은 자신이 새 시대 새 질서를 여는 주역이신 것과 절기의 본질적인 정신을 가르쳐 주십니다.

(1) **나병 환자(5:12~16):** 구약성경에서 나병(문둥병) 환자는 부정하고, 그래서 그와 접촉된 것은 사람이든 물건이든 다 부정했습니다. 그렇기 때문에 그 환자는 철저하게 공동체에서 격리되어 살아야 했습니다. 하지만 예수님이 그를 만지실 때 예수님이 부정해지신 것이 아니라 오히려 그의 병이 치유되었습니다. 예수님은 부정한 사람을 정결하게 회복시키시는 분입니다.

⑵ **중풍 병자(5:17~26):** 사람들이 중풍병자를 메어 와서 예수님 앞에 내려놓을 때 예수님은 "네 죄 사함을 받았느니라."고 선언하시고 그다음에 그를 치유하셨습니다. 서기관과 바리새인들은 신성모독이라고 분개했지만 예수님은 자신에게 죄를 사하는 권세가 있는 것을 알게 하시려고 의도적으로 그렇게 하신 것입니다.

⑶ **세리와 죄인의 용납(5:27~32):** 레위라 하는 세리(마태)가 예수님의 제자로 부르심을 받고 나서 예수님을 위해 잔치를 베푸니 다른 세리들도 함께했습니다. 그 당시 세리는 압제국인 로마의 앞잡이로 치부되어 백성들이 경멸하는 죄인이었습니다. 그래서 바리새인과 서기관들은 예수님이 그들과 함께 식사 자리에 있는 것을 비방했지만 예수님은 의사는 환자에게 필요하다는 비유를 들어 그가 죄인을 용납하시고 새롭게 하시는 분이신 것을 알리셨습니다.

⑷ **금식(5:33~39):** 세례 요한의 제자들을 포함해 열심 있는 유대인들은 금식을 행하는데 예수님의 제자들은 금식을 하지 않으므로 바리새인들이 또 이것을 비방했습니다. 예수님은 자신을 혼인집 신랑으로 비유하시며 자신으로 말미암아 기쁨의 새 시대가 열렸다는 것을 가르치셨습니다. 금식은 그들의 죄와 그에 따른 심판에 대해 회개하며 애곡하는 것인데 이제 예수님으로 말미암아 사죄와 회복의 역사가 이루어지고 있으므로 지금은 금식할 때가 아니라 그와 함께 기뻐할 때인 것입니다. 또한 예수님은 신랑을 빼앗길 날이 올 것을 말씀하심으로 그의 고난과 승천 그리고 그 이후 성도들이 겪을 환난의 시기가 있음을 암시하셨습니다.

⑸ **안식일의 주인(6:1~5):** 안식일에 제자들이 밀 이삭을 잘라 비벼 먹는 것은 유대인들의 전통에서 안식일을 범하는 죄였으므로 바리새인들이 이에 대해 시비를 걸었습니다. 예수님은 다윗이 사울에게 쫓기며 위급할 때에 제사장만 먹는 진설병을 먹었던 것을 상기시키시며 안식일은 사람을 위해 있다는 것 그리고 예수님은 안식일의 주인이신 것을 말씀하셨습니다. 예수님은 안식일을 정하신 창조주 하나님과 동등한 신적 권위를 가지고 사람들에게 참 안식을 주

시는 분입니다.

(6) **안식일의 선행(6:6~11):** 다른 안식일에 예수님은 회당에서 손 마른 사람을 만나게 되었습니다. 서기관과 바리새인은 안식일에 병을 고치는 것도 안식일을 범하는 것으로 생각하고 예수님을 옭아매려 하였지만 예수님은 그들에게 안식일에 선을 행하는 것이 옳은지 악을 행하는 것이 옳은지 반문하시며 그를 치유하셨습니다. 이것은 종교적인 의식을 지키기보다 압제당한 자를 자유하게 하고 선을 행하는 것을 더 기뻐하시는 하나님의 마음과 일치합니다(사 58:6~7; 호 6:6; 미 6:6~8; 암 5:21~24).

〈이사야서〉 58장 6~7절을 적어 봅시다.

_____

_____

_____

_____

_____

제자 훈련(6:12~49). 바리새인들과 예수님의 논쟁은 그들이 새 질서를 담아내는 그릇이 될 수 없다는 것을 확실하게 드러냅니다. 이제 예수님은 열두 제자의 선택과 함께 새 시대의 기초를 구축하였습니다(6:12~19). 즉 이스라엘의 열두 지파와 같이 새 하나님 나라 백성을 세워 가시려는 것입니다. 여기에서 누가는 예수님이 그들을 "사도"라고 칭하신 것을 주목합니다. 이들은 하나님 나라의 복음을 전파하고 예수 그리스도를 증거하도록 보내심을 받은 자들입니다.

(1) **복과 저주의 선포(6:20~26):** 제자들을 세우신 후에 예수님은 제자의 도를 중심으로 무리에게 말씀을 가르치셨습니다. 마태의 산상수훈과 겹치는 부분

인데, 다만 마태는 8복으로 말한 것을 누가는 4복 4화로 묘사했습니다. 이렇게 해서 누가는 부유하고 힘 있는 자와 가난하고 약한 자를 대조하면서, 당장 그리스도의 제자로서 가난과 핍박으로 고통당하는 자들이 궁극적으로 복을 누리게 된다는 소망을 표현합니다.

복(福)	화(禍)
가난한 자	부요한 자
지금 주린 자	지금 배부른 자
지금 우는 자	지금 웃는 자
사람들이 미워하면	사람들이 칭찬하면

(2) **극한 사랑과 자비(6:27~38):** 예수님은 고통받는 성도들이 장차 받을 복을 말씀하실 뿐만 아니라, 당장 그 고통스러운 상황에서 어떻게 살 것인지에 대해서 말씀하셨습니다. 그리스도의 제자들은 보통 사람들 수준을 넘는 지극한 사랑을 베풀어야 합니다. 즉 자기를 선대하고 사랑하는 사람들만 사랑하는 것이 아니라, 핍박하고 미워하는 원수라도 오히려 선대하고 사랑하며, 다른 사람의 필요에 대해 인색하지 말고 하나님 아버지가 그러시듯 후하게 베풀 것을 말씀하셨습니다.

(3) **제자의 자세(6:39~49):** 예수님은 또한 제자들에게 어떤 자세로 배움의 길을 갈 것인가를 말씀하시며 교훈을 마무리하셨습니다. 첫째, 바른 인도자를 만나야 합니다(39절). 둘째, 제자는 겸손하되 스승처럼 온전해지도록 열심을 다해야 합니다(40절). 셋째, 다른 형제의 잘못을 지적하기 전에 내 잘못을 먼저 살펴야 합니다(41~42절). 넷째, 선한 마음가짐으로 외적인 열매를 맺어야 합니다(43~45절). 다섯째, 말씀을 듣는 데서 그치지 말고 실행해야 합니다(46~49절).

놀라운 기적과 소문(7:1~17). 예수님이 가르치시기를 마치신 후 예수님은 놀라운 두 기적을 행하셨습니다. 하나는 백부장의 종을 치유하신 것이고(7:1~10), 다른 하나는 과부의 죽은 아들을 살리신 것입니다(7:11~17). 백부장은 로마의 군인으로서 이방인이지만 오히려 유대인들보다 뛰어난 믿음으로 예수님의 절대적인 권위를 인정했습니다. 과부는 고아와 함께 성경에서 가장 가난한 부류에 속하는데, 그런 과부가 아들마저 잃었으니 그 슬픔과 절망은 이루 말할 수 없었을 것입니다. 그래서 예수님은 그 여인을 불쌍히 여기시고 죽은 아들을 살려 내셨습니다. 예수님의 긍휼하심이 이방인과 지극히 가난한 자에게 미치고 있는 것을 보여 줍니다. 예수님이 행하신 놀라운 기적을 보고 사람들은 크게 두려워하며 찬송하였고, 그의 소문은 이제 갈릴리를 넘어 유대와 그 사방에까지 퍼졌습니다.

2) 예수의 정체(7:18~8장)

예수님의 권위 있는 가르침과 기적을 보고 들은 사람들이 예수님의 정체에 대해 궁금해 하기 시작하면서 그에 대한 다양한 인식과 반응들이 나왔습니다.

세례 요한의 물음(7:18~35). 예수님이 사역을 하시는 동안에 세례 요한은 분봉 왕 헤롯에게 미움을 받아 감옥에 갇혀 있었습니다. 감옥에서 제자들로부터 예수님의 소식을 들은 세례 요한은 제자들을 통해 예수님에게 "오실 그이가 당신이오니이까 우리가 다른 이를 기다리오리이까?"라고 물었습니다. 아마도 그가 기대했던 극적인 심판이 이뤄지지 않았기 때문에 예수님의 정체성에 대한 의문이 들었을 것입니다(참고. 3:7~17). 이에 대해 예수님은 직접적인 대답대신 "기적적인 치유"가 일어나고 "가난한 자에게 복음이 전파"되고 있다는 것을 전하도록 하셨습니다. 이것은 바로 선지자 이사야를 통해 예언된 새 시대의 표지였으며(참고. 사 26:19, 29:18~19, 35:5~6, 61:1), 예수님 사역의 본질적인 두 영역이었습니다. 그러므로 예수님의 대답은 분명하게 자신이 새 시대의 구원을 이루는 약속된 구원자인 것을 선포하는 것입니다.

요한의 제자들을 보내신 후에 예수님은 세례 요한이 위대한 자라고 높이 셨습니다(7:28). 누가가 처음부터 소개했듯이 메시야의 길을 준비하며 새 시대의 도래를 알리는 선지자이기 때문입니다. 그러나 하나님 나라에서 극히 작은 자가 그보다 크다고 했습니다. 왜냐하면 그는 옛 시대의 끝자락에 서서 하나님 나라가 이루어지는 새 시대의 소식과 복을 알지 못하기 때문입니다(참고. 10:23~24). 그런데 새 시대의 복을 누릴 기회가 주어졌음에도 바리새인과 율법교사 같은 유대 지도자들은 예수님을 "세리와 죄인의 친구"라고 조롱하며 배척하여 그 기쁨에 동참하지 않았습니다. 예수님은 의사와 환자의 비유로 말씀하셨듯이 세리와 죄인을 회복하도록 오신 분이기 때문에 그 말은 맞지만, 그들은 "자기 의"에 빠져서 세리와 죄인을 멸시하면서 동시에 그들을 포용하시는 예수님도 배척했고, 그래서 새 시대의 복을 거절한 것입니다. 그러나 "지혜는 자기의 모든 자녀로 인하여 옳다 함을 받는다."는 속담처럼 새 시대의 복음은 예수님을 믿고 따르는 자들을 통해 널리 확장될 것입니다.

죄 사함 받은 여인(7:36~50). 예수님이 시몬이라는 바리새인의 집에 초청을 받아 식사를 하실 때 그 동네에서 죄인으로 알려진 한 여인이 예수님에게 다가와서 눈물로 발을 적시고 머리털로 닦은 후 향유를 부었습니다. 집주인 시몬은 이 광경을 보고 예수님이 참 "선지자"였다면 그 여자가 죄인이라는 것을 알아채고 내쳤을 것이라고 생각했습니다. 이에 예수님은 많은 빚을 탕감 받은 사람의 비유를 말씀하시며 그 여인이 시몬보다 더 큰 사랑으로 예수님을 대접했다고 하셨습니다. 그리고 한 술 더 떠서 그 여인이 죄사함을 받았다고 선포하셨습니다. 예수님의 이 선포는 함께 식사하는 자들의 마음에 그의 신분에 대한 의문 곧 "그가 누구이기에 죄를 사하는가?"라는 물음을 갖게 했습니다. 아마도 이들은 신성모독이라 하며 속으로 분을 내고 있었을 것입니다(참고. 5:21). 이와 반대로 죄 사함 받은 여인은 믿음의 결과로 구원의 기쁨과 평안을 누리게 되었습니다.

복음 전파와 응답(8:1~21). 누가는 예수님이 하나님 나라를 선포하시며 복음을 전하시는 전도자이신 것을 강조합니다(8:1). 예수님의 말씀을 듣고 따르는 열두 제자가 있었고, 또 치유 받은 여인들과 물질로 돕는 여인들도 함께했습니다. 그리고 그가 가시는 곳마다 많은 무리가 그의 말씀을 들었습니다. 예수님은 네 종류의 땅 비유를 가르치시고(8:4~8), 제자들에게 그 뜻을 설명하신 뒤(8:9~15), 그가 드러내시는 진리의 말씀을 주의해서 잘 들을 것을 권고하셨습니다(8:16~18). 그리고 예수님이 육신의 어머니와 동생들 대신에 "하나님의 말씀을 듣고 행하는 이 사람들"을 진짜 친척으로 인정하신 것은 그의 가르침을 듣고 바르게 응답하는 것의 중요성을 강조합니다.

기적과 치유(8:22~56). 누가는 예수님의 전도와 함께 그의 사역의 또 다른 축을 이루는 치유 사역에 대해 설명합니다. 그리고 여기에 행하신 네 가지 기적들은 예수님이 절대적인 권위를 가지신 분인 것을 드러냅니다.

(1) **자연(8:22~25):** 예수님이 제자들과 함께 배를 타고 호수를 건너가실 때 큰 광풍을 만나 배에 물이 차고 위급한 상황에 맞닥뜨리게 되자 제자들은 공포에 떨며 주무시던 예수님에게 호소했습니다. 예수님은 바람과 물결을 꾸짖어 잠잠하게 하시고 또 제자들의 믿음 없음을 꾸짖으셨습니다. 이에 제자들은 두려워하며 "그가 누구이기에 바람과 물을 명하매 순종하는가?"라며 그의 신분에 대해 물었습니다. 예수님은 자연 세상을 다스리는 창조주의 권세를 가지신 분이며 어떤 재난도 그의 백성을 함부로 해치지 못합니다.

(2) **귀신(8:26~39):** 갈릴리 맞은편 거라사인의 땅 곧 이방 지역에서 예수님은 군대라 하는 여러 귀신에 사로잡힌 광인을 치유하셨습니다. 수많은 귀신들도 하나님의 아들이신 한 분 예수님의 권세 앞에 감히 대항하지 못합니다. 이 사건은 예수님이 자연 세계뿐만 아니라 영적 세계도 주관하시는 분이라는 것을 보여 줍니다. 치유 받은 사람은 예수님과 함께 있기를 원했지만 예수님은

그를 집으로 보내시며 다른 사람들에게 그가 행하신 큰 일을 전파하게 하셨습니다. 유대인들 가운데는 아직 때가 아니므로 예수님이 기적을 행하신 일을 알리지 않도록 하셨지만, 이방인의 땅에서는 예수님을 알리도록 권장하셨습니다.

⑶ **질병과 죽음(8:40~56):** 자연과 영적 세계에 이어 인간의 질병과 죽음을 극복하시는 예수님의 권능을 보여 줍니다. 여기에는 혈루증 걸린 여인이 치유받은 것과 회당장 야이로의 죽은 딸을 살리신 기적이 맞물려 있습니다. 회당장의 딸은 열두 살이고 여인은 열두 해를 앓아 왔지만 고칠 수가 없었습니다. 여인은 예수님의 옷자락만 만져도 나을 것이라는 믿음이 있었고, 믿음대로 치유와 구원을 얻었습니다. 이 사건으로 예수님의 길이 지연되고 그동안 회당장의 딸이 죽었다는 소식이 전해졌지만 예수님은 회당장에게 믿음을 권고하셨습니다. 예수님의 기적은 믿음의 반응을 요구합니다.

3) 제자 파송(9:1~50)

지금까지 예수님은 갈릴리를 중심으로 홀로 사역하셨는데 이제 다음 단계로 제자들을 파송하여 사역이 확장되게 하십니다.

열두 제자의 선교(9:1~17). 열두 제자에게 능력과 권위를 주시고 그들로 하여금 예수님이 하셨던 것처럼 여러 지역을 다니며 하나님 나라를 전파하고 또 치유의 사역을 하게 하셨습니다. 제자들의 사역으로 사람들은 예수님이 누구신지에 대해 관심을 기울이며 그의 신분(정체)에 대해 여러 가지 추측을 내놓았습니다. 왜냐하면 제자들이 전파하는 하나님 나라 복음의 핵심이 바로 예수님이기 때문입니다. 헤롯에게 처형당한 세례 요한이나 혹은 옛 선지자 하나가 다시 살아났다고 하기도 하며, 또는 종말에 오기로 예언된 엘리야라고도 했습니다. 헤롯도 예수님에 대한 이 여러 말들을 듣고 그가 누군가 보고자 했습니다.

오천 명을 먹이게 하심(9:10~17). 누가는 오병이어의 기적을 파송 받은 열두 제자가 사역을 마치고 돌아온 시점에 두면서 두 사건을 연결시키고 있습니다. 제자들의 사역 보고를 들으시고 예수님은 그들을 데리시고 뱃새다로 가시는 데 무리가 알고 함께 따라왔습니다. 예수님은 그들을 내치지 않으시고 역시 하나님 나라를 전파하시고 또 그들을 치유하셨습니다. 날이 저물어 "열두 사도"가 예수님에게 사람들을 내보내 음식을 먹게 하자고 제안했는데 예수님은 "너희가 먹을 것을 주라."고 하셨습니다. 그들에게는 떡 다섯 개와 물고기 두 마리밖에 없어 그 많은 사람들을 먹일 수 없다고 했으나, 예수님은 그것에 축사하시고 제자들로 남자만 오천 명이 되는 무리를 배불리 먹이게 하셨습니다. 〈누가복음〉의 맥락에서 이 사건은 제자들 스스로는 무력하지만 예수님이 위임하신 권능으로 많은 사람들을 하나님 나라의 복된 삶으로 인도한다는 것을 보여 주고 있습니다.

그리스도의 수난과 영광(9:18~36). 누가는 대체로 사건들을 시간적으로 상세하게 다루는데 오병이어 기적 다음에 일어난 사건들을 생략하고(마 12:22~16:12; 막 6:45~8:26) 바로 예수님의 신분(정체)에 대한 문제를 다룹니다. 예수님은 제자들에게 먼저 다른 사람들이 예수님을 누구라 하는지 물으신 다음 제자들은 어떻게 생각하는지 물으셨습니다. 그때 베드로가 "하나님의 그리스도시니이다."라고 고백했고, 이것이 지금까지 누가가 기술해 온 예수님의 정체성에 대한 올바른 증언이었습니다. 그러나 그리스도로서 예수님은 고난과 죽음을 감당해야 했기 때문에, 아직 이 일을 알리지 말라고 경고하시고 다만 제자들에게 그가 받으실 고난에 대해 예고하셨습니다. 그리고 그들 가운데 "하나님의 나라를 볼 자들"이 있을 것이라고 말씀하셨습니다.

제자들이 목격할 하나님 나라의 역사는 바로 다음에 오는 예수님의 영광스러운 변화부터 시작합니다. 예수님이 제자들을 데리고 기도하시러 산에 올라가셨는데 기도하시는 중에 그의 몸이 영광스럽게 변하고 그의 옷에서 광채가 났습니다. 그리고 율법의 대표인 모세와 선지자의 대표인 엘리야가 예수님과 대화를 나누었습니다. 누가는 그들이 "예수께서 예루살렘에서 별세하실 것"을 말했다고 기록합니다(9:31). 이것은 예수님이 예루살렘에서 받으실 고난이 불가피하며 그 이후에 영광스러운 새 시대가 도래한다는 것을 확증하는 것입니다. 이때 "이는 나의 아들 곧 택함을 받은 자니 너희는 그의 말을 들으라."는 하나님의 음성이 들렸습니다(9:35). 이것은 예수님이 공생애를 시작하실 때 하신 선포를 재 확증하는 것이지만(3:22), 세밀하게 살펴보면 그때는 그가 하나님의 아들 되시는 정체성만 말씀했다고 한다면, 이제는 그의 대권적인 통치가 본격적으로 시작되는 것을 선포하시는 것입니다.

제자들의 미숙함(9:37~50). 여기의 네 가지 사건은 예수님이 별세하실 때가 가까이 오고 있지만 아직 제자들은 미숙하다는 것을 보여 주고 있습니다.

⑴ **제자들의 무능(9:37~43a):** 예수님이 변화산에 계시는 동안 사람들이 남아 있는 제자들에게 귀신 들려 발작을 일으키는 한 소년을 데려와 귀신을 내쫓아 달라고 했다가 제자들이 고치지 못하여 소동이 일고 있었습니다. 예수님은 믿음이 없는 사람들에 대해 탄식하시고 그 소년을 고치셨습니다.

⑵ **제자들의 무지(9:43b~45):** 사람들이 당장 눈앞에 기적을 보고 놀라고 있을 때 예수님은 자신을 높이지 않으시고 오히려 받으실 고난에 대해 말씀하셨습니다. 그러나 제자들은 그 말씀의 의미를 알지 못했고 묻기조차 두려워했습니다.

⑶ **제자들의 다툼(9:46~48):** 예수님은 이제 고난을 받으시기 위해 길을 떠나시려 하는데 제자들은 서열 다툼을 하고 있었습니다. 그래서 예수님은 지극히 작은 어린 아이라도 영접할 만큼 겸손해져야 한다고 가르치셨습니다.

⑷ **제자들의 욕심(9:49~50):** 제자들은 다른 사람이 주의 이름으로 귀신을 쫓아내는 것을 보고 금지시켰다고 하면서 자기들만의 독점욕을 보였습니다. 그러나 예수님은 반대하지 않는 사람들을 굳이 막지 말라고 권고하셨습니다.

3. 여행(눅 9:51~19:27)

변화산에서 예수님이 예루살렘에서 별세하실 것이 예고되었고(9:31), 이제 예수님은 그 일을 이루시기 위해 갈릴리에서 예루살렘을 향하여 가십니다. 예수님의 여행에 대해 〈마가복음〉에는 10장, 〈마태복음〉에는 19~20장에 기록되어 있는데, 누가는 이것을 보다 더 길고 상세하게 설명하고 있습니다. 물론 이것이 북쪽에서 남쪽으로 가는 일직선의 여정을 기록한 기행문은 아니지만, 누가는 간간이 예수님이 예루살렘을 향하고 있음을 상기시킵니다(9:51, 53, 13:22, 33, 17:11, 18:31, 19: 11, 28). 이 과정에서 예수님의 사역이 종교지도자들의 반대에 부딪히고 있으며, 그런 배척 가운데 예수님은 제자들에게 하나님 나라와 제자도를 가르치심으로 미래를 준비하셨습니다.

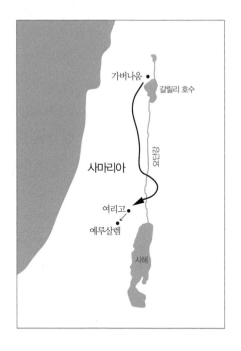

1) 초기(9:51~13:21)

예수님이 갈릴리를 떠나시는 초기 상황의 기사는 네 단계로 나누어 볼 수 있습니다. 첫째, 제자들을 먼저 보내 예수님의 길을 준비하게 하셨습니다(9:51~10:24). 둘째, 예수님이 다니시며 말씀을 가르치셨습니다(10:25~11:13). 셋째, 예수님의 사역을 배척하는 바리새인들과 갈등이 있었습니다(11:14~54). 넷째, 예수님의 말씀을 듣는 무리와 제자들에게 하나님 나라와 새 시대를 바라며 사는 제자의 삶에 대해 교훈하셨습니다(12:1~13:21).

제자들의 준비(9:51~10:24). 길을 떠나시려고 결심하신 예수님은 가시려고 하는 동네에 제자들을 먼저 보내 그의 길을 준비하게 하셨습니다.

(1) **사마리아의 배척(9:51~56):** 갈릴리에서 예루살렘으로 가려면 맨 먼저 사마리아를 지나게 됩니다. 그런데 사마리아는 유대와 사이가 좋지 않아서 예루

살렘으로 가려는 예수님을 받아 주지 않았습니다. 분개한 제자들이 사마리아를 향해 저주를 퍼붓고자 했습니다. 하지만 다른 고대 사본에 언급된 것처럼 예수님은 생명을 멸하려 오신 것이 아니고 구원하러 오셨기 때문에 그런 제자들을 꾸짖고 다른 길로 가셨습니다.

(2) **제자의 길(9:57~62):** 예수님을 따르고자 하는 세 사람의 각각 다른 이야기를 통해서 하나님 나라를 바라보며 주님을 따르는 제자의 각오가 어떤 것이어야 하는지를 보여 주고 있습니다. 첫째, 무슨 일이 있어도 예수님을 따르겠다고 단언하는 사람에게 예수님은 제자는 육신적인 안락을 기대할 수 없는 험난한 길을 가야한다는 것을 가르치셨습니다(57~58절). 둘째, 아버지의 장사를 먼저 치루고 따르겠다고 하는 사람에게 예수님은 가족에 대한 의례보다 하나님 나라를 전파하는 일에 우선순위를 두어야 할 것을 말씀하셨습니다(59~60절). 셋째, 가족과 작별 인사를 하고 오겠다는 사람에게 예수님은 세상에 대한 미련을 버리고 하나님 나라를 추구하라고 가르치셨습니다(61~62절).

(3) **칠십 인의 사역(10:1~24):** 누가는 예수님이 열두 제자를 파송하신 것(9:1~9) 이외에 70명의 제자에게 권능을 주고 파송하신 것을 기록하고 있습니다. 이들은 예수님이 가시려고 하는 동네에 먼저 들어가서 주님의 길을 준비하는 임무를 받았습니다. 그들이 각 동네에 가서 해야 하는 일은 예수님과 열두 제자가 했던 것처럼 치유와 함께 하나님 나라가 가까이 왔다는 것을 선포하는 것이었습니다. 제자들이 돌아와 사역이 성공적으로 이루어진 것을 보고했고, 예수님도 함께 기뻐하시며 하나님에게 감사하고 또 제자들이 보고 들은 것이 얼마나 좋은 것인지를 말씀하셨습니다. 즉 하나님 나라의 도래와 계시를 누리고 경험하는 새 시대를 사는 것이 큰 복입니다.

예수님의 가르침(10:25~11:13). 제자들의 준비 사역에 이어 예수님의 사역으로서 말씀을 가르치시는 세 가지 경우를 소개합니다. 세 부류의 다른 사람들을 대상으로 가르치시는 상황이지만, 선한 관계 형성에 대한 교훈이라는 점에서 서로 연결되는 주제들입니다.

대상	관계 형성	중심 내용
율법교사	이웃	네 이웃을 사랑하라!
마르다	예수님	주의 말씀을 들으라!
제자들	하나님	하나님에게 기도하라!

(1) **이웃 사랑(10:25~37)**: 예수님을 시험하려고 묻는 한 율법교사와 대화에서 예수님은 선한 사마리아인의 비유를 통해서 이웃 사랑의 도를 가르치셨습니다.

(2) **예수님 말씀 듣기(10:38~42)**: 마르다와 마리아 자매가 예수님을 영접하였을 때 무엇보다 주의 말씀을 경청하는 것이 가장 중요한 것임을 가르치셨습니다.

(3) **하나님에게 기도(11:1~13)**: 제자들에게 모범적인 기도로써 주기도문을 가르치시고 응답하시는 신실하신 하나님을 믿고 기도할 것을 가르치셨습니다.

바리새인들과 갈등(11:14~54). 갈릴리에서도 그랬듯이 예수님은 예루살렘에 가시는 길에서도 종교지도자들의 배척을 받았습니다(참고. 5:12~6:11). 이에 대해 예수님은 치유 사역과 말씀 전도 사역에 대해 변증하고 또 그들의 불신과 위선을 강경한 말씀으로 책망하셨습니다.

(1) **치유**: 바알세불 논쟁(11:14~26). 바리새인들은 예수님의 치유 사역을 폄훼하여 그가 귀신의 왕 바알세불의 도움을 받아 귀신을 쫓아낸다고 모함했습니다. 그러나 예수님은 하나님의 능력으로 귀신을 쫓아내는 것이며 이로써 하나님 나라가 이미 임한 것이라고 선포하셨습니다. 즉 예수님이 사탄의 권세를 제압하시고 하나님의 대권자로서 통치를 발휘하시는 것입니다.

(2) **전도**: 말씀을 듣는 자의 복(11:27~36). 귀신을 쫓는 치유와 함께 예수님의 말씀 사역이 얼마나 중요한 것인지를 설명합니다. 사람들은 표적에 주목하지만 예수님은 하나님의 말씀을 듣고 지키는 자가 복이 있습니다. 그런데 솔로

몬의 지혜보다 귀중하고 권위 있는 말씀이 예수님을 통해 선포되는데 바리새인과 같은 유대 지도자들은 그의 말씀을 거부하므로 심판을 받을 것입니다.

(3) **외식하는 자들의 책망(11:37~54):** 예수님의 제자들이 식사 전에 손을 씻는 유대인의 전통을 따르지 않는 것에 대해 바리새인이 이상히 여기자, 예수님은 그들이 겉과 속이 다른 것을 지적하시고, 바리새인과 율법교사들의 위선에 대해 각각 세 편의 저주시로 책망하셨습니다.

A. 바리새인	B. 율법교사
① 사랑 없는 봉헌(42절)	① 가르치고 실행하지 않음(46절)
② 교만한 특권 의식(43절)	② 선지자들을 박해함(47~51절)
③ 속에 감춰진 악(44절)	③ 따르는 자들도 망하게 함(52절)

제자의 삶(12:1~13:21). 바리새인과 율법교사들을 책망하신 다음에 예수님은 무리와 제자들에게 바리새인들의 위선을 따르지 말고 하나님 나라를 바라는 참된 제자의 삶을 살 것을 권고하셨습니다.

(1) **두려움(12:1~12):** 세상 권세를 두려워하지 말고 하나님을 두려워하라.

(2) **탐심(12:13~21):** 세상 재물에 대한 탐심을 버리라.

(3) **염려(12:22~34):** 목숨과 몸을 위해 염려하지 말고 그의 나라를 구하라.

(4) **근신(12:35~48):** 종말을 대비하여 깨어 있으라.

(5) **회개(13:1~9):** 회개하고 열매 맺는 삶을 살지 않으면 심판 때에 망할 것이다.

(6) **안식(13:10~17):** 참된 안식은 매인 자를 자유롭게 하는 것이다.

(7) **하나님 나라(13:18~21):** 하나님 나라는 온 세상을 포용할 정도로 확장될 것이다.

2) 중기(13:22~17:10)

예수님은 예루살렘으로 가는 여행 동안에 각 성과 마을에서 가르치 시는 사역과 치유 사역을 계속하셨습니다. 이 단원에는 주로 식탁에서의 교훈이 많은데, 여기에서 예수님은 하나님 나라를 잔치로 비유하시며 그 잔치 자리에 참여하여 복을 누리는 자들과 누리지 못할 자들이 구별될 것을 가르치셨습니다.

심판의 경고(13:22~35). 바로 앞에서 겨자씨 비유와 누룩의 비유로 온 세상을 포용하는 하나님 나라의 확장을 이야기했지만 그 나라에 참여하는 복은 아무에게나 자동적으로 주어지지 않습니다. 신실한 이방인은 하나님 나라 잔치에 참여하겠지만, 하나님의 언약 백성 곧 아브라함, 이삭, 야곱의 혈통적인 자손이라도 회개하지 않고 또 열매 맺는 삶을 살지 않으면 심판을 받아 멸망할 것입니다(22~30절). 예수님은 심지어 유대인들이 긍지로 여기는 예루살렘과 그 성전조차도 황폐하여 버림받을 것을 경고하셨습니다(31~35절).

바리새인과 함께하신 식탁에서의 교훈(14:1~24). 예수님은 한 바리새인 지도자의 집에서 식사하시면서 병자를 고치시고 말씀을 가르치셨습니다.

(1) **안식일의 치유(14:1~6):** 예수님은 안식일에 수종병 든 사람을 치유하셨습니다. 형식적인 의례에 매이지 않고 긍휼을 베푸시는 예수님의 마음은 다음 장면에서 세리와 죄인을 꺼리지 않고 영접하시는 그의 행동과 일치합니다.

(2) **자리의 선택(14:7~11):** 바리새인들은 청함을 받았을 때 높은 자리에 앉기를 좋아합니다. 그러나 예수님은 겸손히 자기를 낮추라고 가르치셨습니다.

(3) **손님의 선택(14:12~14):** 잔치를 베풀 때 보상받을 수 있는 가까운 친척이나 부자가 아니라 가난하고 약한 자를 초청하라고 하시며, 의인들의 부활 때 보상받을 것이라고 하셨습니다. 즉 현세에서 보상을 바라지 말고 오직 하나님을 바라보며 선을 베풀 것을 말씀하신 것입니다.

(4) **큰 잔치 비유(14:15~24):** 예수님이 부활을 말씀하실 때 함께 식사하던 한

사람이 "하나님 나라에서 떡을 먹는 자는 복되도다."고 외쳤습니다. 이에 대해 예수님은 처음 초청을 받은 자들이 초청을 거절하여 잔치에 참여하지 못하고, 그 대신 가난하고 병들어 소외된 자들이 그 복을 누릴 것을 말씀하셨습니다. 이것은 예수님을 배척한 바리새인과 같은 종교지도자들은 심판을 받을 것이지만, 세리와 죄인 혹은 이방인과 같이 버림받은 자들이 오히려 하나님 나라의 복음을 듣고 그 복을 누리게 될 것을 말씀하신 것입니다.

제자들을 위한 교훈(14:25~35). 가난하고 소외된 처지에 있다고 해서 쉽게 하나님 나라에 참여하는 것은 아닙니다. 예수님을 따라 제자의 길을 가는 사람은 가족들 심지어 자기 목숨까지도 희생하고 고난의 십자가를 지는 각오를 가져야 하기 때문입니다. 그런 각오가 없는 제자는 맛을 잃은 소금과 같이 아무 쓸모가 없습니다.

세리와 죄인들과 함께하신 식탁에서의 교훈(15:1~17:10). 바리새인들은 자기 의에 도취하여 세리와 죄인들을 멸시하며 그들을 멀리했습니다. 그러나 예수님은 그의 말씀을 들으러 오는 세리와 죄인들을 영접하시며 함께 식탁 교제를 나누셨습니다. 이에 대해 수군거리는 바리새인과 서기관들에게 예수님은 비유로 가르치시며 그들의 어리석음을 지적하셨습니다.

(1) **잃어버린 자의 회복에 관한 비유들(15:3~32):** 여기의 세 비유 곧 잃어버린 양(3~7절), 잃어버린 드라크마(8~10절), 잃어버린 아들(11~32절)의 비유는 하나님이 버림받은 자들을 간절히 찾으시며, 그들이 회개하고 돌아올 때 얼마나 기뻐하시는지를 설명합니다. 그런데도 바리새인과 서기관들은 마치 세 번째 비유에서 불평하는 형과 같이 하나님의 기쁨에 동참하지 않고 예수님의 행동을 비난하고 있는 것입니다.

(2) **재물에 관한 비유들(16장):** 부잣집의 한 청지기가 실직의 위기에 놓이자 주인에게 빚진 자들의 빚을 몰래 감해 줌으로써 쫓겨난 후에 살 수 있는 방안을

준비했습니다(1~13절). 이 불의한 청지기가 지혜롭게 했다는 결론은 이해하기 어렵습니다. 그런데 이 비유 다음에 예수님이 "불의의 재물로 친구를 사귀라." 고 하셨고 또 "하나님과 재물을 겸하여 섬길 수 없다."는 교훈을 덧붙이신 것을 보면, 이 비유가 가르치는 바는 재물에 욕심을 부리지 말고 하나님이 기뻐하시는 대로 재물을 사용하여 장래를 준비하라는 것으로 볼 수 있습니다.

바리새인들이 돈을 좋아해 예수님의 말씀을 듣고 비웃었다는 것은 그들이 하나님보다 재물을 섬기는 자들이었다는 것을 증명합니다(16:14~18). 그들은 많은 재물을 축적하고 그것으로 사람들의 존중을 받았습니다. 그러나 다음에 오는 부자와 거지 나사로의 비유(16:19~31)는 그들의 운명이 역전될 것을 가르칩니다. 비유 속의 부자는 재물을 오직 자기만을 위해 쓰고 미래를 준비하지 않았습니다. 그래서 결국 그는 죽어서 재물이 소용없어진 다음에는 거지 나사로와 같이 아브라함의 품에서 위로를 받는 복을 누리지 못했습니다. 예수님은 재물을 좋아하고 가난한 자들을 돌보지 않는 바리새인들도 같은 운명에 처하게 될 것을 말씀하신 것입니다.

제자들을 위한 교훈(17:1~10). 예수님은 다른 사람을 죄짓게 하지 말라고 경계하셨습니다(1~2절). 반대로 죄를 지은 사람에 대해 경고하고, 회개하거든 기꺼이 용서하고 영접하라고 하셨습니다(3~4절). 이것은 세리와 죄인들을 멸시하고 배척한 바리새인들과 확실히 대조되는 자세입니다. 믿음을 더해달라고 요청하는 제자들에게 작은 믿음이라도 충분히 놀라운 일들을 성취할 수 있다는 확신을 심어 주셨습니다(5~6절). 또한 맡겨진 사명을 감당했다고 당연히 보상을 받을 것이라 기대하지 말고 겸손하게 종으로서 자기의 책임을 다하라고 권면하셨습니다(7~10절).

3) 후기(17:11~19:27)

예루살렘으로 향해 가시는 여정을 다루는 마지막 단원은 종말에 대한 주제를 많이 다루고 있습니다.

사마리아 문둥병자의 감사(17:11~19). 열 명의 문둥병자가 예수님에게 치유를 요청할 때 예수님은 그들의 몸을 제사장에게 보이라고 하셨습니다. 원래 나았을 때 제사장에게 가서 보이는 것이므로 예수님은 이때 그들의 믿음의 순종을 요구하신 것입니다. 그들이 가는 길에 치유가 되었는데, 그 가운데 오직 사마리아의 문둥병자만 예수님에게 돌아와 감사했습니다. 사마리아 사람들은 유대인들에게 이방인이나 다름없는 혹은 그보다 더 멸시를 당하는 사람들이지만, 정작 예수님에 대한 온전한 믿음과 감사의 반응은 사마리아 사람에게서 나왔습니다. 누가만 다루고 있는 이 기사는 문맥의 흐름과 상관없이 갑작스럽게 보일 수 있지만, 이것은 잃어버린 자의 구원을 이야기하는 장면(18:9~19:27)과 잘 연결됩니다.

하나님 나라의 도래(17:20~18:8). 바리새인들이 하나님 나라가 어느 때에 임할 것인지 예수님에게 물었습니다. 그들은 하나님 나라가 이루어질 때 어떤 시대적인 징조가 있을 것인지를 물었지만, 예수님은 그 나라가 볼 수 있게 임하는 것도 아니고 또 여기 있다 저기 있다 하는 것도 아니며 "너희 안에 있다."고 말씀하셨습니다. 계속해서 예수님은 번개가 온 하늘에 번쩍이듯 영광스럽고 가시적인 인자의 출현이 있을 것이므로 사람들에게 현혹되지 말라고 하시며, 또 그전에 먼저 그의 고난이 있을 것을 말씀하셨습니다. 또한 그의 재림 때는 노아의 홍수나 소돔과 고모라의 심판 때와 마찬가지로 대대적인 심판이 있을 것을 경고하셨습니다. 과부와 재판장의 비유(18:1~8)는 대대적인 심판이 어떤 것인지를 설명해 줍니다. 즉 신실한 자들이 이 땅에서 박해를 받으며 하나님의 개입을 요청할 때 하나님은 그것을 무시하지 않고 들으셔서 원수들을 처단하실 것입니다.

잃어버린 자의 구원(18:9~30). 여러 가지 이야기들이 여기에 섞여 있는데 대체로 잃어버린 자 혹은 소외된 자들에 대한 구원을 다루고 있습니다.

(1) **바리새인과 세리(18:9~14):** 자신의 경건과 의를 드러내려 하는 바리새인과 죄를 고백하고 회개하는 세리를 대조하는 비유를 통해 예수님은 겸손하게 회개하는 죄인이 구원받을 것을 말씀하셨습니다.

(2) **어린 아이의 용납(18:15~17):** 어린 아이는 사회적으로 무시를 받지만 예수님은 오히려 하나님 나라가 그렇게 낮은 자들의 것이요 또 어린 아이들처럼 순수하게 받아들이는 자들이 거기에 참여하게 될 것을 말씀하셨습니다.

(3) **부자 관리(18:18~30):** 영생을 소망하는 부자 관리는 정작 재물에 대한 미련을 버리지 못하는 것을 보시고 부자가 하나님 나라에 들어가기가 어렵다고 하셨습니다. 반대로 하나님 나라를 위하여 모든 것을 버린 자는 영생을 얻을 것을 보장하셨습니다.

예수님의 신분(18:31~19:27). 예루살렘 여정의 끝자락에 와서 누가는 이제 예루살렘에서 고난당하실 예수님이 어떤 분이신지를 증거하는 기사들을 제시하고 있습니다.

(1) **수난 예고(18:31~34):** 세 번째 수난 예고로서 예수님은 고난당하시고 죽으셨다가 다시 살아나실 것을 말씀하셨습니다. 이것은 그가 구약 선지자의 예언을 성취하시는 "고난의 종"이신 것을 증거합니다.

(2) **맹인의 치유(18:35~43):** 예수님은 여리고에 가까이 오셔서 구걸하는 맹인의 눈을 뜨게 하셨습니다. 그는 예수님을 다윗의 자손으로 부르며 긍휼을 요청했고 믿음대로 구원을 받았습니다. 고난받으실 예수님은 또한 다윗의 자손 곧 "약속된 왕"이십니다.

(3) **세리 삭개오(19:1~10):** 세리이면서 난장이인 삭개오는 사람들의 멸시를 받아 왔습니다. 그래서 예수님이 그의 집에 가셔서 식사하실 때 사람들이 죄인의 집에서 식사를 한다고 비난했습니다. 그러나 예수님은 변화된 삭개오의 결

단을 들으시고 그의 집에 구원이 이르렀다는 것과 자신은 잃어버린 자를 구원하러 오신 "구원자"이신 것을 선포하셨습니다.

(4) **열 므나 비유(19:11~27):** 이 비유는 예수님이 예루살렘에 입성하신다고 해서 하나님 나라가 당장에 임하는 것이 아니라는 것을 보여 줍니다. 그는 일단 떠났다가 왕위를 받아 가지고 다시 오실 것입니다. 그가 다시 오실 때 맡겨진 사명을 잘 감당한 종은 그와 더불어 권세를 누릴 것이요 그렇지 않은 종은 심판을 받을 것입니다. 아울러 그를 배척하고 그의 왕 되심을 원하지 않았던 사람들도 엄히 심판을 받을 것입니다. 예수님은 다시 오실 "심판자"이십니다.

3. 예루살렘(눅 19:28~24장)

누가는 마지막 단원에서 예수님 공생애 사역의 정점이라 할 수 있는 예루살렘에서의 최후 사역과 희생 그리고 부활과 승천을 기록하고 있습니다.

1) 최후 사역(19:28~21장)

예수님은 예루살렘에 입성하신 후 성전에서 최후의 사역을 하셨는데, 기득권을 유지하려는 유대 지도자들은 예수님을 죽이려고 했습니다.

예루살렘 입성(19:28~40). 예루살렘 가까이 오신 예수님은 제자들로 하여금 특별한 입성을 준비하게 하셨습니다. 예수님의 명령을 따라 나귀 새끼를 구해 와서 자기들의 겉옷을 걸쳐 놓고 예수님을 태우고 또 그 가시는 길에 겉옷을 펼쳤습니다. 그는 분명히 왕 곧 약속된 메시야로서 입성하시지만 나귀를 타신 겸손한 왕으로서 입성하셨습니다(참고. 슥 9:9). 여기에서 특히 누가는 다른 복음서 기자들과 달리 사람들의 환호 속에서 그가 "평화의 왕"으로 오신 것을 주목합니다. 마태는 예수님이 다윗의 자손으로서 유대인의 왕이신 것을 강조했고, 마가는 권능으로 세워지는 그의 나라에 초점을 맞추었습니다. 그러나 누가는 그가 무력으로 정복하여 군림하는 왕이 아니라 대속적인 희생으로 하늘의 평화와 영광을 성취하시는 왕이신 것을 강조합니다.

마 21:9	막 11:9~10	눅 19:38
호산나 다윗의 자손이여 찬송하리로다 주의 이름으로 오시는 이여 가장 높은 곳에서 호산나 하더라.	호산나 찬송하리로다 주의 이름으로 오시는 이여 찬송하리로다 오는 우리 조상 다윗의 나라여 가장 높은 곳에서 호산나 하더라.	찬송하리로다 주의 이름으로 오시는 왕이여 하늘에는 평화요 가장 높은 곳에는 영광이로다 하니.

환호하는 제자들을 잠잠하게 하라는 바리새인의 불만스러운 요청이 있었지만, 예수님은 당당하게 사람들이 침묵하면 돌들이 소리 지를 것이라고 하셨습니다. 이 대화와 함께 누가는 예수님이 예루살렘 성을 보시며 우신 것을 묘사하면서 다시 한번 "평화"를 언급합니다. 예수님은 평화의 왕으로 예루살렘에 오셨지만 정작 그 성에 평화가 이루지지 않고 대적들에게 짓밟히고 그 주민들은 살육당하게 될 비참한 운명을 미리 아시고 슬퍼하신 것입니다. 예수님이 예언하신 대로 예루살렘은 로마의 황제 디도(Titus)의 대대적인 포위와 공격으로 멸망했습니다(주후 70년).

〈스가랴서〉 9장 9절을 적어 봅시다.

_____

_____

_____

성전 사역(19:45~21:38). 이 단원은 예루살렘에 오신 예수님이 성전에서 활동하신 장면을 중심으로 기록하고 있습니다(19:47, 21:37). 당시 유대 지도자들 역시 성전을 중심으로 활동했으므로 예수님과 충돌이 있었습니다.

(1) **성전 정화(19:45~48):** 예루살렘 성전 경내에는 제사 물품과 희생제물을

팔거나 돈을 바꾸어 주는 장사꾼들이 있었습니다. 이것은 애초에 성전 예배를 돕는 목적이었겠지만 지나치게 상업화되면서 폭리로 가난한 자들을 탈취하는 상황이 되었습니다. 그래서 예수님은 성전 경내에서 장사꾼들을 다 몰아내시고 그곳에서 사람들을 가르치셨습니다. 예수님이 성전의 새로운 권위자로 등장하자 대제사장을 비롯한 유대 지도자들은 자기의 권한과 수입이 위협을 받게 되었으므로 예수를 죽이려고 했지만 방법을 찾지 못했습니다.

(2) **권위의 근거(20:1~18):** 예수님의 성전 사역에 대해 유대 지도자들은 무슨 권위로 그런 일들을 하는지 물었습니다. 이것은 물론 예수님을 옭아매어 해치려는 의도에서 나온 것이었습니다. 하지만 예수님은 요한의 세례에 대해 반문하심으로 그들의 말문을 막히게 하셨습니다. 그리고 불의한 소작농 비유를 통해서 그들이 자신을 대적하고 음해하려는 것은 하나님의 아들이요 상속자를 죽이려 하는 반역죄이며 따라서 엄중한 하나님의 심판을 받게 될 것을 경고했습니다.

(3) **로마 세금(20:20~26):** 유대 지도자들은 예수님의 비유가 자기들을 빗대고 한 것임을 알아채고 더욱 분개하여 예수를 잡으려고 했지만 그를 지지하는 백성이 두려워 어찌하지를 못했습니다. 그래서 이번에는 정치적인 올무를 씌워 처치하려고 로마 황제 가이사에게 세금을 바쳐야 하는지 여부를 물었습니다. 이에 예수님은 동전의 화상을 보이게 하시고 가이사의 것은 가이사에게 하나님의 것은 하나님에게 바치라고 하셨습니다. 예수님이 명쾌하게 말씀하시므로 그들은 할 말을 잃었습니다.

(4) **부활 논쟁(20:27~40):** 대제사장들과 서기관들이 침묵하자 이번에는 부활이 없다고 하는 사두개인들이 나섰습니다. 그들은 부활에 관한 신학적인 질문으로 예수님을 함정에 빠뜨리려고 했습니다. 모세의 율법에 의하면 어떤 사람이 상속할 자식이 없이 죽으면 그 동생이 형수를 아내로 취하여 상속자를 낳게 했는데, 만약 이런 식으로 일곱 형제가 한 여자와 결혼하면 부활 후에 그 여인은 누구의 아내가 될 것인가를 물었습니다. 예수님은 부활 후에는 지금 세상

과 다른 차원의 질서가 있다는 것을 말씀하시고, 또 산 자의 하나님이 아브라함의 하나님, 이삭의 하나님, 야곱의 하나님이라고 하신 것이 부활의 확실성에 대한 증거라고 논증하셨습니다.

(5) **메시야와 다윗(20:41~44)**: 이제 예수님이 바리새인들을 향해 질문하셨습니다. 유대인들은 메시야가 다윗의 자손이라고 하는데 그렇다면 어떻게 다윗이 그 후손인 메시야를 높여 "주"라고 부르는가를 물었는데 그들 가운데 아무도 답변을 하지 못했습니다. 예수님은 육신에 있어서 다윗의 혈통으로 나셨지만 하나님의 독생자로서 신적 권위를 가지신 분이기 때문에 다윗의 주(主)가 되는 것입니다.

(6) **부자와 과부(20:45~21:4)**: 과부의 가산을 빼앗고도 위선을 떠는 탐욕스런 서기관과 가난하지만 최선을 다하여 성실하게 헌금한 과부를 대조하면서 제자들에게 외식하는 자들을 따르지 말고 경계할 것을 권고하셨습니다.

(7) **종말에 관한 교훈(21:5~38)**: 〈마태복음〉 24장과 〈마가복음〉 13장의 종말론 혹은 감람산 강화와 병행하는 부분으로서 그 내용과 흐름이 거의 일치합니다. 다만 누가는 다른 복음서와 달리 예루살렘이 이방인 군대에 의해 파괴될 것을 강조하고 있습니다(20~24절). 이것은 예수님이 예루살렘에 입성하시면서 그 성을 보시고 우시는 장면을 다시 생각나게 합니다(19:41~44). 그만큼 예루살렘은 〈누가복음〉에서 중요하게 다뤄지고 있습니다.

(1) **미혹(8~11절).** 거짓 그리스도에 미혹되지 말라. 재난과 무서운 징조가 있을 것이다.
(2) **박해(12~19절).** 제자들이 체포되어 박해를 받을 것이나 그들 앞에서 너희가 할 말을 내가 가르치겠고, 너희를 보호할 것이다.
(3) **예루살렘 파괴(20~24절).** 예루살렘이 군대들에게 에워싸이고 그 주민들이 칼날에 죽거나 이방에 사로잡혀 가겠고 예루살렘은 이방인의 때가 차기까지 이방인에게 짓밟힐 것이다.
(4) **재림(25~28절).** 환난 후 대격변이 있겠고 그다음에 인자가 구름을 타고 능력과 큰 영광으로 올 것이다.
(5) **준비(29~36절).** 시대의 징조를 보고 "하나님 나라"가 가까이 온 줄 알고 방탕하지 말고 주의하고 있으라.

〈누가복음〉 2장 38절을 적어 봅시다.

2) 수난(22~23장)

예루살렘에서 최후의 사역을 마치시고 예수님은 예고하신 대로 유대 지도자들의 손에 넘겨져 고난받으시다가 십자가에 못 박혀 죽으시고 무덤에 묻히셨습니다. 체포되시기 전에 예수님은 제자들과 마지막 시간을 보내시는데 누가는 여기에서 제자들을 향한 예수님의 사랑과 소망을 많이 보여 주고 있습니다.

음모와 배반(22:1~6). 예수님의 사역과 가르침에 분개한 유대 지도자들은 그를 죽이고 싶었지만 따르는 무리가 많았으므로 섣불리 시행하지 못하고 있었습니다. 그런데 마침 열두 제자의 하나인 가룟 유다가 그들에게 동조하여 예수님을 배반하고 그를 넘겨 주기로 했습니다. 여기에서 누가는 사탄이 유다에게 들어갔다고 함으로써 그가 악한 길로 가고 있음을 분명하게 밝히고 있습니다.

최후의 만찬(22:7~23). 예수님은 제자들과 함께할 마지막 유월절 만찬을 준비하게 하셨습니다. 누가는 예수님이 이 유월절 식사를 제자들과 함께하기를 간절히 원했다고 기록하고 있습니다(15절). 이 식사를 통하여 예수님은 자신의 죽음이 제자들을 위한 대속적 희생이며 그를 통하여 하나님과 그 백성이 새 언약으로 결속된다는 것을 가르치셨습니다. 그리고 하나님 나라가 이루어질 때까지 다시 유월절 식사를 하지 않겠다고 하심으로써(16, 18절) 하나님 나라의 궁극적인 성취를 대망하게 하시고 그때까지 성찬을 통하여 예수님을 기념하게 하셨습니다. 그러므로 성찬의 의미는 예수 그리스도의 대속적 희생을 기념하면서 동시에 하나님 나라의 잔치에 참여하게 될 것을 소망하는 데 있습니다.

제자들을 위한 마지막 권고(22:24~46). 만찬 후 체포되시기 전까지 일련의 과정을 누가는 마태나 마가와 유사하지만 독특한 내용을 기록하고 있습니다. 〈누가복음〉에는 앞으로 예수님을 대신해 사역을 감당할 제자들을 향한 예수님의 마지막 애정 어린 권고가 담겨 있습니다.

(1) **섬기는 자가 되라(24~30절):** 예수님은 제자들을 위해 대속제물이 되려 하시는 절박한 순간에 제자들은 자리 다툼에 여념이 없었습니다. 그래서 예수님은 제자들에게 섬기는 자가 되라고 권고하시며 자신이 바로 섬김의 본을 보이셨습니다. 그리고 장차 그들이 메시야 왕국에서 주님과 함께 다스리는 자가 될 것이라고 약속하셨습니다.

(2) **형제를 굳게 하라(31~34절):** 베드로가 예수님을 부인할 것을 예고하는 문맥에서 누가는 그를 향한 예수님의 특별한 기도와 소명을 기록하고 있습니다. 예수님은 베드로에게 사탄의 위협을 경고하시고 비록 실족하였다 할지라도 회개한 후에 형제들을 이끄는 지도자가 되도록 부탁하셨습니다.

(3) **준비하라(35~38절):** 예수님은 이전에 제자들을 파송하실 때와 다르게 이제는 전대를 차고 검을 준비하라고 하셨습니다. 이것은 육체적인 싸움을 위한 준비가 아니라 영적 전쟁을 준비하라는 말씀이었지만, 제자들이 깨닫지 못하고 검 둘이 있다고 하므로 예수님은 족하다고 하셨습니다.

(4) **기도하라(39~46절):** 이제 결정적인 시련이 임박해 있으므로 예수님은 제자들에게 유혹에 빠지지 않도록 기도하라고 하시고, 예수님 역시 하나님에게 처절한 기도를 드리고 있었습니다. 〈마태복음〉과 〈마가복음〉에서는 예수님이 세 번 오가시며 잠자는 제자들을 보고 책망하시며 기도하라고 하신 후 마지막에 "이제는 자고 쉬라."는 말씀으로 마무리하셨습니다. 그러나 누가에 기록된 마지막 말씀은 "시험에 들지 않게 기도하라."는 것이었습니다.

체포와 심문(22:47~23:25). 유대 지도자들이 보낸 무리가 칼과 몽둥이를 들고 유다를 앞장세워 감람산에 와서 예수님을 체포하려고 했습니다. 제자들 역시 칼로 맞서려고 했으나 예수님은 제자들의 무력 사용을 금하셨습니다. 누가는 여기에서 예수님이 한 제자가 칼로 쳐서 귀를 떨어뜨린 사람을 치유하신 것을 증거하면서 평화의 왕이신 예수님을 보여 주고 있습니다(참고. 2:14, 19:38). 이렇게 해서 예수님이 잡혀가실 때 베드로는 멀찍이 대제사장의 집까지 따라갔다가 거기에서 예수님을 알지 못한다고 부인하고는 닭 우는 소리를 듣고 예수님의 말씀을 기억하며 통곡했습니다. 예수님은 공회에서 심문을 받으시는 중에 자신이 하나님의 아들이신 것과 하나님의 우편에 앉을 대권자라는 것을 분명하게 선포했습니다.

십자가 처형(23:26~56). 예수님을 심문한 유대 지도자들과 무리는 그를 사형시키기 위해 로마의 법정에 보냈습니다. 누가는 그들이 고소한 죄목을 세 가지로 요약합니다. ① 사람들을 미혹한다. ② 가이사에게 세금 내는 것을 반대한다. ③ 자칭 유대인의 왕 그리스도라 한다. 첫째 항목은 종교적이며 주관적인 판단이고, 둘째 항목은 거짓이었습니다. 빌라도는 세 번째 항목에 대해서 물었고 예수님은 그의 말에 옳다고 대답하셨습니다. 빌라도는 그가 무죄라고 했지만 백성들은 더 격하게 반발했습니다.

여기에서 누가는 빌라도가 예수님을 헤롯에게로 떠넘기려 한 것을 기록했습니다(23:6~12). 헤롯은 예수님이 이적을 행한다는 소문을 듣고 호기심에 보고자 했었기 때문에 좋아했습니다. 그런데 여러 말로 심문을 해도 예수님은 아무 대답도 않으셨고, 헤롯과 군인들은 그런 예수님을 희롱하여 왕처럼 옷을 입혀 빌라도에게 돌려보냈습니다. 빌라도는 여러모로 예수님을 풀어 주려 했지만 민란이 날까 봐 결국 그들에게 십자가 처형을 허락했습니다.

누가는 예수님이 십자가 형장으로 끌려가실 때 울면서 따라오는 큰 무리의 여자들에게 하신 말씀을 의미 있게 기록하고 있습니다(23:27~31). 즉 예루살렘 딸들을 부르시며 예수님을 위해서 울지 말고 오히려 그들 자신과 그 자녀들을 위하여 울라고 하셨습니다. 이것은 예루살렘이 파괴되고 그들과 그 자녀들이 더 끔찍한 환난을 겪을 것을 경고하신 것입니다.

누가는 또한 예수님이 십자가에서 죽으시는 순간에 보여 주신 특별한 면모에 대해 다른 복음서에서 다루지 않는 내용을 기록하고 있습니다. 예수님은 자기를 희롱하고 고통을 주는 사람들의 죄를 용서해 달라고 기도하셨습니다. 예수님과 같이 십자가 처형을 당하는 두 악인 중에 한 사람이 예수님과 그의 나라를 믿고 구원을 요청했을 때 예수님은 그에게 낙원에 함께 있을 것을 약속하셨습니다. 이렇게 예수님은 마지막 순간까지도 죄 사함과 구원을 선포하시고 아버지께 그 영혼을 의탁하며 운명하셨습니다. 그리고 공회 의원이지만 예수님을 처형하는 데 찬송하지 않았던 아리마대 요셉이 예수님의 시신을 거두어 그의 무덤에 장사하였습니다. 갈릴리에서 예수님을 따라온 여인들은 무덤에 누인 시신을 확인하고 돌아가 향품과 향유를 준비했습니다.

3) 부활(24장)

부활에 대한 누가의 기사는 다른 복음서들에 없는 몇 가지를 더하고 있으므로 그것들을 중심으로 살펴볼 필요가 있습니다.

빈 무덤(24:1~12). 예수님의 시신이 무덤에 안치된 것을 확인하고 왔던 여인들이 준비한 향품과 향유를 들고 안식 후 첫날 무덤을 찾았습니다. 거기에서 예수님의 시체를 보지 못하고 흰 옷 입은 두 사람을 보았습니다. 여인들이 두려워 얼굴을 땅에 대고 엎드려 있을 때 천사들은 예수님이 부활하셨다는 것을 알리며 예수님이 일찍이 갈릴리에서 수난을 예고하셨던 것을 상기시켰습니다. 사실 누가가 특별하게 기록하고 있듯이 예수님이 수난과 부활을 예고하셨을 때 제자들은 그 의미를 제대로 알지 못했습니다(9:45, 18:31~34). 그런데 이제 그 말씀하신 대로 이루어진 것입니다. 수난이 그대로 이루어진 것처럼 부활도 실제로 이루어진 것입니다. 여자들은 천사의 말을 듣고 나서야 비로소 예수님의 말씀을 기억해 내고 돌아가 열한 사도들과 다른 사람들에게 알렸습니다. 그 증언을 듣고도 다른 사도들은 믿지 않았는데 오직 베드로만 달려가서 빈 무덤을 확인하고 놀라워했습니다.

엠마오로 가는 두 제자(24:13~35). 마가는 부활하신 예수님이 두 제자를 만난 것을 간략하게 진술했는데(막 16:12~13), 누가는 그 대화 내용까지 아주 상세하게 묘사하고 있습니다. 마가의 진술에는 이 두 사람이 남은 제자에게 가서 알렸어도 제자들이 믿지 않았다는 데 초점이 있지만, 누가의 기사는 그리스도의 고난과 영광스러운 부활이 사실상 구약성경에서 예언된 대로 성취되었다는 것을 강조하고 있습니다(26~27절). 예수님이 이 두 제자에게 성경을 풀어주실 때 그들의 마음에 감동이 있었고, 그래서 그들은 다른 제자들을 찾아가 예수님을 만난 것을 증거했습니다.

다른 제자들에게 나타나심(24:36~49). 제자들이 이야기를 나누고 있을 때 예수님이 그들 가운데 나타나셔서 그 손과 발을 친히 보이시고 또 직접 음식을 잡수심으로 그의 부활을 확증하셨습니다. 그리고 두 제자에게 하셨던 것처럼 구약의 말씀을 풀어 주시고 그들의 마음을 열어 그 말씀을 깨닫게 하셨습니다(44~45절). 그다음에 그의 고난과 부활에 대한 증거와 죄 사함을 받게 하는 회개의 역사가 예루살렘에서부터 시작하여 온 세상으로 퍼져 나가게 될 것이라는 비전을 선포하시고, 제자들에게 그 증인의 사명을 맡기셨습니다. 그리고 그 일을 성취하기 위해 성령의 권능을 받기까지 예루살렘에 머무를 것을 명령하셨습니다.

승천(24:50~51). 제자들에게 부활의 증거를 보이신 후에 예수님은 그들을 축복하시고 승천하셨습니다. 남겨진 제자들은 예수님의 말씀대로 예루살렘으로 돌아가 성전에서 하나님을 찬송하면서 성령의 권능을 받도록 기도했습니다. 이렇게 해서 하나님 나라의 역사는 〈사도행전〉으로 이어지게 됩니다.

❖ 〈마가복음〉과 〈누가복음〉을 정리해 봅시다.

	마태복음	마가복음/누가복음		요한복음	사도행전
	메시야	대권자	전도자	독생자	하나님 나라 확장
복음 과 역사	왕의 준비	초기 사역	나사렛		
	변방 사역	( )	( )		
	수난 예고	수난 예고	여행		
	수도 사역	( )	( )		

※ 〈마가복음〉과 〈누가복음〉 외에 나머지 빈칸은 해당 단원에 가서 차례로 정리할 것입니다.

3과
요한복음

〈요한복음〉은 갈릴리의 어부였다가 예수님의 제자로 부르심 받은 요한(세배대의 아들)이 쓴 복음으로 추정됩니다. 그는 열두 제자 중 한 사람이었으며, 예수님의 "사랑하시는 제자"로 알려져 있습니다(요 13:23, 19:26, 21:20). 이로써 우리는 그가 예수님의 사역 초기부터 가장 가까이에서 예수님과 함께하며 스스로 목격하고 체험한 것을 증거하고 있다는 것을 알 수 있습니다. 그런데 그는 앞의 복음서들이 다루지 않은 많은 기사들을 담고 있습니다(80% 정도가 다름). 하지만 그 기본은 다른 복음서와 마찬가지로 예수님에 대해 증거하는 말씀입니다. 그리고 그 목적은 스스로 밝히고 있는 것처럼 예수께서 하나님의 아들 그리스도이신 것을 믿게 하고, 그를 믿음으로 말미암아 생명을 얻게 하는 것입니다(요 20:30~31). 그래서 〈요한복음〉은 '하나님 나라'보다는 '영생'을 많이 강조하는 특징이 있습니다. 그런데 여기에서 영생은 단순히 생명이 영원토록 지속되는 것이 아니라 하나님이 종말에 이루실 구원의 복을 누리는 것입니다. 그러므로 〈요한복음〉이 강조하는 영생은 〈마가복음〉과 〈누가복음〉에 나오는 하나님 나라와 같은 것입니다. 하나님 나라는 외형적이고 공동체적인 차원을 강조하는 것이고 영생은 내면적이고 개인적인 차원을 강조하는 것의 차이일 뿐입니다.

요한복음

독생자

〈요한복음〉은 다른 복음서들보다 예수님의 정체성에 대해 깊은 관심을 보입니다. 특히 그가 위로부터 오신 하나님의 아들 독생자이신 것을 강조하면서 아버지와 아들의 친밀한 관계를 묘사합니다. 아들이신 예수님은 세상을 구원하시려는 하나님 아버지의 뜻을 이루기 위해 이 땅에 보내심을 받았습니다. 그러므로 그 아들을 믿어야 영생을 얻는다는 것이 〈요한복음〉의 중심 메시지입니다.

〈요한복음〉의 구조와 요점

1 성자 (1~4장)	예수님은 세상을 구원하시기 위해 하늘로부터 이 땅에 보내심을 받은 하나님의 독생자입니다.		
	1) 서문(1:1~18) 육신을 입고 세상에 오신 하나님의 독생자 예수님과 그를 증언하러 온 세례 요한을 소개합니다.	**2) 증언(1:19~51)** 세례 요한이 예수님을 증언하고 그 뒤로 이어지는 증언들을 통해 예수님의 첫 제자들이 생겼습니다.	**3) 표적(2~4장)** 예수님의 표적은 그가 하나님의 아들이심을 증거하여 사람들로 그를 믿고 영생을 얻게 하려는 것입니다.
2 배척 (5~12장)	예수님이 유대인의 명절에 가르치시고 이적을 행하시니 유대인들이 배척하여 죽이려고 했습니다.		
	1) 보내신 뜻(5~6장) 하나님이 아들을 보내신 뜻은 사람들로 믿고 구원을 얻게 하시는 것이지만 사람들은 믿지 않았습니다.	**2) 성전 논쟁(7~8장)** 예수님이 예루살렘에 올라가 성전에서 가르치시는 말씀을 듣고 유대인들이 그를 죽이려고 했습니다.	**3) 표적과 배척(9~12장)** 예수님이 놀라운 많은 표적을 행하심에도 불구하고 유대인들은 그를 신성모독죄로 죽이려고 했습니다.
3 제자 (13~17장)	예수님이 별세 전에 제자들에게 서로 사랑하라 하시고 그들을 위로하시며 중보기도를 하셨습니다.		
	1) 세족(13:1~30) 예수님이 제자들의 발을 씻기심으로 그의 속죄 사역을 암시하시고, 또 겸손과 사랑의 본이 되셨습니다.	**2) 강론(13:31~16장)** 예수님은 제자들에게 작별을 예고하시고, 하나님이 성령을 보내 주실 것을 말씀하시며 위로하셨습니다.	**3) 기도(17장)** 예수님이 자신과 제자들과 그다음 세대의 성도들을 위해 중보기도를 하셨습니다.
4 영광 (18~21장)	예수님은 대속적 희생으로 하나님께 영광 돌리고 하나님은 그를 다시 살리셔서 영광을 주셨습니다.		
	1) 수난(18~19장) 예수님이 체포되시니 제자들은 흩어지고 주님을 부인했으며, 결국 예수님은 십자가에서 죽으셨습니다.	**2) 부활(20장)** 예수님은 사흘 만에 부활하셔서 막달라 마리아와 제자들 그리고 도마에게 나타나셨습니다.	**3) 위임(21장)** 갈릴리 어부로 되돌아간 베드로에게 예수님이 나타나셔서 그의 사랑을 확인하시고 사명을 맡기셨습니다.

1. 성자(요 1~4장)

〈요한복음〉의 첫 단원은 세상을 구원하시려고 이 땅에 보내심 받은 하나님의 아들 예수 그리스도를 소개합니다.

1) 서문(1:1~18)

이 단원은 예수님의 신성(神性)과 성육신과 그를 믿는 자들에게 주시는 영적인 유익을 설명합니다. 이것은 〈요한복음〉 전체의 서론으로서 여기의 주제들은 나머지 〈요한복음〉에서 더 자세하게 펼쳐질 것입니다.

그 요지는 첫째, 예수님은 하나님과 동등한 창조주입니다(1:1~5). 그는 태초에 하나님과 함께 계신 말씀으로서, 세상 만물이 그로 말미암아 창조되었고, 또 그는 어둠을 이기신 생명의 빛입니다. 둘째, 하나님과 동등하신 그분이 육신을 입고 세상에 직접 오셨습니다(1:6~13). 그의 오심에 대해 세례 요한이 증거하였지만, 세상이 그를 알지 못하고 언약 백성인 유대인조차 그를 배척하였습니다. 그러나 혈통적인 언약 백성이 아니더라도, 예수님을 믿고 영접하는 자에게는 하나님의 자녀가 되는 권세를 주셨습니다. 〈요한복음〉에서 1~12장은 유대인들의 배척을 주로 다루고 13~24장은 하나님의 자녀들에 초점을 맞춥니다. 셋째, 예수님을 믿어 하나님의 자녀가 된 사람들은 그를 통해 오는 은혜와 진리를 충만하게 받고, 또 그를 통해 하나님을 보게 됩니다(1:14~18).

2) 증언(1:19~51)

세례 요한이 예수님에 대해 증언하여 그를 세상에 소개하고, 그 뒤로 예수님에 대한 다른 사람들의 증언과 함께 그를 믿고 따르는 최초의 제자들이 생겼습니다.

세례 요한의 증언(1:19~34). 다른 복음서와 마찬가지로 예수님이 세례 요한에게서 세례를 받으시는 것이 그의 공생애 사역의 출발점으로 제시되어 있습니다. 그 당시에 많은 사람들이 세례 요한에게서 세례를 받고 그에게 주목했지만, 그는 스스로 그리스도가 아니며 단지 그리스도의 길을 준비하는 사자라는 것을 명확하게 밝혔습니다. 세례 요한은 예수님이 세례를 받으러 나오실 때 그를 알아보고 "세상 죄를 지고 가는 하나님의 어린 양"이라고 했으며, 세례를 받으신 후 그에게 성령이 임하시는 것을 보고는 확신을 얻어 그가 "하나님의 아들"이신 것을 증거했습니다.

첫 제자들을 세우심(1:35~51). 세례 요한이 두 제자와 함께 있을 때 예수님을 보고 다시 "하나님의 어린 양"이라고 증거했을 때 두 제자는 그 길로 예수님을 따랐습니다. 그중 한 사람 안드레가 자기 형제 시몬 베드로에게 찾아가 "메시야"를 만났다고 증거하여 그를 데려왔고, 예수님은 그를 제자 삼으시며 그의 이름을 게바(베드로, 반석)라 부르셨습니다. 빌립은 예수님이 직접 부르신 제자였습니다. 그는 나다나엘을 찾아가 예수님이 바로 모세의 율법과 선지자의 글에 약속된 메시야이신 것을 대해 증거했습니다(1:43~51). 나다나엘은 처음에는 믿지 않았지만 예수님의 통찰력을 체험하고는 예수님이 "하나님의 아들"이요 "이스라엘의 임금"이라고 고백했습니다.

3) 표적(2~4장)

이 단원은 가나의 표적으로 시작하여 또 다른 가나의 표적으로 마무리됩니다. 이 표적들은 예수님이 하나님의 아들이신 것을 증거하여 사람들로 하여금 그를 믿게 하려는 것입니다.

가나의 혼인 잔치(2:1~12). 다른 복음서에는 없지만 요한은 예수님이 갈릴리 가나에서 물로 포도주가 되게 하신 이 일을 첫 표적으로 기록하고 습니다. 혼인 잔치에서 포도주가 떨어져 예수님의 어머니는 그에게 어떤 기적적인 도움을 기대하며 그 사실을 전했습니다. 하지만 예수님은 때가 이르지 않았다고 하시며 거절하시는 듯 했지만, 나중에 정결 예식에 쓰는 물로 포도주가 되게 하셨습니다. 이렇게 표적을 행하심으로 예수님은 자신의 영광을 나타내셨고, 제자들은 더 확실히 그를 믿게 되었습니다.

성전 정화(2:13~25). 다른 복음서들은 성전 정화 사건을 예수님의 공생애 말에 일어난 것으로 설명하는데 반해, 〈요한복음〉은 사역 초기의 문맥에서 이 사건을 다루고 있습니다. 그렇기 때문에 이것이 한 번 일어난 같은 사건인지, 아니면 두 번의 각각 다른 사건인지에 대한 논란이 있습니다. 어느 쪽인지 확실히 결론짓기는 어렵지만, 적어도 〈요한복음〉에서 이 사건이 주변의 문맥과 밀접하게 연결되어 있다는 것을 주목해야 합니다. 앞서 예수님은 전통적인 정결 예식의 물을 포도주로 바꾸어 혼인 잔치를 더 즐겁게 하셨습니다. 여기에서는 기존의 성전을 정화하심으로 새롭게 하셨습니다. 뿐만 아니라 자신의 육체를 새 성전으로 제시하셨습니다. 성전은 하나님 임재를 상징하는 건물이고 예수님의 성육신은 실재 하나님이 그들 가운데 오셔서 함께 계신 것이므로 성전은 예수님의 그림자요, 예수님은 성전의 의미를 완전히 성취하신 분이라고 할 수 있습니다. 마치 물을 변화시켜 포도주가 되게 하시고 잔치를 흥겹게 하신 것처럼 그를 믿는 자들로 하여금 새 시대의 복과 기쁨을 누리게 하신 것입니다.

여기에서도 표적과 믿음의 주제가 반복되고 있는 것을 주목해야 합니다. 유대인들은 예수님이 성전을 정화하신 행동에 이의를 제기하고 어떤 '표적'을 요구했습니다. 이에 예수님은 성전을 허물라는 상징적인 말씀으로서 자신의 죽으심과 부활이 표적이 될 것을 말씀하셨습니다. 비록 제자들은 당시에 그 말씀의 의미를 깨닫지 못했지만 그의 부활을 체험하고 나서 성경과 예수님의 말씀을 믿었습니다.

하나님이 보내신 이(3:1~4:42). 세 종류의 다른 사람들이 등장하지만 이 기사들은 공통적으로 예수님의 신분과 성령 시대의 도래, 그리고 믿음과 그에 따른 영생에 대해 이야기합니다.

	니고데모(3:1~3:21)	세례 요한(3:22~36)	사마리아 여인(4:1~42)
신분	• 하나님에게로부터 오신 선생(3:2) • 독생자, 보내신 아들(3:16)	• 하늘로부터 오시는 이(3:31) • 하나님이 보내신 이(3:34)	• 그리스도(4:25~26, 29) • 세상의 구주(4:42)
성령	• 물과 성령으로 거듭남(3:5)	• 성령을 한량 없이 주심 (3:34)	• 영생의 샘물(4:14) • 영과 진리로 예배(4:23~24)
믿음 영생	• 믿는 자마다 멸망하지 않고 영생 을 얻게 하심(3:15, 16)	• 믿는 자에게 영생, 순종하 지 아니하면 진노(3:36)	• 여인의 말, 예수님의 말씀을 듣고 믿음(4:39~42)

(1) **니고데모와 대화(3:1~3:21):** 바리새인 니고데모가 밤에 예수님에게 찾아왔습니다. 그는 예수님을 "하나님께로부터 오신 선생"으로 알았는데, 그것은 앞장 마지막 부분에서 언급한 경우처럼 표적을 보고 믿는 그런 믿음이었습니다. 그래서 예수님은 그에게 물과 성령으로 거듭나지 않으면 하나님 나라에 갈 수 없다고 하셨습니다. 여기에서 예수님은 다가올 성령 시대의 도래를 암시하시고 또 "하늘에서 내려온 자"인 자신이 고난의 십자가를 져야 할 것을 말씀하셨습니다(13~14절).

(2) **세례 요한의 증거(3:22~36):** 세례 요한의 제자들은 사람들이 세례 요한보다 예수님에게 가는 것을 못마땅해했지만 세례 요한은 예수님이 그리스도이며 자신은 그를 위해 보내심을 받은 자라는 것을 분명히 밝혔습니다. 그리고 예수님은 성령을 따라 하나님의 말씀을 선포하시는 분이며, 그 아들을 믿을 때에 영생이 있다는 것을 증거하였습니다.

(3) **사마리아 여인과 대화(4:1~42):** 니고데모가 밤중에 예수님을 찾은 것과 대조되게 사마리아 여인과 예수님의 대화는 한낮에 이루어졌습니다. 예수님은 여인에게 자신이 "영생하도록 솟아나는 샘물" 곧 성령을 주시는 분이며(4:14; 참조. 7:37~39), 그들이 기다리는 그리스도라는 것을 알리셨습니다. 그 여인은 동네에 가서 예수님이 그리스도이신 것을 증거하였고, 사람들은 예수님의 말씀을 듣고 그가 세상의 구주이신 것을 알게 되었습니다.

가나 고관의 아들(4:43~54). 유대인이 이방인보다 경멸하는 사마리아인들은 특별한 이적을 보지 않았어도 예수님의 말씀을 듣고 그가 구주이신 것을 믿었습니다. 하지만 그가 갈릴리로 오셨을 때 동족 유대인들은 그가 예루살렘에서 행하신 표적들을 보았기 때문에 그나마 그를 영접했고 아직 온전한 믿음은 없었습니다. 갈릴리 가나에서 왕의 신하가 예수님에게 병들어 죽어가는 자기 아들의 치유를 요청했습니다. 예수님은 표적과 기사를 보지 않고서는 믿지 않는 사람들의 태도를 질책하시고 그 신하에게 아들이 살아 있다고 말씀하셨습니다. 신하는 예수님의 말씀을 믿고 돌아가서 그 아들이 산 것을 확인할 수 있었습니다.

2. 배척(요 5~12장)

첫 단원 특히 2~4장은 예수님의 표적에 대해 주로 다루었는데, 5~12장에서는 명절을 배경으로 이야기가 전개됩니다. 또한 앞에서는 예수님의 표적을 보고 믿음으로 반응한 경우가 많았지만, 여기에서는 유대인들의 배척이 두드러지고 있습니다.

1) 보내신 뜻(5~6장)

하나님이 그 아들 예수 그리스도를 세상에 보내신 뜻은 사람들로 하여금 그를 믿고 구원을 얻게 하시려는 것입니다. 그래서 예수님은 보내신 그 뜻을 이루시려고 치유와 가르침의 사역을 수행하시지만, 정작 유대인들은 그를 믿지 않고 배척합니다.

안식일: 베데스다 병자의 치유(5장). 예수님은 명절에 예루살렘에 올라오셔서 베데스다라고 하는 연못에서 예수님은 38년 된 병자를 고치셨습니다. 그런데 문제는 그날이 안식일이었는데 예수님이 그 사람에게 자기가 누운 자리를 들

고 가게 하셨다는 것입니다. 유대인들은 예수님이 안식일을 범하였다는 죄목으로 박해하기 시작했습니다. 여기에 예수님은 "아버지가 일하시니 나도 일한다."고 하시자 유대인들을 더욱 분개하여 예수님을 죽이고자 했습니다. 왜냐하면 그들은 하나님을 친아버지라고 하며 자신을 동등하게 여기는 것은 안식일을 범한 것보다 훨씬 불경스런 신성모독이라고 여겼기 때문입니다. 그래서 예수님은 긴 설명을 통해 아버지와 아들의 관계를 설명하셨습니다(5:19~47).

예수님은 하나님으로부터 심판권을 위임받은 대리자로서 오직 하나님이 보이시는 대로 보고 또 하나님이 말씀하신 대로 듣고 심판하십니다(5:19, 30). 이것은 예수님이 자기 임의대로 행동하시는 것이 아니라 오직 하나님의 뜻을 신실하게 수행하시는 분이라는 의미입니다. 이와 같은 태도는 선지자 〈이사야서〉를 통해 말씀하신 메시야의 이상적인 자질입니다.

"그가 여호와를 경외함으로 즐거움을 삼을 것이며 그의 눈에 보이는 대로 심판하지 아니하며 그의 귀에 들리는 대로 판단하지 아니하며"(사 11:3).

하나님이 아들에게 심판권을 맡기신 목적은 사람들로 하여금 그 아들을 믿고 공경하여 그를 통해 하나님을 공경하고 믿게 하려는 것이었습니다. 그래서 예수님을 믿는 사람은 누구든지 사망에서 생명으로 옮기고 영원한 생명을 누리게 하셨습니다. 하나님은 (구약) 성경을 통해 이것을 증언하셨습니다. 그런데 유대인들은 성경에서 영생을 얻는 줄 알고 성경을 연구하지만 정작 그 성경이 증거하는 예수 그리스도를 배척하고 믿지 않았습니다.

유월절: 오병이어 기적(6장). 보리떡 다섯 개와 물고기 두 마리로 오천 명을 먹이신 기적은 사복음서 모두에서 기록된 유일한 사건입니다(마 14:13~21; 막 6:30~44; 눅 9:10~17; 요 6:1~14). 요한은 이 기적을 특히 유월절의 배경에서

다루고 있습니다. 그것은 다음에 오는 생명의 떡 강화가 출애굽 사건을 비롯해 유월절 주제와 많은 연관성이 있기 때문입니다. 출애굽한 이스라엘 백성이 광야에서 만나와 메추라기를 먹었듯이 예수님은 광야의 무리들을 보리떡과 물고기로 먹이셨습니다. 그런데 예수님은 단지 육신의 양식을 공급하시는 분이 아니라 "참 떡" 곧 하늘로서 온 "생명의 떡"으로서 그 "떡을 먹는 자"에게 영생을 얻게 하십니다. 이것은 그의 희생으로 말미암아 죄인들을 구원하시는 진리를 말씀하신 것입니다.

예수님이 자신을 가리켜 "세상의 생명을 위한 내 살"이라고 하신 의미를 유대인들이 깨닫지 못하고 자기들끼리 논쟁을 벌였을 때 예수님은 다시 한번 자신의 살을 먹고 피를 마시는 자가 영생을 얻게 될 것을 약속하셨습니다(6:52~59). 이것은 유월절의 희생양을 떠올리게 하며 예수님이 대속의 희생제물로 죽임 당하실 것을 예고하신 것입니다. 그런데 제자들 역시 예수님의 이 말씀이 어렵다고 수군거렸습니다. 그래서 예수님은 제자들에게 고난과 승천 그리고 제자들의 배신과 부인을 예고하셨습니다(6:60~71). 이 말씀을 듣고 많은 사람이 떠나고 가룟 유다를 비롯해 열두 제자는 주님과 함께 남아 있었습니다.

2) 성전 논쟁(7~8장)

초막절에 예루살렘에 오신 예수님이 성전에서 가르치시고(7:14, 28, 8:20), 그 가운데 적대자들이 예수님을 죽이려고 했습니다. 유대인들이 처음에는 예수님을 죽이려는 의도를 부인했고(7:19~20), 중간에는 그를 잡고자 했지만 아직 때가 되지 않아 손을 대지 못했으며(7:30, 44, 8:20), 나중에는 노골적으로 돌로 치려고 해서 예수님은 몰래 숨어 성전을 빠져나가야 했습니다(8:59).

예수님의 잠행(7:1~13). 베데스다 병자를 치유하면서 비롯된 안식일 논쟁으로 유대인들은 예수님을 죽이려고 했지만 예수님은 아직 때가 이르지 않았기 때문에 그들을 피하셨습니다. 그래서 유대 지방으로 다니지 않으시고 갈릴리에서 활동하셨으며, 초막절이 다가와 형제들이 예루살렘에 가기를 권해도 가지 않으셨고, 또 나중에 따로 올라오셨을 때도 은밀하게 다니셨습니다.

성전 강화와 반발(7:10~8:59). 예수님은 예루살렘에 올라오신 후 성전에서 가르치신 세 차례의 강화와 그에 따른 논쟁이 기록되어 있습니다.

(1) **명절 중간의 강화(7:10~36):** 이 강화의 핵심 주제는 "예수님"의 정체에 대한 것입니다. 유대인들이 예수님이 가르치시는 것을 듣고 놀라 어떻게 그가 배우지도 않았는데 글을 아는지 물었습니다. 이것은 예수님이 누구에게 배웠는지 그 권위의 근원을 묻는 질문이었습니다. 그래서 예수님은 자신이 하나님에게서 났고, 하나님에게로부터 보냄 받았다는 것을 분명하게 말씀하셨습니다.

(2) **명절 끝 날의 강화(7:37~52):** 예수님을 믿는 자들이 받게 될 "성령"에 대해 말씀하셨습니다.

(*) **간음한 여인(7:53~8:11):** 많은 사본에 없거나 다른 곳에 기록된 이 사건은 예수님이 성전에서 가르치실 때 일어난 부가적인 사건입니다.

(3) **세 번째 성전 강화(8:12~59):** 마지막 강화에서는 예수님이 전하시는 "말씀"을 믿는 제자와 그렇지 않은 자들의 운명이 극명하게 대조됩니다. 예수님을 믿고 따르는 제자는 생명의 빛을 얻지만(8:12) 배척하는 자들은 죄 가운데 죽을 것입니다(8:24). 또한 진리 곧 예수님의 말씀을 받아들이는 제자는 자유롭게 되겠지만(8:31~32) 거부하는 자들은 마귀의 자식이 되어 죄의 욕심대로 살 것입니다(8:44). 이와 같은 예수님의 가르치심에 유대인들은 더 반발하고 그를 죽이려고 했습니다.

3) 표적과 배척(9~12장)

예수님은 가르치심과 함께 보통 사람은 할 수 없는 놀라운 표적을 행하시며 그가 누구신지 드러내셨습니다. 직접적으로 자신을 가리켜 세상의 빛, 선한 목자, 부활과 생명이라고 하시면서 사람들을 생명과 풍성한 삶으로 인도하는 메시야라는 것을 가르치셨습니다. 하지만 유대인들은 그를 믿지 않고 배척할 뿐만 아니라 아예 죽이려고 했습니다.

세상의 빛: 맹인의 치유(9장). 예수님이 나면서부터 소경된 맹인을 치유하신 것은 그가 세상의 빛이신 것을 증명하는 가시적인 증거라고 할 수 있습니다 (8:12, 9:5). 그런데 이 날이 안식일이었기 때문에 바리새인 중에 논쟁이 생겼습니다. 어떤 사람은 예수님이 안식일을 지키지 않은 것을 책잡아서 그가 하나님에게로부터 온 자가 아니라고 단정했습니다. 그와 반대로 죄인이 그런 표적을 행할 수 없다고 예수님을 옹호하는 사람도 있었습니다. 치유를 받은 그 사람은 예수님에 대해 처음에는 "예수라 하는 그 사람"으로 알다가, 그다음에는 선지자(9:17)로 인정하고, 나중에는 그가 하나님에게로부터 오신 분이라고 증거했습니다(9:33). 그리고 예수님이 그를 다시 만나셔서 자신이 인자(하나님의 아들)라는 것을 알려 주셨을 때 그는 믿음을 고백하고 그에게 절을 했습니다. 예수님에 대한 인식이 신뢰와 예배의 대상으로 발전된 것입니다. 하지만 당시의 종교지도자 역할을 한 바리새인은 여전히 영적인 맹인이었습니다.

선한 목자(10장). 예수님은 목자와 양의 이미지를 통해 제자들과의 긴밀한 관계를 설명하셨습니다. 예수님을 믿고 따르는 제자들은 목자의 음성을 알고 따르는 양과 같습니다(1~6절). 제자들을 향한 예수님의 사랑과 헌신을 표현하기 위해 두 가지 대조를 제시합니다. 첫째, 도둑과 문의 대조입니다(7~10절). 거짓된 지도자들은 도둑과 같이 사람들을 탈취해 자기 욕심을 채우지만 예수님은 자신에게 오는 사람들을 풍성한 삶으로 인도하는 양의 문과 같습니다. 둘째, 삯꾼과 선한 목자의 대조입니다(11~18절). 예수님은 위기의 상황에 양을 버리고 도망가는 삯꾼과 같지 아니하고, 양을 위해 목숨까지 버리는 선한 목자와 같이 당신을 희생제물로 드리심으로 성도의 구원을 이루십니다. 놀랍게도 이방인도 그 구원의 은혜를 받을 대상에 포함되어 있습니다(16절; 참고. 사 49:6, 55:5, 56:8).

양과 목자의 이미지는 수전절 논쟁에서도 계속 사용되고 있습니다 (10:22~39). 예수님은 대적하는 유대인들을 향해 그들은 예수님의 양이 아니기 때문에 믿지 않는 것이라고 하셨습니다. 반면에 예수님을 믿는 사람들은 그의 음성을 듣고 따르며, 예수님은 그들에게 영생을 제공십니다. 예수님 보호 아래 있는 그들의 안전은 전능하신 하나님이 보장하신 것입니다. 왜냐하면 예수님과 하나님이 하나이시기 때문입니다. 유대인 대적자들은 이 말씀이 신성모독이라 하여 돌을 들어 치려고 할 때 예수님은 당당하게 자신은 "아버지께서 거룩하게 하사 세상에 보내신 하나님의 아들"이라고 선포하셨습니다. 그리고 그를 믿지 못하겠거든 그가 아버지의 일을 행하시는 것을 보고 믿음을 가지라고 하셨습니다.

<이사야서> 55장 5절을 적어 봅시다.

_____

_____

_____

부활과 생명: 죽은 나사로를 살리심(11:1~12:11). 예수님이 죽은 나사로를 살리신 기적은 앞 장 수전절 논쟁에서 말씀하셨던 "아버지의 일"이라고 할 수 있습니다. 이것은 9장에서 "하나님이 하시는 일"(9:3)로서 맹인을 고치신 것과 마찬가지로 하나님의 영광을 위하는 일이며 동시에 하나님의 아들도 영광을 받게 하시는 일입니다(11:4). 예수님은 나사로의 병들었다는 소식과 와 달라는 요청을 들으셨지만 이틀을 더 지체하시고 그가 죽은 후에 찾아오셨습니다. 누이 마르다와의 대화 가운데 자신이 바로 "부활이요 생명"이라고 하시며 그녀

의 믿음의 고백을 요구하셨습니다. 그리고 이미 썩어 냄새나는 시신이 된 나사로를 무덤에서 살아나게 하셨습니다. 이 기적의 의미는 예수님이 기도 가운데 말씀하신 것처럼 사람들로 하여금 그가 하나님이 보내신 분이신 것을 믿게 하려는 것이었습니다.

예루살렘 공회의 모의(11:45~12:11). 죽은 사람이 살아난 엄청난 기적의 소문을 듣고 많은 유대인들이 예수님을 믿었지만, 대제사장과 바리새인들은 오히려 예수님을 죽이려고 모의하기 시작했습니다(11:45~53). 그리고 유월절이 다가오자 그들은 예수가 명절에 예루살렘에 올 것을 생각하고 미리 수배를 내렸습니다. 예수님이 베다니에 오셔서 나사로의 집에서 식사하실 때 그 누이 마리아가 예수님의 발에 향유를 붓고 자기 머리털로 닦았습니다. 유다는 값비싼 향유를 허비했다고 책망했지만 예수님은 이것을 자신의 장례를 위한 기름 부음으로 받아들이시고 자신의 죽음을 예고하셨습니다. 그동안 나사로가 살아난 기적 때문에 많은 유대인들이 예수님을 믿게 되자 대적자들은 아예 나사로까지 죽이려고 작정했습니다. 이렇게 해서 예수님의 죽음의 위협이 점점 다가오고 있었습니다.

예루살렘 입성(12:19). 예수님은 최후의 희생을 내다보시며 예루살렘에 입성하셨습니다. 〈요한복음〉은 입성 과정에 대해 다른 복음서에 비해 짧게 언급하되, 공관복음에 없는 새로운 정보를 제시합니다. 마태와 마가는 사람들이 예수님이 나귀를 타고 가시는 길에 나뭇가지라고 한 것을 요한은 종려나무 가지라고 구체적으로 묘사합니다. 무리가 예수님을 승리하신 왕으로 영접하고 있습니다. 요한은 마태와 같이 예수님이 나귀 새끼를 타고 오신 것이 〈스가랴서〉 9장 9절의 성취라는 것을 말하면서, 제자들이 그 의미를 깨닫지 못하다가 죽으시고 부활하신 후에야 깨달았다는 것을 지적합니다. 또한 무리가 많이 모인 것은 나사로가 살아난 표적을 들었기 때문이며, 또 이렇게 무리가 모인 것을 보고 바리새인들이 낙담한 것을 기록했습니다.

영광의 때(12:20~50). 요한은 경건한 헬라인이 예수님을 방문한 것과 이때에 하신 예수님의 강화를 기록하고 있습니다. 바리새인과 함께 예수님을 대적한 유대인들과 달리 이제 이방인이 예수님을 믿고 나아옵니다. 여기에서 예수님은 "인자가 영광을 얻을 때가 왔도다."고 선언하시며 그의 죽으심을 예고하셨습니다. 또한 하나님을 향해 기도하시며 "이때"에 대해 고뇌하시지만 아버지의 이름이 영광받으시기를 바라고 신실하게 순응하시는 모습을 보여 주셨습니다. 하나님도 응답하시기를 이미 아들을 통해 영광을 받으셨고 또 앞으로 영광을 받으실 것을 선포하셨습니다. 하늘로서 소리가 난 것이 예수님을 위해서가 아니라 듣는 사람들을 위해서라고 하신 것은 이 표적이 그들로 하여금 예수님을 믿고 따름으로 영생을 얻도록 하기 위한 것이기 때문입니다. 하지만 예수님을 믿지 않고 배척하는 자들은 심판을 받을 것입니다.

3. 제자(요 13~17장)

예수님은 수난을 앞두고 제자들과 마지막으로 특별한 시간을 보내셨습니다. 제자들의 발을 씻기시고(13장), 그들을 위로하시며 보혜사 성령을 약속하시고(14~16장), 세상과 구별된 새 공동체를 위해 기도하셨습니다(17장). 바로 에스겔 선지자를 통해 약속하신 말씀처럼 하나님 나라를 회복하시려고 구원하신 백성을 정결하게 씻기시고, 성령을 부어 주시며, 새 언약 백성으로 세우시는 역사가 진행될 것을 보여 주신 것입니다(겔 36:25~28).

1) 세족(13:1~30)

예수님은 제자들의 발을 씻기심으로 제자들의 죄를 깨끗하게 하시는 대속적 희생을 가르치시고 또 겸손과 사랑의 본을 보이시며 서로 사랑하라는 계명을 주셨습니다.

발을 씻기심(13:1~11). 예수님은 이제 곧 제자들을 떠나서 아버지께로 돌아가실 것을 아시고 특별한 의식으로 제자들의 발을 손수 씻기셨습니다. 이것은 종이 주인을 위해 하는 봉사였으므로 베드로가 당혹스러워 사양했습니다. 하지만 예수님은 "내가 너를 씻어 주지 아니하면 네가 나와 상관이 없느니라."고 말씀하셨습니다. 그러자 베드로가 온 몸을 다 씻겨 달라고 했지만, 예수님은 이미 온몸이 깨끗하므로 발밖에 씻을 필요가 없다고 하셨습니다. 이와 같은 대화는 예수님이 발 씻김을 통해 겸손한 봉사의 모범을 보이시는 것 이상의 의미를 암시하고 있습니다. 즉 예수님은 그들의 죄를 씻기시는 속죄제물이라는 것입니다. 예수님의 대속적 희생을 믿고 받아들이지 않는 사람은 예수 그리스도와 아무 상관이 없으며 결코 정결함을 얻지 못할 것입니다. 제자들은 예수님을 믿고 따름으로 이미 온몸이 정결하지만 그러나 예수님을 배반하려고 하는 유다는 깨끗하지 않습니다.

세족의 교훈(13:12~30). 세족을 마치시고 예수님은 제자들에게 세족에 대한 의미를 가르치셨습니다. 즉 주님이 친히 제자들의 발을 씻기심으로 겸손의 본을 보이셨고, 그래서 공동체 안에서 서로 겸손하게 섬기는 것이 마땅하다고 하셨습니다(12~17절). 그런데 이 공동체에 유다는 속하지 않았습니다. 예수님이 유다의 배반을 예고하신 후에 그에게 떡을 떼어 주니 그가 떡을 받고 나갔습니다(18~30절). 사탄이 그 속에 역사하여 배반을 실행하려고 나간 것입니다.

2) 강론(13:31~16장)

배반자 유다가 나간 후에 예수님은 남은 제자들과 함께 보다 깊은 강론을 나누셨습니다.

선언과 질문과 응답(13:31~4장). 첫 번째 강론은 예수님이 말씀하신 후에 한 제자가 질문하고, 거기에 다시 예수님이 응답하시는 형식의 강론이 소개되어 있습니다.

예수님의 선언(13:31~35)	내가 가는 곳에 너희가 올 수 없다.
베드로의 질문(13:36a, 37)	어디로 가시나이까? 어찌 따라갈 수 없습니까?
예수님의 응답(13:36b, 38)	지금은 따라 올 수 없으나 후에는 따라오리라.
예수님의 선언(14:1~4)	내가 너희를 위하여 처소를 예비하러 갔다가 돌아와서 너희를 내게로 영접할 것이다. 내가 어디로 가는지 그 길을 너희가 안다.
도마의 질문(14:5)	어디로 가시는지 알지 못하는데 그 길을 어찌 알겠습니까?
예수님의 응답(14:6)	내가 곧 길이요 진리요 생명이다.
예수님의 선언(14:7)	나를 알면 내 아버지도 알았으리라.
빌립의 요청(14:8)	아버지를 우리에게 보여 주소서!
예수님의 응답(14:9~14)	아버지가 내 안에서 일하시므로, 나를 본 자는 아버지를 본 것이다.
예수님의 선언(14:15~21)	하나님이 성령을 보내실 것이다. 그러나 세상은 알지 못하고 너희는 알 것이다. 나는 나를 사랑하는 자에게 나를 나타내리라.
유다의 질문(14:22)	세상에는 나타내지 않으시고 우리에게만 나타내십니까?
예수님의 응답(14:23~31)	너희는 성령이 가르치고 모든 것을 생각나게 하시리라. 장차 내가 아버지를 사랑하는 것과 그의 명령대로 행하는 것을 세상이 알게 하리라.

포도나무 비유(15:1~17). 질문과 응답에 이어 예수님은 포도나무 비유를 들어 예수 그리스도와 그에게 속한 성도의 관계에 대해 설명하셨습니다. 구약 성경에서 종종 하나님은 농부요 이스라엘은 포도나무로 비유했습니다(시 80:8~19; 사 5:1~7, 27:2~6 등). 그러나 이스라엘은 실패하였고 이제 예수님은 참 포도나무로서 새 언약 백성의 기원이 되십니다. 성도는 가지와 같이 그리스도에게 붙어 있음으로써 열매를 맺습니다. 포도나무에 붙어 있지 않은 가지나

열매를 맺지 못한 가지는 모아다가 불에 태우는 것처럼 그리스도에게 온전히 연합하여 열매 맺지 못한 자는 심판을 받을 것을 경고합니다. 여기에서 열매는 특히 성도가 계명을 지켜 서로 사랑하는 것을 의미합니다.

세상 속의 그리스도인(15:18~16장). 포도나무 비유는 성도가 예수 그리스도와 맺는 긴밀한 관계를 설명해 주었습니다. 이제 예수님은 그리스도인들이 세상과 어떤 관계에 있으며 세상 속에서 어떻게 살아야 하는지에 초점을 맞춥니다.

(1) **적대적인 세상(15:18~16:4a):** 예수 그리스도와 연합한 성도는 세상의 박해를 받을 각오를 해야 합니다. 왜냐하면 세상이 예수님을 미워한 것처럼 그에 속한 성도들 역시 미워할 것이기 때문입니다. 예수께서 성도를 세상 가운데 택하셔서 자기 백성을 삼으셨으므로 그들은 더 이상 세상에 속한 자가 아니라서 세상의 미움을 받을 수밖에 없습니다.

(2) **성령의 약속(16:4b~15):** 성도는 예수 그리스도에게 속하여야 열매를 맺고, 또 그리스도와 연합했기 때문에 세상의 미움을 받는데, 그 예수 그리스도가 떠나신다고 하니 제자들이 근심할 수밖에 없습니다. 하지만 예수님은 그가 떠나시는 것이 그들에게 더 유익할 것이라고 합니다. 왜냐하면 그가 가서서 성령을 보내실 것이기 때문입니다. 성령은 한편으로 세상을 책망할 것입니다 (8~11절). 그러나 다른 한편 성도들에게 유익이 되는 것은 그가 성도들을 진리로 인도하시고 또 그리스도의 영광을 나타내실 것이기 때문입니다(13~14절).

(3) **보장된 기쁨(16:16~24):** 예수님이 "조금 있으면 나를 보지 못하겠고, 조금 있으면 나를 보리라."고 말씀하시니 제자들은 이것이 무슨 뜻인지 당혹스러워 했습니다. 이에 대해 예수님은 제자들이 자신을 보지 못하게 되어 슬퍼하다가, 다시 보게 되어 기뻐하게 될 것을 말씀하셨습니다. 즉 예수님의 죽음과 부활 그리고 그 이후 승천으로 제자들은 슬퍼하겠지만, 재림하실 때에 그들의 슬픔이 기쁨으로 변하고 영원한 즐거움을 누리게 될 것을 약속하셨습니다.

(4) **강론의 마무리(16:25~33).** 25~28절은 성령이 오심으로 제자들이 하나님

과 더 친근하게 되는 복을 누릴 것을 말씀합니다. 즉 지금은 예수님이 비유로 덜 분명하게 말씀하시지만 때가 되어 성령이 오시면 아버지에 대해 밝히 알게 하실 것이고, 제자들은 예수의 이름으로 하나님에게 직접 간구하게 될 것입니다. 이들이 이런 복을 누릴 수 있는 것은 예수께서 하나님에게로부터 온 것을 믿었기 때문입니다. 그러나 그들의 믿음이 아직 확고한 것은 아닙니다. 예수님은 제자들이 도망가서 그를 혼자 남겨둘 것을 알고 계셨습니다. 그러나 그럴지라도 하나님은 그와 함께 계신 것과 궁극적으로 세상을 이기실 것을 확신하셨습니다. 그래서 제자들을 향하여 환난을 당하더라도 담대하라고 권고하셨습니다.

3) 기도(17장)

강론을 마치신 후 예수님은 자신과 제자들과 다음 세대의 교회를 위해 중보기도를 하셨습니다.

자신을 위한 기도(17:1~5). 예수님은 첫 기도에서 아버지께서 아들을 영화롭게 해 주시기를 기도합니다. 이것은 자신의 영광을 추구하는 이기적인 간구가 아니라 사명을 위한 기도입니다. 즉 하나님 아버지께서 택하신 모든 사람에게 영생을 주게 하시려고 대속의 희생제물이 되셔서는 궁극적으로 아버지를 영화롭게 하기를 간구하는 기도입니다.

제자들을 위한 기도(17:6~19). 두 번째로 예수님은 "세상 중에서 내게 주신 사람들"(6절) 곧 예수님을 하나님이 보내신 분인 것을 믿고 그를 따르는 제자들을 위해서 기도합니다. 이제 예수님은 세상을 떠나지만 그들은 세상에 남아 있어야 하므로 하나님이 그들을 하나 되게 하시고(11절), 악에 빠지지 않도록 보전하시며(15절), 진리로 거룩하게 하시기를 간구합니다(19절).

교회를 위한 기도(17:20~26). 세 번째로 예수님은 "그들의 말로 말미암아 나를 믿는 사람들" 곧 제자들의 전도를 통해 예수님을 믿게 될 교회 공동체를 위해 기도합니다. 아버지와 아들이 하나인 것처럼 그들이 모두 하나가 되고, 더 나아가 그들의 전도를 통하여 세상이 예수 그리스도를 믿게 되고 하나님이 그들을 사랑하신다는 것을 알게 하시기를 간구합니다.

4. 영광(요 18~21장)

다른 복음서와 마찬가지로 〈요한복음〉의 마지막 장면은 예수님의 고난과 부활을 다룹니다. 그런데 요한은 특별히 예수 그리스도의 고난과 부활을 예수님의 "영광"이라고 하며(7:39, 12:16, 23) 또 그의 사역을 통해서 하나님을 영광스럽게 한다고 합니다(13:31~32, 17:1, 4). 즉 예수님은 대속의 희생제물이 되셔서 택한 백성을 구원하시는 아버지의 뜻을 이루어 하나님에게 영광을 돌렸고, 하나님은 그를 다시 살리시고 높이셔서 그에게 영광을 주셨습니다.

1) 수난(18~19장)

체포(18:1~11). 예수님은 기드론 시내 건너편 동산에서 체포되셨습니다. 다른 복음서들과 달리 요한은 예수님이 겟세마네 동산에서 기도하신 일에 대해서는 다루지 않습니다. 예수님의 인간적인 고뇌를 묘사하는 다른 복음서들과 달리 〈요한복음〉은 예수님이 그 당할 일을 다 아시고(4절) 당당하게 행동하시는 신적 권위를 강조하기 때문입니다. 그는 자진하여 체포되시면서 그 대신 제자들을 풀어 주게 하셨습니다. 이것은 앞서 예수님이 제자들 중 하나도 멸망하지 않고 보전되기를 기도하신 것이 성취되게 하신 것입니다(9절; 17:12).

유대인의 재판(18:12~27). 체포되신 예수님은 그해의 대제사장 가야바의 장인 안나스에게 끌려가 심문을 받았습니다. 예수님이 심문을 받으실 때 베드로와 또 다른 제자가 가까이 있었습니다. 이 다른 제자가 대제사장을 알고 있었기에 베드로도 함께 그 자리에 있을 수 있었습니다. 거기에서 베드로는 예수님이 예고하신 대로 주님을 세 번 부인했습니다. 요한은 다른 복음서와 달리 베드로가 처음 부인한 다음에 그리고 두 번째와 세 번째 부인한 기사 전에 예수님의 심문 받으시는 장면을 기록하고 있습니다. 그렇게 해서 심문을 받으시되 당당하게 안나스를 꾸짖으시는 듯한 예수님의 권위와 두려움에 떨며 예수님을 부인하는 베드로의 태도가 뚜렷하게 대조되어 있습니다.

빌라도의 재판(18:28~19:16). 유대인들은 예수님을 로마의 총독 빌라도에게 고발해 재판을 받게 했습니다. 사실 빌라도는 연루되고 싶지 않아서 유대인의 법대로 재판하라고 했지만 그들은 사형을 선고하고 집행할 권한이 없었으므로 빌라도에게 재판을 떠맡겼습니다. 다른 복음서에 보면 "네가 유대인의 왕이냐?"라는 빌라도의 질문에 예수님은 간략하게 "네 말이 옳도다."라고 대답하셨습니다. 그러나 여기에서 예수님은 그의 나라는 이 세상에 속하지 않았다는 것을 확실하게 선언하셨습니다(18:36~37). 그것은 예수님이 이 땅에 권세가 없다는 것이 아니라 예수님의 나라는 정치적인 힘 혹은 군사적인 싸움으로 세우는 나라가 아니라는 것을 밝히신 것입니다.

빌라도는 예수님의 죄를 찾지 못하고 채찍질한 후에 그를 놓아 주기를 원했습니다. 하지만 유대인들이 거세게 반발하며 그가 하나님의 아들이라고 했으니 십자가 처형을 받게 하라고 요구했습니다. 요한은 여기에서도 빌라도와 예수님의 대화를 자세하게 묘사합니다. 예수님이 "하나님의 아들"이라고 한 것에서 빌라도는 두려움을 느끼고 그가 어디로부터 왔는지 물었습니다. 예수님이 침묵하시자 빌라도는 자신의 권위를 상기시키며 대답을 강요했지만, 예수님은 빌라도의 권위가 최종적인 것이 아니며 위에 계신 하나님의 권위에 달려 있다는 것을 말씀하셨습니다. 이 말을 듣고 빌라도는 더더욱 예수님을 석방하려고 했지만 유대인은 더 반발했습니다. 스스로 왕이라고 하는 것은 가이사에게 반역하는 것이요 그런 자를 풀어 주는 것은 가이사에게 불충하는 것이라는 논리로 빌라도를 압박했고, 결국 빌라도는 예수님을 십자가에 못 박도록 그들에게 넘겨 주었습니다.

십자가 처형(19:17~42). 예수님을 십자가에 못 박을 때 빌라도는 십자가 위에 "나사렛 예수 유대인의 왕"이라고 팻말을 써서 붙였습니다. 그러자 "유대인의 대제사장들"이 또 반발하여 "자칭 유대인의 왕"으로 수정해 줄 것을 요구했는데, 빌라도는 수정을 거부했습니다. 예수님을 십자가에 못 박은 군인들이 그의 옷을 나눠 가지다가 통으로 짠 속옷은 나누지 않고 제비뽑아 갖기로 했습니다. 요한은 이것이 〈시편〉 22편 18절의 말씀을 이루는 것이라고 했습니다. 요한은 또 예수님이 마지막 순간에 육신의 어머니 마리아를 그 사랑하시는 제자에게 의탁한 것을 기록했습니다. 그다음에 예수님이 하신 두 마디 말씀도 요한만 기록한 것입니다. 예수님이 "목마르다."고 하시니 사람들이 신포도주를 적셔 그의 입에 대주었습니다. 이것은 〈시편〉 69편 21절의 성취를 암시합니다. 그리고 예수님은 "다 이루었다."고 하시며 숨을 거두셨습니다. 다른 복음서는 그가 인류의 저주를 지고 버림받으셨다는 것에 초점을 맞추었지만, 요한은 그의 십자가 희생이 하나님의 뜻을 성취하는 영광스러운 사역이었다는 것을 강조합니다.

요한은 군인들이 예수님의 시체를 내릴 때, 다른 사람들과 달리 다리를 꺾지 않고 창으로 찔러 죽음을 확인한 것을 기록했습니다. 그리고 이것은 "그 뼈가 하나도 꺾이지 아니하리라."(시 34:10)는 말씀과 "그들이 그 찌른 자를 보리라."(슥 12:10)는 말씀이 성취된 것이라고 합니다. 예수님의 제자였던 아리마대 요셉이 빌라도에게 요청해 예수님의 시신을 거두어 그 동산에 있던 새 무덤에 두었습니다. 요한은 여기에서 요셉과 같이 산헤드린 회원인 니고데모가 장례를 위해 준비한 것을 언급합니다. 요셉은 제자인 것을 숨겨 왔고, 니고데모 역시 밤에 은밀하게 예수님을 찾아온 사람이었습니다. 그러나 이제 그들은 공개적으로 예수님의 장례를 지냈다는 것을 요한은 주목합니다.

2) 부활(20장)

예수님은 사흘 만에 부활하셔서 막달라 마리아와 제자들 그리고 도마에게 나타나셨습니다.

빈 무덤(20:1~10). 안식 후 첫날 새벽에 막달라 마리아가 무덤에 갔다가 돌문이 옮겨진 것을 보고 "시몬 베드로와 예수께서 사랑하시던 그 다른 제자"에게 보고했고, 그러자 두 사람은 즉시 가서 빈 무덤을 확인하고 집으로 돌아갔습니다.

막달라 마리아에게 나타나심(20:11~18). 예수님이 막달라 마리아에게 나타나셔서 그와 나누신 대화를 요한은 자세히 전합니다. 예수님은 마리아에게 자기를 붙들지 말라고 하시며 그 이유로 "내가 아버지께로 올라가지 아니하였노라."고 하셨습니다. 이것은 예수님이 위로부터 오셨고 다시 아버지께로 올라가시는 분이라는 〈요한복음〉의 강조를 잘 드러냅니다(참고. 7:33, 13:3, 16:5, 28).

제자들에게 나타나심(20:19~31). 제자들은 유대인들을 두려워하여 문을 닫고 숨어 있었는데 그 가운데 예수님이 나타나셨습니다. 예수님은 제자들에게 "아버지께서 나를 보내신 것 같이 나도 너희를 보내노라."고 하시고, 또 그들을 향해 숨을 내쉬며 "성령을 받으라."고 하셨습니다. 보냄과 성령은 〈요한복음〉의 중요한 주제로서 이 사건에서 정점에 이릅니다(참고. 17:18). 또한 나중에 제자들이 오순절에 성령을 받고 예수 그리스도를 땅 끝까지 증거하는 역사와 연결됩니다.

도마의 기사도 〈요한복음〉에만 기록되어 있습니다. 예수님이 제자들에게 나타나셨을 때 도마는 함께 있지 않았고 그래서 다른 제자들을 통해 소식을 들었습니다. 도마는 의심하고 있었는데 예수님이 나타나셔서 "믿음 없는 자가 되지 말고 믿는 자가 되라."고 권고하셨습니다. 이와 같은 믿음의 요청은 요한이 이 책을 쓴 목적과 일맥상통합니다. 왜냐하면 요한이 이 책을 기록한 목적 역시 성도들에게 하나님의 아들 예수 그리스도에 대한 믿음을 고취시키기 위한 것이기 때문입니다.

3) 위임(21장)

20장은 예수님이 제자들에게 두 번 나타나신 것을 기록했고, 이제 21장은 세 번째 나타나심을 기록한 것으로서 갈릴리를 배경으로 하고 있습니다 (21:14). 요약하면 갈릴리 어부로 되돌아간 베드로에게 예수님이 나타나셔서 예수님에 대한 그의 사랑을 확인하게 하시고 그에게 다시 사명을 맡기셨습니다.

재회(21:1~14). 베드로를 비롯한 일곱 제자들은 고향 갈릴리로 돌아와 생업이었던 고기잡이를 다시 시작했습니다. 밤새 고기를 잡지 못했는데 배 오른편에 그물을 던지라는 예수님의 지시를 따랐더니 많은 고기를 잡아들였습니다. 제자들은 처음에 예수님을 알아보지 못했지만, 기적을 체험하고 나서 지시하신 이가 예수님인 것을 알았습니다. 왜냐하면 그들이 처음 부르심을 받을 때 유사한 체험을 했기 때문입니다(눅 5:1~11). 그들이 육지로 올라왔을 때 예수님은 숯불을 피워 놓으시고 제자들과 함께 떡과 생선을 구워 조반을 드셨습니다.

재신임(21:15~25). 식사 후에 예수님은 베드로에게 "네가 나를 사랑하느냐?"고 세 번 물으셨고 그때마다 베드로는 그렇다고 대답했습니다. 세 번 물으신 것은 그가 예수님을 세 번 부인했던 것을 회복하게 하시려는 의도일 것입니다. 처음 두 질문에서는 '사랑하다'에 해당하는 단어로 '아가파오'가 쓰였고 세 번째 질문에서 '필레오'가 사용되었습니다. 베드로의 답변에는 다 '필레오'가 쓰였습니다. 하지만 유사한 단어를 번갈아 쓰는 것은 요한의 특징이므로 여기에서 그 의미 차이를 구별하는 것은 바람직하지 않습니다. 더구나 예수님과 베드로는 헬라어가 아니라 아람어를 주로 사용했습니다. 그런데 마가는 이방인을 위해 복음서를 기록했기 때문에 헬라어를 사용한 것입니다. 또한 예수님의 질문에 베드로가 다른 의미의 사랑을 말했다면 "아니오."라고 해야 하는데, 그렇지 않고 "예."라고 긍정하고 있습니다. 그렇기 때문에 여기에 사용된 헬라어 단어에 다른 의미를 부여해서 예수님의 질문과 베드로의 대답이 다른 사랑을 말하는 것으로 볼 수 없습니다. 예수님은 베드로의 답변을 들으시고 "내 양을 먹이라." 혹은 "내 양을 치라."고 세 번 반복하여 명령하시고, 그에게 사역을 위임하셨습니다. 그다음에 그가 순교하여 하나님에게 영광을 돌릴 것까지 말씀하시고 주님을 따르라고 하셨습니다.

❖ 〈요한복음〉을 정리해 봅시다.

	마태복음	마가복음/누가복음		요한복음	사도행전
	메시야	대권자	전도자	독생자	하나님 나라 확장
복음 과 역사	왕의 준비	초기 사역	나사렛	성자	
	변방 사역	제자 훈련	갈릴리	( )	
	수난 예고	수난 예고	여행	제자	
	수도 사역	대권 성취	예루살렘	( )	

※ 〈요한복음〉 외에 나머지 빈칸은 해당 단원에 가서 차례로 정리할 것입니다.

4과
사도행전

네 권의 복음서는 각각 독특한 관점에서 예수 그리스도에 대해 증거했습니다. 그분은 구약에 계시된 하나님의 계획과 약속을 성취하신 메시아(마태), 하나님의 통치를 이 땅에서 실행하시는 대권자(마가), 하나님의 나라의 복음을 온 세상에 선포하시는 전도자(누가), 그리고 그를 믿는 자들로 영생을 주시려고 이 땅에 오신 하나님의 아들이십니다(요한). 복음서에 이어 〈사도행전〉은 예수님을 믿는 제자들의 공동체로서 교회가 시작되어 그들의 전도로 말미암아 하나님 나라의 복음과 예수 그리스도에 관한 증거가 온 세상으로 널리 퍼지는 역사를 기록한 것입니다.

하나님 나라 확장

복음서에서 예수님은 하나님 나라 회복을 위한 하나님의 계획과 약속을 성취하신 분으로 소개되었습니다. 이제 〈사도행전〉은 그가 성취하신 하나님 나라가 성령의 역사와 함께 온 세상으로 확장되어 가는 과정을 보여 줍니다. 특히 〈사도행전〉은 누가의 기록인 만큼 〈누가복음〉이 증거를 이어 가고 있습니다. 〈누가복음〉은 예수님이 예루살렘을 향해 가셔서 거기에서 죽으시고 부활하심으로 구원의 사역을 이루셨다는 것을 증거합니다. 이어서 〈사도행전〉은 예루살렘에서 성령을 받은 제자들이 거기에서부터 전도를 시작하여 유대와 사마리아와 땅끝까지 널리 복음을 증거하는 역사를 보여 줍니다. 그렇게 복음의 역사가 확산됨으로 말미암아 그 말씀을 믿고 따르는 무리들이 많아져 하나님 나라는 점점 확장되어 가고 있습니다.

〈사도행전〉의 구조와 요점

1 예루살렘 (1:1~6:7)	예루살렘에서 제자들이 성령 받고 예수님의 부활을 증거하니 예루살렘에 신도들이 많아졌습니다.		
	1) 성령 강림(1~2장) 예수님이 승천하시며 말씀하신 대로 제자들이 예루살렘에서 성령을 받고 예수님을 증거하기 시작했습니다.	2) 전도와 박해(3:1~4:31) 베드로와 요한이 예수님 이름으로 치유를 행하고 그의 부활을 증거하니 유대 지도자들이 박해했습니다.	3) 초대 교회(4:32~6:7) 믿는 성도들이 공동체를 이루어 재물을 통용하고, 사도들은 박해 속에서도 계속 예수님을 증거했습니다.
2 복음 확산 (6:8~12:24)	예루살렘 교회의 박해로 흩어진 신도들이 유대와 사마리아, 이방의 안디옥까지 복음을 전했습니다.		
	1) 스데반의 순교(6:8~8:3) 스데반이 모세와 하나님을 모독한다는 죄로 순교하면서 예루살렘 교회가 큰 박해를 받았습니다.	2) 유대와 사마리아(8:4~9:31) 예루살렘 박해를 피해 신도들이 유대와 사마리아로 흩어져 전도하고, 핍박자 사울이 회심했습니다.	3) 이방인의 구원(9:32~12:24) 고넬료 가정을 시작으로 이방인에게도 성령이 임하셨고, 안디옥에서 헬라인 신도들의 교회가 세워졌습니다.
3 이방 선교 (12:25~21:16)	바울이 아시아와 유럽 지역을 다니며 이방인들에게 하나님 나라와 예수에 대해 증거했습니다.		
	1) 1차 여행(12:25~15:35) 바나바와 바울이 안디옥 교회에서 파송되어 1차로 소아시아 지역을 다니며 전도했습니다.	2) 2차 여행(15:36~18:22) 바울이 바나바와 결별하고 2차 전도 여행을 떠나 유럽의 마게도냐와 아가야 지역을 다니며 전도했습니다.	3) 3차 여행(18:23~21:16) 바울이 3차 전도 여행을 떠나 에베소에서 사역하고, 마게도냐와 헬라에서 전도한 후 예루살렘으로 갔습니다.
4 최후 증거 (21:17~28장)	바울이 예루살렘에서 체포되어 예수를 증거하고 가이사랴를 거쳐 로마에 가서도 증거했습니다.		
	1) 예루살렘(21:17~23:11) 바울이 예루살렘에서 체포되어 심문을 받는 가운데 예수 그리스도를 증거하고 전도했습니다.	2) 가이사랴(23:12~26장) 바울이 가이사랴로 이송되어 총독 벨릭스와 베스도에게 심문을 받으며 예수 그리스도를 증거했습니다.	3) 로마(27~28장) 바울이 로마로 압송되어 거기에서 하나님 나라와 예수 그리스도에 관한 것을 담대하게 증거했습니다.

1. 예루살렘(행 1:1~6:7)

〈사도행전〉의 첫 단원은 예루살렘에서 최초의 교회가 설립되어 하나님 나라의 복음이 예루살렘에서 흥황하게 되는 과정을 설명하고 있습니다.

1) 성령 강림(1~2장)

예수님이 승천하시며 약속하신 대로 제자들이 예루살렘에서 성령의 권능을 받고 최초의 교회가 세워졌습니다.

예수님의 승천과 성령의 약속(1:1~11). 1~2절은 전체의 서론으로서 〈사도행전〉을 "먼저 쓴 글" 곧 〈누가복음〉에 이어 보게 합니다. 〈누가복음〉 마지막 장면은 부활하신 예수님이 제자들과 함께 계시다가 승천하신 것을 보여 주었습니다. 〈사도행전〉은 예수님의 승천에서 시작하여 그 이후 제자들의 활동을 기록하고 있습니다.

부활하신 예수님은 제자들에게 찾아오셔서 "하나님 나라"에 대해 말씀하셨습니다. 예수님이 공생애 기간 내내 가르치신 것이 하나님 나라였고 이제 제자들이 이어받아 전해야 할 것이기 때문입니다. 이 일을 위하여 예수님은 제자들에게 예루살렘을 떠나지 말고 약속하신 성령을 받기까지 기다리라고 명령하셨습니다. 그리고 "오직 성령이 너희에게 임하시면 너희가 권능을 받고 예루살렘과 온 유대와 사마리아와 땅 끝까지 이르러 내 증인이 되리라."는 말씀을 하시고 승천하셨습니다. 이 말씀이 바로 〈사도행전〉 구성의 뼈대가 됩니다.

오직 성령이 너희에게 임하시면…… 예루살렘과	예루살렘(1:1~6:7)	예루살렘에서 성령을 받은 제자들이 예수를 증거하여 예루살렘에서 말씀이 흥왕함
온 유대와 사마리아와	확산(6:8~12:24)	스데반 일로 예루살렘에 박해가 나서 성도들이 유대와 사마리아로 흩어져 예수를 증거
땅 끝까지 이르러 내 증인이 되리라	선교(12:25~21:16)	바울의 선교를 통해 복음이 이방에까지 퍼지고 이방 교회들이 세워짐
	증거(21:17~28장)	바울이 예루살렘과 로마에서 하나님 나라와 예수 그리스도를 증거함

열두 사도의 충원(1:12~26). 예수님이 세우신 열두 사도의 하나인 유다가 예수님을 배반하고 자살하였으므로, 열한 사도는 백이십 명의 제자와 함께 기도하고 제비를 뽑아 유다를 대체하는 사도로서 맛디아를 세웠습니다. 열두 명은 야곱의 열두 아들에 상응하는 새 구원의 공동체의 수장(首長)이므로 열두 명의 숫자를 채우는 것은 중요한 의미가 있는 일이었습니다. 이로써 성령이 임함으로 시작될 새 시대 새 공동체를 위한 준비가 이루어졌습니다.

오순절 성령 강림(2:1~13). 제자들은 예수님의 명령대로 예루살렘에 머물러 있으면서 약속하신 성령을 기다렸습니다. 예수님이 요단강에서 성령을 받으시고 사역을 시작하신 것처럼, 제자들 역시 예수 그리스도의 사역을 이어가기 위해 성령의 권능을 받아야 합니다. 성령 강림은 오순절에 일어났습니다. 오순절은 유월절에서 일곱 안식일을 지난 다음 날 즉 50일이 되는 날에 지키는 절기로서, 밭에 뿌린 것의 첫 열매를 드리는 맥추절이기도 합니다. 그러므로 오순절에 성령이 강림하신 것은 결코 우연이 아닙니다. 이때부터 본격적인 추수가 시작되는 것처럼, 이제 성령의 역사와 함께 복음이 전파되고 구원의 열매를 거두기 시작합니다. 성령이 충만한 제자들은 각각 다른 나라의 방언으로 말하기 시작했습니다. 그것은 오순절을 지키기 위해 각 나라에서 예루살렘으로 찾아온 경건한 유대인들에게 "하나님의 큰 일"을 알리는 일이었습니다.

베드로의 설교와 예루살렘 교회 설립(2:14~47). 성령 받은 제자들이 방언을 할 때 어떤 이들은 그들이 술에 취한 것이라고 하므로, 베드로가 나서서 이를 해명하며 새 역사가 시작된 것을 선포하였습니다. 그는 〈요엘서〉의 예언을 인용하면서 하나님이 그의 영을 부어 주시고 "주의 이름을 부르는 자는 구원"을 얻는 새 시대가 왔다고 하면서, 그들에게 예수의 이름으로 세례를 받고 죄사함을 얻으며, 또 성령을 선물로 받고 구원을 얻으라고 권고했습니다. 베드로의 이 설교를 듣고 믿는 자들이 삼천 명이 더하였습니다. 이때부터 제자들은 공동체 생활을 하며 사도들의 가르침을 받아 날마다 성전에서 모여 예배 드리고, 집에서 떡을 떼며 교제하고 기도했습니다. 이로써 최초의 교회인 예루살렘 교회가 세워졌습니다.

2) 전도와 박해(3:1~4:31)

성령의 권능을 받은 사도들이 예수 그리스도의 이름으로 치유의 기적을 행하고 말씀을 선포함으로 예루살렘 교회가 커졌지만, 동시에 박해도 심해졌습니다. 하지만 성령의 도우심과 제자들의 담대한 활동으로 하나님의 말씀은 더욱 힘을 얻고 교회는 날로 더 성장했습니다.

베드로의 치유와 전도(3장). 예수님이 하셨던 것처럼 제자들의 사역에 있어서도 치유와 전도가 병행하고 있습니다. 베드로와 요한이 성전에 올라가는 길에 구걸하는 앉은뱅이를 예수 그리스도의 이름으로 낫게 했습니다. 이 광경을 보고 크게 놀라 몰려든 무리에게 베드로는 이것은 결코 자신이나 요한의 능력이 아니라고 하면서, 그들이 죽인 예수님을 하나님이 살리셨고, 그래서 그 예수 그리스도의 이름을 믿으므로 그 이름이 기적을 일으킨 것이라고 증거했습니다. 그리고 그들의 회개를 촉구하며 장차 예수 그리스도가 다시 오실 것과, 또 그분의 말씀을 듣고 순종해야 살 수 있다고 선포했습니다.

유대 지도자들의 박해(4:1~31). 유대 지도자들은 베드로와 요한이 예수 그리스도에 대해 가르치고 전하는 것을 싫어하여 당장에 그들을 잡아 감옥에 가두었습니다. 그런데 이미 베드로의 설교를 들은 청중 가운데 남자 오천 명이 회심하여 예수님을 믿었습니다. 베드로와 요한은 산헤드린 공회에서 심문을 받을 때 담대하게 그들이 죽인 예수 그리스도의 이름으로 병자를 고친 것과 오직 그분만이 구원자이신 것을 증거했습니다. 유대 지도자들은 베드로와 요한을 위협하여 예수 그리스도의 이름으로 말하지도 말고 가르치지도 말라고 하였지만 그들은 굴복하지 않았습니다. 풀려나온 그들은 동료들과 함께 하나님에게 더욱 담대하게 하나님의 말씀을 증거하고 표적과 기사가 예수 그리스도의 이름으로 이루어지도록 기도했습니다. 그때에 그 기도하는 곳이 진동함으로 하나님의 응답이 확실하게 나타났고, 제자들은 성령 충만하여 담대히 하나님 말씀을 전했습니다.

3) 초대 교회(4:32~6:7)

연합된 공동체를 이룬 초대 교회 성도들은 박해 속에서도 담대하게 예수님을 증거하여 더욱 성장하였고, 그래서 큰 공동체를 원만하게 유지하기 위해 행정적인 지도자를 세웠습니다.

공동체 생활(4:32~5:11). 성령 충만한 그리스도인들은 재물에 있어서 개인 소유에 대한 이기적인 욕심을 버리고 서로의 필요를 채워 주며 연합과 일치를 이루었습니다. 이것은 처음 그들에게 성령이 강림하실 때부터 나타난 특징이었습니다(2:44~45). 또한 이것은 구약에서부터 하나님이 원하시는 언약 백성의 모습입니다(신 15:7~11). 구약의 이스라엘 백성은 언약 백성답게 살지 못했지만 초대 교회 공동체가 그 삶의 모습을 보여 주었습니다. 형제들을 돕기 위해 자신의 소유를 팔아 헌금하면 사도들이 필요한 사람들에게 나누어 주니 그들 가운데 가난한 사람이 없다 할 정도였습니다.

레위 지파의 바나바는 나눔을 실천한 선한 부자의 모범이었습니다(그는 나중에 안디옥 교회를 책임지고, 또 사도 바울과 함께 선교에 나가는 중요한 인물입니다). 그러나 모든 부자가 다 그렇게 순수하지는 않았습니다. 아나니아 역시 바나바처럼 자기 소유를 팔아 사도들에게 바쳤지만 그 값의 일부를 감추고 빼돌렸습니다. 그들의 위선은 성도를 속이는 것일 뿐만 아니라 성령을 속이는 것이며, 하나님에게 거짓말하는 것이므로 즉각적인 심판을 받아 죽었습니다. 이 사건은 성령 충만한 공동체라도 죄가 항상 틈탈 수 있다는 것을 가르쳐 줍니다.

부흥과 박해(5:12~42). 사도들을 통하여 놀라운 기적들이 일어나므로 믿는 사람들이 더욱 늘어나고, 또 그들의 선한 생활 방식은 많은 사람들에게 칭찬을 받았습니다(12~16절). 그러나 이렇게 교회가 부흥하자 유대 지도자들이 시기하여 사도들을 옥에 가두었습니다. 그러나 천사가 그들을 풀어 주며 성전에 가서 말씀을 전하라고 하였고 사도들은 나가서 전도했습니다. 그래서 유대 지도자들이 다시 그들을 잡아다가 위협하였지만 베드로와 사도들은 그들이 전도하는 것이 하나님의 뜻이라 마땅히 순종하는 것이라고 담대하게 반박했습니다. 유대 지도자들은 이 말을 듣고 화가 나서 사도들을 죽이려고 했지만, 하나님의 뜻일 수도 있으니 상관하지 말라는 가말리엘의 만류로 죽이지는 않고, 다만 채찍질하고 예수의 이름으로 전도하는 것을 금하고 내보냈습니다. 이렇게 박해가 심해졌지만 사도들은 그 이름을 위하여 박해받는 것을 오히려 기뻐하고 더 열심히 전도했습니다.

일곱 지도자(6:1~7). 교회가 부흥하면서 사람들이 많아지다 보니 그 안의 분파 간에 갈등이 표출되었습니다. 즉 헬라파 유대인들이 구제에 있어서 불평등하다 하여 히브리파 유대인들 원망하기 시작한 것입니다. 아마도 제자들의 수가 많아지면서 효과적으로 배분하는 것이 어려워졌기 때문에 발생한 문제였을 것입니다. 그래서 사도들은 이 일을 잘 관리할 수 있는 지도자로 일곱 명을 선출하여 세웠습니다.

7절은 첫 단원을 마무리하는 중간 보고로서 예루살렘에서 하나님의 말씀이 널리 확산되고 제자들의 수가 많아진 것을 말하고 있습니다.

2. 복음 확산(행 6:8~12:24)

구약 시대 신앙의 중심지였던 예루살렘이 신약 시대에 와서 성령 역사와 복음의 근원지로 자리를 잡았습니다. 사도행전의 둘째 단원은 바야흐로 복음이 예루살렘을 넘어 이스라엘 전역 곧 유대와 갈릴리 사마리아로 전파되고, 더 나아가 이방 지역 안디옥까지 이르러 최초의 이방인 교회가 세워지기까지 과정을 보여 줍니다. 안디옥 교회는 다음 단원에서 이방 선교가 이루어지는 전초기지로서 중추적인 역할을 하게 됩니다.

1) 스데반의 순교(6:8~8:3)

일곱 지도자 중의 한 명인 스데반이 공회에 잡혀 심문을 받을 때, 담대하게 예수 그리스도에 대해 증거하다 순교하였습니다.

체포된 스데반(6:8~15). 스데반은 은혜와 권능이 충만하여 다른 사도들과 같이 많은 기적을 행하고 또 성령의 지혜로 말하였습니다. 외국에서 온 유대인들이 스데반과 논쟁을 하다 이기지 못하자 거짓 증인을 매수하여 공회에 고발하였습니다. 그들이 고소한 스데반의 죄목은 모세와 하나님을 모독하고 성전과 율법을 반대한다는 것이었습니다.

스데반의 변론(7:1~53). 고소에 대한 심문에서 스데반은 긴 변론을 하는데, 이것은 사실 자신에 대한 변론이 아니라 예수 그리스도에 대한 증거였습니다. 스데반은 아브라함부터 시작해서 요셉, 모세, 다윗 그리고 솔로몬에 이르기까지 오랜 역사 동안 이스라엘 백성이 모세를 거절하고 다른 선지자들을 박해했던 것을 지적하면서(25, 35, 39, 52절), 이제 그 시대의 유대인들은 그 조상들보다 더 악하게 예수 그리스도 곧 선지자들이 오실 것이라고 예언했던 의인이신 그분을 죽였다고 질책했습니다. 그래서 정작 모세를 모독하고 율법을 거스른 것은 바로 예수 그리스도를 죽이고 믿지 않은 그 사람들이라고 결론지었습니다(51~53절).

순교와 박해(7:54~8:3). 스데반의 연설은 예수를 죽인 산헤드린 공회를 공격하는 것이었기 때문에 그들이 듣고서 분개했습니다. 그때 스데반은 하나님의 영광과 그 우편에 예수님이 계신 것을 보고 그 광경을 선포했고, 무리는 신성모독이라 하며 돌로 쳐서 그를 죽였습니다. 이렇게 스데반은 예수님이 하나님 나라의 대권자라는 것을 증거하다 순교했습니다. 이 사건으로 예루살렘에서 그리스도인들에 대한 대대적인 박해가 시작되어 사도 외에는 믿는 사람들이 유대와 사마리아와 온 땅으로 흩어졌습니다. 스데반을 죽일 때 증인들의 옷을 받아들었던 청년 사울이 교회의 박해에 앞장섰습니다. 이 사울이 나중에 예수님을 만나 회개하고 예수님을 이방인에게 증거한 바울입니다.

2) 유대와 사마리아(8:4~9:31)

유대 지도자들은 예루살렘 교회를 박해하여 그리스도교를 말살하려고 했으나 오히려 그것이 복음을 확산시키는 불을 지피는 결과가 되었습니다. 예루살렘에서 도망 나온 사람들이 이스라엘 전역으로 흩어지면서 가는 곳마다 복음의 말씀을 전했기 때문입니다.

빌립의 전도(8:4~40). 흩어져 전도한 사람들 중에 누가는 빌립에게 주목합니다. 왜냐하면 그가 복음을 전한 곳은 유대인이 경멸하는 사마리아였기 때문입니다. 즉 복음의 영역이 지역적으로 확장될 뿐만 아니라 유대인을 넘어 이방인으로 향하고 있음을 보여 주는 것입니다. 빌립 역시 성령이 충만한 자로서 표적을 행하면서 하나님 나라와 예수 그리스도의 이름에 관하여 전도를 했더니 사마리아 사람들도 믿고 세례를 받았습니다.

예루살렘 교회가 사마리아 전도 소식을 듣고 베드로와 요한을 파송했습니다. 그래서 두 사도가 와서 안수하였더니 사마리아 신자들이 성령을 받았습니다. 이것은 사마리아 사람들도 예루살렘 교회의 성도들과 함께 동등한 하나님의 백성이 된 것을 의미합니다.

빌립은 또한 성령의 인도하심을 따라 에디오피아의 내시에게도 전도하고 세례를 베풀었습니다(26~40절). 이것은 구원의 은혜가 이스라엘을 넘어 이방인에게로 확대될 것을 보여 주는 전조입니다.

사울의 회심과 전도(9:1~31). 사마리아에서 전도한 빌립에 이어 누가는 사울의 회심을 다룹니다. 왜냐하면 사울은 이방인 선교를 위한 핵심 인물이기 때문입니다. 사울은 그리스도인들을 체포하러 다메섹으로 가는 길에서 예수님을 만났습니다. 그 자리에서 눈이 먼 사울은 다메섹에 가서 예수님의 지시를 기다렸습니다. 예수님은 아나니아를 보내 사울에게 안수하여 눈을 뜨게 하셨습니다. 아나니아는 처음에 꺼렸으나 사울이 예수 그리스도를 이방인과 이스라엘 자손들에게 전하도록 택한 그릇이며, 그가 그 일을 위하여 많은 고난을 받을 것이라는 말씀을 듣고 순종했습니다. 이렇게 해서 사울은 회심하고 세례를 받았으며, 다메섹에서 예수님이 하나님의 아들 그리스도이신 것을 증언하였습니다. 그러자 유대인들이 그를 죽이려 하였고 사울은 밤중에 제자들의 도움을 받아 가까스로 탈출할 수 있었습니다. 그리스도인을 박해하던 사울이 이제는 그리스도를 위하여 박해를 받는 사람이 된 것입니다. 그후에 사울은 예루살렘에 와서 사도들과 교류하며 예수 그리스도에 대해 담대하게 증거하고 다녔습니다. 거기에서도 유대인들이 그를 죽이려 하였으므로 제자들은 사울을 그의 고향 다소로 보냈습니다.

31절은 중간 보고로서 "온 유대와 갈릴리와 사마리아 교회"가 든든히 세워지고 제자의 수가 늘어났다고 합니다. 유대와 갈릴리와 사마리아 이 세 지역은 옛 이스라엘 열 두 지파의 땅이므로 이것은 구약 언약 백성인 이스라엘 민족을 위한 복음 전도 사역이 충분히 진행되었음을 의미합니다.

3) 이방인 구원(9:32~12:24)

복음의 물결은 이제 이스라엘 백성을 넘어 온 세상을 향하여 갑니다. 이 단원은 바로 이방인 선교를 위한 준비가 단계적으로 진행되는 과정을 보여 줍니다. 먼저 이방인 고넬료 가정이 예수님을 믿고 성령을 받게 되고 이를 통해 이방인의 구원이 공식적으로 인정을 받게 됩니다. 그리고 이방인을 포함한 안디옥 교회가 형성되고 이로써 이방인 선교의 전초기지가 세워집니다.

고넬료 가정의 구원(9:32~10장). 여러 지역을 다니며 전도하던 베드로는 룻다에서 한 중풍병자를 치유하고 많은 사람을 주께 돌아오게 했습니다. 그동안 룻다에서 가까운 욥바에서 경건한 여제자 다비다(도르가)가 죽었는데, 베드로가 제자들의 요청을 받고 가서 죽은 다비다를 살려 냈습니다. 이것은 다음 장면에서 고넬료 가정이 베드로를 초청하여 말씀을 듣고, 그래서 이방인들까지 구원을 얻게 되는 일련의 과정에 대한 전조라고 할 수 있습니다.

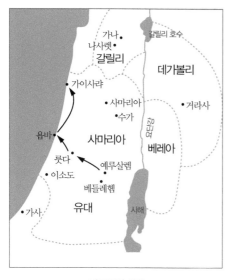

베드로의 사역

로마 군대의 백부장 고넬료는 이방인이었지만 하나님을 경외하고 백성을 구제하며 항상 기도하는 경건한 사람이었습니다. 환상 가운데 천사가 나타나 그의 기도와 구제에 대해 칭찬을 하고는 욥바에 있는 베드로를 청하도록 명령했습니다. 다음 날 베드로 역시 환상을 보았습니다. 하늘에서 부정한 짐승들을 담은 보자기가 내려오고 베드로에게 잡아먹으라는 명령이 내려졌습니다. 베드로가 거부하자 "하나님께서 깨끗하게 하신 것을 네가 속되다 하지 말라."는 소리가 들렸습니다. 이런 일이 세 번 반복된 후에 고넬료가 보낸 사람들이 와서 베드로를 청했습니다.

베드로는 환상의 의미를 깨닫고 고넬료의 집에 가서 말씀을 전했습니다. 즉 유대인들은 이방인과 교제할 수 없었지만, 이제 하나님이 이방인을 받으시기로 하셨기 때문에 베드로가 거부할 이유가 없었습니다. 베드로는 그의 집에서 예수 그리스도의 사역과 죽으심, 그리고 부활을 증거하고 예수님을 믿는 자들은 그의 이름을 힘입어 죄 사함을 받는다는 말씀을 선포하였습니다. 그때 말씀을 듣는 모든 사람에게 성령이 임하였고, 그들이 방언을 하였습니다. 오순절 성령의 역사와 똑같은 일이 일어난 것입니다. 그래서 베드로는 하나님이 이방인에게도 유대인과 똑같이 성령을 선물로 주신 것을 보고 주저함 없이 그들에게도 세례를 베풀었습니다.

예루살렘 총회(11:1~18). 이방인들이 말씀을 받았다는 소식이 예루살렘 교회에 전해졌습니다. 그런데 예루살렘의 보수적인 할례파 사람들이 베드로가 유대인의 전통을 어기고 이방인들과 식탁의 교제를 나눈 것을 비난했습니다. 그래서 베드로는 환상을 본 것부터 시작해서 그들에게도 오순절 때와 똑같이 성령이 임하신 것까지 설명했습니다. 이에 그들은 비난을 멈추고 "하나님께서 이방인에게도 생명 얻는 회개를 주셨도다."고 하며 하나님에게 영광을 돌렸습니다. 바야흐로 이방인도 동등하게 성령과 구원을 선물로 받는 구원 역사의 새 지평이 열린 것입니다.

흩어진 자들의 전도

안디옥 교회(11:19~26). 스데반의 순교는 유대와 사마리아의 복음화를 촉진시켰을 뿐만 아니라(8:1, 4) 복음이 이스라엘 지경을 넘어서 북쪽 해안의 베니게, 지중해의 섬 구브로, 그리고 시리아의 안디옥까지 이르게 하였습니다. 그런데 안디옥에 와서 새로운 양상이 나타났습니다. 지금까지 동족 유대인들에게만 복음을 증거했는데, 헬라인에게도 예수를 전파하여 많은 사람들이 믿게 된 것입니다. 예루살렘에서는 이 소식을 듣고 바나바를 파송하였고, 바나바는 그들을 잘 지도하여 교회가 크게 부흥하였습니다. 그러다 바나바는 다소에 있던 사울을 데리고 와서 함께 사역했습니다.

예루살렘 교회의 고난(11:27~12:24). 안디옥 교회는 흉년으로 고통당하고 있는 예루살렘 교회에 부조를 전하기 위해 바나바와 사울을 파송했습니다 (11:27~30). 이 이야기를 전하면서 누가는 헤롯의 박해를 당하고 있는 예루살렘 교회의 상황을 설명합니다. 헤롯이 요한의 형제 야고보를 처형하니 유대인들이 좋아했습니다. 그래서 힘을 얻은 헤롯은 베드로마저 감옥에 가두었지만, 천사가 기적적으로 그를 탈출시켰습니다. 헤롯 자신은 유대를 떠나 가이사랴로 옮겨 갔는데 거만을 떨다가 죽었습니다. 누가는 주의 사자가 그를 쳐서 벌레에게 먹혀 죽였다고 기록하면서 베드로를 도운 주의 사자의 역사와 대조시키고 있습니다. 그러면서 결론적으로 "하나님의 말씀은 흥왕하여 더하더라."고 마무리합니다. 이는 세상 권세의 박해 아래서도 하나님 나라가 꿋꿋하게 확장되고 있는 것을 보여 줍니다.

3. 이방 선교(행 12:25~21:16)

바나바와 사울이 예루살렘 교회에 부조를 전달하고 온 뒤에 안디옥 교회는 이 두 사람을 따로 세우라는 성령의 명령을 따라 그들을 이방 땅에 선교사로 파송했습니다. 이 단원에는 점점 범위가 넓어지는 세 차례의 선교 여행이 소개되어 있습니다.

1) 1차 여행: 아시아(12:25~15:35)

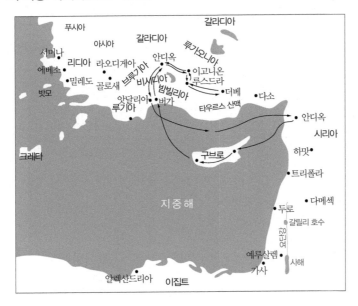

바나바와 바울(사울)은 먼저 지중해 동쪽의 구브로 섬을 지나 지금의 터키 남부인 소아시아 지역을 다니며 선교했습니다.

구브로(13:4~12). 구브로는 바나바의 고향이고(4:36), 여기에서 그의 사촌인 요한(마가)이 수행원으로 함께하였습니다. 이때부터 사울은 바울이라는 이름으로 통하게 되는데, 아마도 헬라어를 통용하는 지역을 선교 다니기 때문에 헬라식 이름을 주로 사용한 것으로 추정됩니다. 그들은 먼저 동쪽 살라미에서 전도하다 서쪽 바보로 가서 총독 서기오 바울에게 전도했습니다.

비시디아 안디옥(13:13~52). 구브로를 떠나 소아시아 남부 항구 도시인 버가로 갔는데 여기에서 요한이 예루살렘으로 떠나갔습니다. 남은 일행은 북쪽으로 올라가 비시디아 안디옥으로 들어가서 전도했습니다. 바울은 안식일에 회당에서 설교하면서 이스라엘의 족장들로부터 시작하여 구약의 역사를 요약하면서 복음을 전했습니다. 즉 예수님은 그 조상들에게 주신 약속을 성취하신 분이며, 그를 믿으면 의롭다 하심을 얻는다는 말씀이었습니다. 그런데 유대인들은 정작 이 복음을 거부하고 바울과 바나바를 쫓아냈고, 그 대신 이방인들이 많이 믿어 복음이 그 지방에 두루 퍼졌습니다.

이고니온(14:1~7). 이고니온으로 가서 두 사도가 병자들을 치유하고 말씀을 가르칠 때 두 사도를 따르는 무리와 유대인 반대자들을 따르는 무리로 나뉘었습니다. 반대하는 자들이 바울과 바나바를 돌로 쳐 죽이려고 했지만, 미리 알고 급히 도망 나왔습니다.

루스드라와 더베(14:8~28). 바울과 바나바는 루스드라에서 날 적부터 앉은뱅이 된 자를 고쳐 주었습니다. 그러자 사람들이 두 사도를 신처럼 떠받들었지만 사도들은 스스로 영광을 취하지 않고 그 기회를 이용해 사람들을 설득해 하나님에게로 돌아오도록 권했습니다. 그런데 유대인 반대자들이 와서 선동하자, 금방 전에 두 사도를 신처럼 치켜세웠던 사람들이 바울을 돌로 쳐 죽이려고 했습니다. 다 죽은 줄 알고 동네 밖에 내버렸으나 바울은 가까스로 살아서 더베로 가서 더 전도해 많은 사람을 제자로 삼았습니다. 그리고 오던 길로 돌아가며 각 지역의 제자들에게 고난을 각오하고 믿음에 굳게 서도록 권고하고 안디옥으로 돌아왔습니다.

이방인 신자들의 할례(15:1~35). 바울과 바나바의 활동으로 이방인 제자들이 늘어나고 곳곳에 이방인 교회가 세워졌습니다. 그러자 유대에서 온 어떤 사람들이 이방인도 할례를 받아야 구원을 받는다고 주장했습니다. 그래서 안디옥교회는 바울과 바나바를 포함한 대표들을 예루살렘에 보내 사도들과 장로들에게 문의하게 했습니다. 바리새파 신자들은 이방인들도 할례를 받고 모세의 율법을 지켜야 한다고 주장했습니다. 그러나 고넬료의 가정에서 성령의 역사를 목격했던 베드로는 여기에 반대하고, 유대인이나 이방인이나 차별 없이 구원의 근거는 오직 예수님의 은혜라는 것을 주장했습니다. 바울과 바나바도 하나님이 이방인 중에서 동일하게 역사하신 것을 간증했습니다. 야고보도 예수 그리스도 안에서 이방인도 구원을 얻는 새 시대가 이루어졌다는 것을 말하면서, 이방인 신자에게 유대 전통을 강요하지 말고 다만 우상의 제물이나 음행 등 극히 혐오스런 것만 피하도록 권고하기로 했습니다.

2) 2차 여행: 유럽(15:36~18:22)

2차 여행 때는 바울이 바나바와 결별하고 그 대신 실라와 함께 유럽의 마게도냐와 아가야 지역을 다니며 전도했습니다.

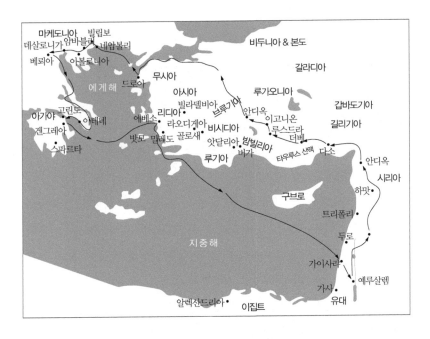

2차 여행 착수(15:36~16:10). 바울은 바나바에게 1차 선교 때 갔던 지역들을 다시 방문하자고 제안했습니다. 바나바는 사촌인 마가(요한)를 데리고 가려 했지만 바울은 그가 지난번 선교길에 중도에서 떠난 것 때문에 반대했습니다. 이 일로 두 사람이 크게 다투고 결국 바나바는 마가를 데리고 서쪽 구브로 섬으로 가고 바울은 실라를 데리고 북쪽 육로를 선택하여 수리아와 길리기아로 향해 떠났습니다.

더베를 지나 루스드라에서 바울은 여러 사람에게 칭찬을 듣는 디모데를 만나 선교길에 동행하게 했습니다. 계속해서 바울이 여러 성을 다니며 교회들을 살피니 교회마다 신앙적으로 성장하고 수도 더 많아졌습니다. 그런데 갑자기 성령께서 아시아에서 전도하는 길을 막으셨습니다. 그리고 바울은 마게도냐 사람이 와서 자신들을 도우라고 부르는 환상을 보았습니다. 그래서 바울은 성령의 부르심으로 알고 거기서 배를 타고 유럽 지역인 마게도냐(그리스)로 떠났습니다.

북부: 마게도냐(16:11~17:15)

⑴ **빌립보 감옥(16:11~40):** 빌립보에서 안식일에 기도할 곳을 찾는 중에 자색 옷감 장사 루디아를 만나 전도했고, 그녀의 요청을 받아 그 집을 근거지로 하여 머무르게 되었습니다. 그런데 그 도시에서 점치는 귀신 들린 여종이 바울을 만나 여러 날을 따라다니며 소리를 질러 괴롭게 하므로, 바울이 예수 그리스도의 이름으로 귀신을 쫓아내었습니다. 그런데 그 여종의 주인들은 수입이 끊어진 것을 알고 분노하여 바울과 실라를 붙잡아 광장으로 끌고 가서 반로마적인 이상한 풍속을 전한다고 고발하였습니다. 무리가 일제히 동조하니 관원들은 제대로 재판도 안하고 바울과 실라를 그 자리에서 옷을 벗겨 매를 치고 감옥에 가두었습니다. 그런데 감옥에서 한밤중에 바울과 실라가 기도하고 찬송하는 중에 옥문이 열리는 기적이 일어났습니다. 죄인들이 다 도망간 줄 알고 자결하려고 했던 간수를 만류하여 그의 집에 초청을 받아 전도하여 그 집 사람들을 구원했습니다.

⑵ **데살로니가의 불량배들(17:1~9):** 바울은 데살로니가에 와서 유대인 회당이 있는 것을 보고 안식일에 성경을 강론하며 예수 그리스도의 고난과 부활을 증

거했습니다. 경건한 헬라인들과 귀부인들이 바울을 많이 따르자 유대인들이 시기하여 불량배들을 동원하여 소동을 일으키고 바울 일행을 영접했던 야손을 핍박했습니다.

(3) **베뢰아의 신사들(17:10~15):** 데살로니가의 소요 때문에 형제들이 밤중에 몰래 바울과 실라를 베뢰아에 보냈습니다. 그곳에서도 바울은 유대인 회당에 들어가 전도를 하니 베뢰아 사람들은 너그러워 간절한 마음으로 말씀을 받고 날마다 성경을 연구하여서 많은 사람들이 믿었습니다. 데살로니가 유대인들이 그것을 듣고 베뢰아까지 와서 소동을 일으키므로 형제들이 급히 바울을 내보내 남쪽 아가야의 아덴까지 이르렀습니다.

남부: 아가야(17:16~18:17)

(1) **아덴의 지식인들(17:16~34):** 바울은 아덴에서 실라와 디모데가 합류하기를 기다리고 있었습니다. 그곳에 많은 우상을 보고 격분한 바울은 회당에서 유대인 및 경건한 사람들과 변론하고 또 장터(아고라)에서는 날마다 만나는 사람들과 변론했습니다. 그러다 바울은 아덴의 중심인 아레오바고에서 연설할 기회를 얻었습니다. 그는 창조주 하나님의 초월성을 강조하며 우상들과 같지 않으신 분인 것을 말하고, 또 최후 심판에 대한 것과 예수 그리스도의 고난과 부활에 대해 증거하며 믿음을 촉구했습니다. 바울의 전도를 듣고 조롱하는 사람들도 있었지만 또 그 가운데 믿는 사람들도 있었습니다.

(2) **고린도 법정의 승리(18:1~17):** 바울이 아덴을 떠나 고린도에 와서 아굴라와 브리스길라를 만나 함께 살며 천막을 만드는 일을 했습니다. 실라와 디모데도 마게도냐에서 내려와 바울과 합류했습니다. 바울이 유대인들에게 예수를 그리스도라 증거했는데 그들이 대적하고 비방하므로 바울은 더 이상 그들과 관계하지 않고 이방인에게 전도한다고 했습니다. 바울은 환상 중에 예수 그리스도께서 격려하시는 말씀을 듣고 거기에서 일 년 육 개월을 머물며 하나님의 말씀을 가르쳤습니다. 그런데 유대인들이 일제히 바울을 고소하여 아가야 총

독 갈리오의 법정에 세웠는데 갈리오는 그들의 시비가 유대인들의 관습이나 법에 대한 것이라 재판할 것이 없다 하여 오히려 그 유대인들을 법정에서 쫓아냈습니다.

동부: 아시아(18:18~22)

(1) 에베소에서 약속(18:18~21): 바울은 브리스길라와 아굴라와 함께 배를 타고 소아시아의 에베소로 와서 그들을 거기에 머물게 했습니다. 바울이 회당에서 유대인과 변론하니 그들은 더 머물기를 요청했지만 바울은 나중에 하나님의 뜻이면 다시 오겠노라고 약속하고 그들과 작별했습니다.

(2) 안디옥 귀환(18:22). 에베소에서 배를 타고 가이사랴로 가서 상륙하여 안디옥으로 돌아왔습니다.

3) 3차 여행: 에베소에서 예루살렘까지(18:23~21:16)

안디옥에서 잠시 머무른 후에 바울은 세 번째로 안디옥을 떠나 갈라디아와 브루기아 땅을 차례로 다니며 제자들을 굳게 했습니다(18:23). 그리고 에베소에서 2년 이상을 사역한 후 마게도냐와 아가야를 돌며 전도하고 예루살렘으로 왔습니다.

아볼로의 에베소 사역(18:24~28). 알렉산드리아 출신 유대인 아볼로가 에베소 회당에서 예수 그리스도에 대해 가르쳤습니다. 그는 언변이 좋고 성경에 능통했는데 다만 요한의 세례만 알고 있었습니다. 그래서 브리스길라와 아굴라가 그를 데려다가 하나님의 말씀을 더 정확하게 가르쳐 주었습니다. 그후 아볼로는 아가야로 건너가서 예수를 그리스도라고 담대하게 증거했습니다.

바울의 에베소 사역(19:1~20). 아볼로가 떠난 후 바울이 에베소에 와서 사역을 했습니다. 바울은 2차 선교 여행 끝에 에베소에서 하나님의 뜻이면 다시 오리라고 약속했었고 그 약속대로 돌아왔습니다. 바울은 요한의 세례만 알던 제자들에게 주 예수의 이름으로 세례를 주었고, 또 그들에게 안수했더니 성령이 임하여 그들도 방언을 하고 예언을 했습니다.

바울은 2년 동안 거기에서 머물며 두란노 서원에서 하나님 나라에 대해 말씀을 강론하여 가르쳤고, 또 놀라운 능력을 행했습니다. 이렇게 해서 이방 땅에서까지 주의 말씀이 힘이 있어 흥왕하여 세력을 얻었습니다(19:20).

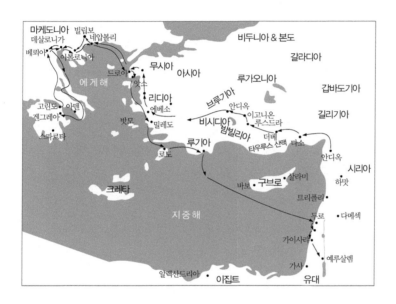

예루살렘으로(19:21〜21:16). 에베소에서 사역을 마치고 바울은 새로운 국면의 사역에 들어서게 됩니다. 예수님이 갈릴리에서 사역을 하시다 자신을 희생제물로 드리는 구원 사역을 이루시기 위해 예루살렘으로 길을 떠나셨던 것처럼(눅 9:51이하), 바울도 그가 맡은 최후의 사명을 위해 예루살렘을 거쳐 로마로 가기를 결심합니다(19:21).

⑴ **에베소의 소요**(19:23〜41): 그즈음에 에베소의 데메드리오라는 은장색이 바울의 사역으로 말미암아 우상을 만드는 자신의 생업이 위협을 받게 되자 사람들을 선동하여 바울의 동료들을 사로잡았습니다. 바울은 그들에게 가려고

했지만 사람들이 만류했습니다. 그 도시의 서기장이 나서서 폭도들을 진정시키고 만약 고소할 것이 있으면 정식으로 재판을 신청하게 하여 무리들을 흩어지게 했습니다.

(2) **마게도냐와 헬라(20:1~6):** 에베소 소요 후에 바울은 그곳을 떠나 마게도냐로 갔다가 헬라(그리스)로 가서 석 달 정도 머물렀습니다. 바로 배를 타고 수리아로 가려다가 그를 해치려는 유대인들 때문에 마게도냐로 돌아가 드로아로 갔습니다.

(3) **드로아의 유두고(20:7~12):** 드로아에서 바울이 강론할 때 유두고라는 청년이 졸다가 삼층에서 떨어져 죽었습니다. 바울이 그를 살려 내고 사람들은 많은 위로를 받았습니다.

(4) **밀레도에서 작별(20:13~38):** 바울은 에베소로 가면 지체될 것을 염려하여 들리지 않고 밀레도로 가서 장로들만 따로 불러 만났습니다. 작별 설교로서 복음을 위한 자신의 각오를 말하고 또 장로들에게 교회를 잘 지도하도록 권면했습니다.

(5) **예언자들의 만류(21:1~16):** 바울은 속히 예루살렘을 향해 가려고 하는데, 곳곳에서 제자들이 그를 만류하며 그가 체포될 것을 경고했습니다(21:4, 12). 그럼에도 불구하고 바울은 "주 예수의 이름을 위하여 결박 당할 뿐 아니라 예루살렘에서 죽을 것도 각오하였노라."고 하며 조금도 두려워하지 않았습니다 (21:13, 참고. 20:22~24).

4. 최후 증거(행 21:17~28장)

〈사도행전〉의 마지막 장면은 예루살렘에서 로마를 향합니다. 바울은 먼저 예루살렘에서 체포되어 유대인들에게 그리스도를 증거했습니다. 그다음에 가이사랴로 이송되어 로마 총독과 권세자들 앞에서 증거했습니다. 그다음에 로마로 압송되어 가서 거기에서도 예수 그리스도에 대해 증거했습니다. 로마는 당시 세계 제국의 중심이므로 로마에서 복음이 선포된 것은 의미심장한 일입니다.

1) 예루살렘(21:17~23:11)

체포된 바울(21:17~40). 바울은 예루살렘에 들어와 그동안 이방에서의 사역활동을 보고했습니다. 이 보고를 듣고 성도들은 모두 하나님에게 영광을 돌렸지만, 다른 한편 바울을 죽이려고 하는 유대인들도 있었습니다. 왜냐하면 바울이 이방인에게 전도하면서 할례와 그 밖에 유대인의 율법을 그들에게 강요하지 않았기 때문에 마치 그가 흩어진 유대인들을 선동하여 율법을 거역하게 한 것처럼 소문이 났기 때문입니다. 그래서 예루살렘 형제들이 제안을 따라 바울은 율법을 지켜 행한다는 증거를 보여 주기 위해 다른 네 사람을 데리고 성전에 가서 유대인 결례대로 모든 것을 지켰습니다. 그런데 아시아에서 온 유대인 대적들이 바울을 붙잡고 그가 율법과 성전을 비방하고 다니며, 또 이방인을 데리고 성전에 들어가서 성전을 더럽혔다고 죄를 뒤집어 씌워 사람들을 선동했습니다. 그래서 무리가 바울과 일행을 죽이려고 큰 소동이 났는데 마침 이 소식을 듣고 천부장이 군사들을 데리고 급히 달려오자 바울 때리기를 그쳤습니다. 그렇게 해서 바울은 겨우 천부장의 허락을 얻어 백성 앞에서 변론할 기회를 갖게 되었습니다.

바울의 간증(22:1~21). 바울은 먼저 자신이 정통 바리새인으로서 율법의 엄격한 교훈을 받았고, 그래서 그리스도인들을 핍박하는 자였으나, 다메섹에서 부활하신 예수를 만나 회심한 것을 간증했습니다. 그후 바울은 예루살렘 성전에서 기도하다 신비적인 체험 가운데 주님의 음성을 들었다고 했습니다. 즉 주님이 바울에게 예루살렘을 떠나라 하셨는데, 그 이유는 바울이 예수 그리스도에 대해 증거해도 유대인이 거부할 것이므로 그를 이방인에게로 보내신다는 것이었습니다.

바울의 재판 요구(22:22~30). 바울의 간증을 듣고 무리는 더욱 분개하여 바울을 죽이려고 했습니다. 그래서 천부장은 바울을 더 심문하기 위해 채찍질하도록 했는데, 바울은 로마의 시민권자로서 정식 재판을 요청했습니다. 그래서 천부장은 제사장들과 온 공회를 소집하고 바울로 하여금 공식적으로 변론을 하게 했습니다.

공회에서 변론(23:1~11). 바울은 무리의 일부는 바리새인이고 일부는 사두개인인 것을 알고 기지를 발휘하여 그들이 분열되게 했습니다. 즉 자신은 바리새인인데 부활에 대한 믿음 때문에 심문 받는다고 하자, 부활을 믿는 바리새인들과 믿지 않는 사두개인들 사이에 다툼이 생긴 것입니다. 그래서 천부장이 바울을 보호하기 위해 그를 빼내어 자기 병영으로 데리고 갔습니다. 그 밤에 주께서 바울에게 나타나 "담대하라 네가 예루살렘에서 나의 일을 증거한 것 같이 로마에서도 증거하여야 하리라."고 하시며 그를 위로하고 격려하셨습니다.

2) 가이사랴(23:12~26장)

가이사랴로 이송(23:12~35). 바울의 순간적인 기지와 천부장의 도움으로 위기를 넘겼지만, 유대인들은 어떻게 해서든지 그를 죽이려고 음모를 꾸몄습니다. 바울은 조카를 통해 그 음모를 듣고 그를 천부장에게 보내 알리게 했습니다. 그래서 천부장은 바울이 로마 총독 벨릭스에게 재판을 받을 수 있도록 비밀리에 그를 가이사랴로 이송했습니다.

벨릭스의 재판(24장). 대제사장이 장로들과 변호사를 데리고 벨릭스의 법정에 와서 바울을 고발했습니다. 바울이 흩어진 유대인들을 소요하게 하고 나사렛 이단의 괴수이며 성전을 더럽게 했다는 것입니다. 바울은 유대인들이 아무 증거 없이 무고하게 모함을 하고 있으며, 오직 "그들이 이단이라고 한 도" 곧 "그리스도 예수 믿는 도"(24:24)를 따라 하나님을 섬기며, 의인과 악인의 부활을 믿는 것 때문에 박해를 받고 있다고 반론했습니다. 재판 후에도 바울은 벨릭스와 그의 유대인 아내에게 전도할 기회를 얻었는데, 그러다 벨릭스가 떠나고 후임으로 베스도가 왔습니다.

베스도의 재판(25:1~12). 베스도의 법정에서도 유대인들은 여러 가지로 고소만 할 뿐 뚜렷한 증거를 제시하지 못했고, 바울은 무죄를 주장했습니다. 베스도는 유대인의 환심을 사기 위해 이 사건을 예루살렘에 넘기려고 유도했지만 바울은 가이사에게 상소하기를 원해서 그렇게 결론이 났습니다.

아그립바의 청문회(25:13~26장). 베스도는 가이사랴를 방문한 아그립바 왕에게 바울의 사건을 이야기하고 조언을 구했습니다. 왜냐하면 아그립바는 유대인의 풍속과 문제를 잘 알고 있기 때문입니다(참고. 26:3). 베스도는 바울에게 딱히 죄가 없고 단지 종교적인 차이 뿐인데, 죄목도 없이 황제의 재판에 보낼 수 없어 상소 자료를 찾는다는 명분으로 청문회를 열었습니다.

26장은 바울이 아그립바 앞에서 한 변론을 담고 있습니다. 아그립바는 유대인의 풍속과 전통을 잘 알고 있기 때문에 바울은 유대적인 요소를 잘 사용하여 변론했습니다. 그 자신이 정통 유대인이요 가장 엄격한 바리새인 문파에서 공부했으며, 그가 심문을 받는 죄목도 사실상 이스라엘 조상에게 약속하신 것을 바라고 있기 때문이라고 했습니다. 그리고 자신이 먼저 그리스도인들을 박해하는 사람이었는데 다메섹에서 주님을 만나고 회심한 후 이방인을 위한 전도자로 부르심을 받아 사역했다고 간증했습니다. 마지막으로 그가 증언하는 예수 그리스도의 고난과 부활, 그리고 이스라엘과 이방인의 구원이 모두 선지자들과 모세에게 약속된 것의 성취라고 강조했습니다. 바울의 변론을 듣고 베스도나 아그립바가 회심할 정도는 아니었지만 적어도 그들은 바울이 무죄라는 것은 확신했습니다.

3) 로마(27~28장)

로마로 압송(27:1~28:15). 바울이 가이사에게 상소하였으므로, 그는 황제 앞에서 재판을 받기 위해 로마로 압송되었습니다. 그는 다른 죄수들과 함께 이달리야(이태리)로 호송되는 배를 탔습니다. 가는 길에 풍랑을 만나 여러 차례 위기가 있었지만 바울이 영적인 예지력으로 잘 인도해서 멜리데라는 섬으로 구조되었습니다. 이 섬에서 바울이 독사에 물리는 사고가 있었지만 전혀 이상이 없었고, 도리어 그곳에서 바울이 병든 사람들을 치료해 주어 융숭한 대접을 받고 길을 떠나 마침내 로마로 들어왔습니다.

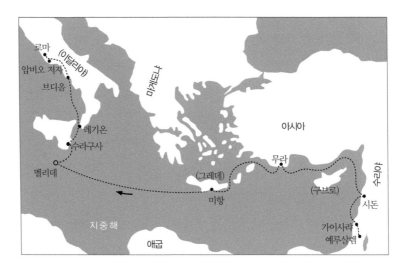

바울이 로마로 가는 여정

로마에서 사역(28:16~31). 로마에 도착한 바울은 어느 정도 자유를 누릴 수 있었습니다. 그래서 유대인 중 높은 사람들을 청하여 자기가 어떻게 해서 로마에 오게 되었는가를 설명했습니다. 그리고 자신은 결코 이스라엘의 전통이나 율법을 배척하는 것도 아니고, 또 동족 이스라엘을 로마 황제에게 송사하는 것도 아니라는 것을 분명히 밝혔습니다. 그리고 "이스라엘의 소망" 때문에 매인 몸이 되었다고 했습니다. 즉 그가 비난받는 믿음의 도가 사실 이스라엘의 소망과 일치하는 것임을 강조한 것입니다.

　　바울의 말을 듣고 유대인들은 지금까지 예루살렘으로부터 바울에 대한 어떤 말이나 비방을 따로 듣지 않았기 때문에 바울의 말을 직접 들어보겠다고 했습니다. 그후 유대인들이 정기적으로 바울의 집에 모여 그가 모세와 율법과 선지자의 말을 가지고 하나님 나라와 예수 그리스도에 대해 강론하는 것을 들었습니다. 그중에 믿는 사람도 있었지만, 믿지 않는 유대인들이 있었으므로 바울은 이제 하나님이 구원을 이방인에게로 돌리신다고 했습니다. 그리고 그다음에 유대인이나 이방인 할 것 없이 자기에게 오는 사람을 다 영접하고 그들에게 하나님 나라를 전파하며 주 예수 그리스도에 관한 것을 담대하게 가르쳤습니다.

❖ 〈사도행전〉을 정리해 봅시다.

	마태복음	마가복음/누가복음		요한복음	사도행전
	메시야	대권자	전도자	독생자	하나님 나라 확장
복음 과 역사	왕의 준비	초기 사역	나사렛	성자	예루살렘
	변방 사역	제자 훈련	갈릴리	배척	(　　　)
	수난 예고	수난 예고	여행	제자	(　　　)
	수도 사역	대권 성취	예루살렘	영광	최후 증거

High
light
Bible

2부

로마서~빌레몬서

바울 서신

역사적인 성격을 띤 복음서와 〈사도행전〉에 이어 〈로마서〉부터 시작되는 서신서들은 사도들이 성도들에게 보낸 편지입니다. 이 편지의 목적은 성도들에게 바른 교리와 삶의 지침을 가르치는 교훈적인 성격을 띠고 있습니다. 서신서 중에 〈로마서〉부터 〈빌레몬서〉까지 13권의 성경은 바울이 저자로 되어 있어 바울 서신이라고 합니다. 그 배열은 먼저 '교회를 대상'으로 하는 서신 9권이 나오고, 그다음에 '개인을 대상'으로 하는 서신 4권이 있습니다. 그리고 분량이 많은 것부터 적은 것 순서로 되어 있습니다. 내용이나 배경 때문에 세부적인 분류가 생기기도 합니다. 가장 앞에 오는 〈로마서〉, 〈고린도서〉, 〈갈라디아서〉는 구원의 진리를 주로 다루는 복음적 서신입니다. 〈에베소서〉, 〈빌립보서〉, 〈골로새서〉, 〈빌레몬서〉는 바울이 감옥에 갇혀 있을 때 쓴 것으로 옥중 서신이라고 합니다. 〈디모데서〉와 〈디도서〉는 지역 교회를 담임하고 있는 목회자 개인에게 쓴 것으로 교회를 잘 지도하도록 훈계한 서신이라 하여 목회 서신이라고 합니다.

1과
로마서

〈로마서〉는 바울이 3차 전도 여행 끝 무렵(주후 56/57년) 고린도에 머물러 있을 때 로마에 있는 성도들에게 보내는 편지입니다. 그때까지 바울은 로마 교회와 직접적인 접촉은 없었지만, 서바나(스페인) 선교를 위해 로마 교회의 협력을 얻고자 방문하기 위해 미리 이 편지를 썼습니다(롬 1:9~15, 15:22~29). 이 편지의 목적은 로마 교회의 성도들로 하여금 복음의 진리를 바로 알게 하고, 또 이 복음을 전하는 바울을 신뢰하여 그의 사역을 지원해 주도록 요청하는 것입니다.

사실 〈로마서〉는 바울 서신 중에서 처음 쓴 것은 아니지만 몇 가지 이유로 첫자리에 올 만합니다. 첫째, 분량이 가장 깁니다. 서신서들은 대체로 긴 것부터 짧은 것 순으로 배열되어 있습니다. 둘째, 구약을 가장 많이 인용하면서 구약과 밀접하게 연결되어 있습니다. 사복음서 중에서 구약적인 요소가 가장 많은 〈마태복음〉이 앞에 오는 것과 비슷한 이치입니다. 셋째, 이신칭의 곧 행위가 아니라 오직 믿음으로 의롭다 함을 얻는다는 구원의 기본 원리를 다룹니다.

로마서

이신칭의

〈로마서〉에서 바울은 기독교 신앙의 가장 기본이라고 할 수 있는 이신칭의의 교리를 가르칩니다. 이 책의 구조는 크게 두 부분으로 나뉩니다. 전반부 1~11장은 성도들이 어떻게 구원을 받는가를 논리적으로 설명하는 교리편입니다. 전반부는 다시 셋으로 나뉘어 첫 단원은 불의한 죄인이 어떻게 의롭다 함을 얻는지를 가르칩니다. 둘째 단원은 칭의의 결과와 영적 유익을 가르치고 셋째 단원은 먼저 택함 받은 이스라엘 민족에 대한 것입니다. 그다음에 후반부 12~16장은 구원받은 성도들이 어떻게 살아야 할 것인지에 대한 윤리적인 권면을 담고 있습니다.

〈로마서〉의 구조와 요점

1 **칭의** (1~4장)	모든 인간은 죄인이지만 예수 그리스도를 믿음으로 칭의 곧 의롭다 함을 얻을 수 있게 되었습니다.		
	1) 머리말(1:1~17) 바울은 자기소개와 인사를 하고 로마 방문 전에 먼저 복음을 전한다고 편지 쓰는 이유를 설명합니다.	**2) 하나님의 진노**(1:18~3:18) 이방인이나 유대인이나 모든 인간은 다 죄를 지어 하나님의 진노에 따른 심판을 받을 수밖에 없습니다.	**3) 하나님의 의**(3:19~4장) 예수 그리스도를 통하여 하나님의 의가 나타나 그를 믿는 자는 의롭다 함을 얻을 수 있게 되었습니다.
2 **새 생명** (5~8장)	의롭게 된 성도는 하나님과 화목하고 죄에서 해방된 새 생명을 얻어 성령의 인도를 따라 삽니다.		
	1) 화목(5장) 죄로 말미암아 원수 되었던 사람이 예수로 말미암아 하나님과 화평하게 되어 구원의 즐거움을 누립니다.	**2) 해방**(6~7장) 예수 그리스도의 속죄 사역으로 성도는 죄에 대해 죽고 율법의 저주로부터 해방된 새 생명을 얻습니다.	**3) 성령**(8장) 율법은 인간의 연약함 때문에 구원을 이루지 못하지만 이제는 성령이 성도 안에서 역사하십니다.
3 **이스라엘** (9~11장)	이스라엘이 믿음의 의를 거부하여 버림받았다가 하나님의 은혜로 이방인과 함께 구원을 얻습니다.		
	1) 선택(9장) 이스라엘 백성은 혈통 때문이 아니라 오직 하나님의 주권적인 선택에 의해 택함을 받았습니다.	**2) 불순종**(10장) 이스라엘 백성은 예수 그리스도를 믿는 믿음으로 말미암아 의롭게 하시는 하나님의 의를 거부했습니다.	**3) 구원**(11장) 하나님은 이스라엘의 불순종을 통해 이방인을 구원하시고, 이방인의 구원을 통해 이스라엘을 구원하십니다.
4 **새 생활** (12~16장)	의롭다 함을 얻은 성도는 개인 생활과 공동체 안에서 구원받은 자로 합당한 삶을 살아야 합니다.		
	1) 개인적 변화(12~13장) 새 생명을 얻은 성도는 하나님과 이웃을 사랑하고 마지막 때를 기다리며 단정하게 살아야 합니다.	**2) 공동체 연합**(14:1~15:13) 음식이나 절기 문제로 형제를 비판하거나 실족하게 하지 말고, 서로 돕고 수용하여 연합해야 합니다.	**3) 마무리**(15:14~16장) 바울은 마지막으로 사역 계획을 설명하며 기도와 도움을 요청하고, 또 다른 사역자들을 위해 부탁했습니다.

1. 칭의(롬 1~4장)

1) 머리말(1:1~17)

인사(1:1~7). 바울은 먼저 편지를 쓰고 있는 자신의 소개와 함께 편지를 받는 로마 교회 성도들에게 은혜와 평강을 기원하는 인사로 시작합니다. 바울과 로마 교회는 직접적인 접촉이 없었지만 이들은 복음을 매개체로 서로 연결됩니다. 발신자인 바울은 복음 전파를 위해 특히 이방인에게 전도하도록 부르심 받은 자이고, 수신자인 로마 교회는 이방인 가운데 "예수 그리스도의 것"으로 부르심을 받은 자들입니다.

로마 방문 계획(1:8~17). 바울은 로마 교회에 방문하기를 간구하고 있고 또 이미 여러 차례 시도도 했지만 이루지 못했습니다. 복음의 빚진 자로서 바울은 로마에 가서도 복음을 증거하여 그들 가운데 열매를 맺을 수 있기를 원했습니다. 복음에 대한 그 의지와 열정 때문에 바울은 이 편지를 통해서라도 먼저 복음을 증거하고자 했습니다. 16~17절은 그가 전하고자 하는 복음에 대한 확신과 함께 그것이 어떤 것인지를 압축적으로 정의하고 있습니다. 복음은 누구라도 믿는 자들을 의롭다 하시고 구원을 얻게 하시는 하나님의 능력입니다. 이것은 또한 〈로마서〉 전체의 핵심 주제라고도 할 수 있습니다.

〈로마서〉 1장 16~17절을 적어 봅시다.

_____

_____

_____

_____

2) 하나님의 진노(1:18~3:18)

바울은 복음을 증거하기 위해서 먼저 인간이 '복음이 필요한 비참한 상태' 에 있다는 것을 설명합니다. 즉 이방인이나 유대인이나 할 것 없이 모든 인간 이 죄를 지어 하나님의 진노에 따른 심판을 받을 수밖에 없다는 것입니다.

이방인의 죄(1:18~32). 바울은 먼저 이방인을 "불의로 진리를 막는 사람들" 로 언급하며 그들의 죄를 "경건하지 않음"과 "불의"로 요약합니다(18절). 경 건하지 않음은 하나님과 관계에 대한 것으로서 그들이 하나님을 잊고 그 대신 피조물을 경배한 것입니다(20~23절). 불의는 하나님과 관계가 깨어진 결과로 나타나는 악한 행위입니다. 인간이 하나님을 버렸으므로 하나님은 그에 대한 심판으로 인간을 더러운 욕심 가운데 내버려 두셨고 그래서 인간은 온갖 악한 행위를 저지르게 되었습니다(26~32절).

유대인의 죄(2:1~3:18). 2장에서 바울은 유대인을 가리켜 "남을 판단하는 사 람아"(2:1)라고 부르고 계속해서 2인칭 단수 '너'로 지칭하며 그들의 죄와 심 판에 대해서 말합니다. 유대인들은 율법을 가진 자로서 그 율법을 가지고 이방 사람들을 판단합니다. 또 다른 사람들에게 율법을 가르쳐 깨우치게 한다고 우 쭐했지만, 정작 자신들도 율법을 어기고 죄를 짓고 있기 때문에 그들 역시 심 판을 피할 수가 없습니다. 또한 유대인들이 율법과 함께 자랑하는 것은 할례입 니다. 왜냐하면 할례는 선택받은 언약 자손이라는 표지이기 때문입니다. 하지 만 바울은 율법을 지키지 않으면 할례를 받은 것이 아무런 소용이 없다고 합 니다. 왜냐하면 율법은 언약의 기반이 되는 것이기 때문에 아무리 할례를 받았 더라도 율법을 지키지 않으면 언약이 파기된 것이고 그래서 결국 정죄와 진노 의 대상이 될 수밖에 없습니다. 따라서 이방인이나 유대인이나 모두 다 죄인으 로서 심판을 피할 수 없다는 결론입니다.

3) 하나님의 의(3:19~4:25)

인간의 불의 때문에 "하나님의 진노"가 나타났으나(1:18), 이제는 예수 그리스도를 통하여 "하나님의 의"가 나타나 누구든지 예수 그리스도를 믿음으로 의롭다 함을 얻게 되었습니다.

이신칭의(3:19~31). 인간은 어느 누구도 율법을 완벽하게 지킬 수 없기 때문에 율법의 행위로 의롭게 하려는 것은 불가능합니다. 율법은 죄를 깨닫게 하고 그 결과 심판 아래 있다는 것을 알게 할 뿐입니다. 그래서 하나님은 율법 외에 다른 "하나님의 의"가 나타나게 하셨습니다. 그것은 예수 그리스도의 희생으로 말미암아 죗값을 치르게 하시고, 이로써 그를 믿는 자는 누구든지 값없이 의롭다 하심을 얻게 하신 것입니다. 그러므로 유대인이나 이방인이나 모두 다 행위로는 의롭다 함을 얻지 못하고, 오직 믿음으로만 의롭게 될 수 있습니다.

아브라함의 의(4장). 바울은 오직 믿음으로 의롭다 함을 얻는다는 것을 선언한 후에, 실제 믿음으로 의롭다 함을 받은 증거로서 아브라함을 예시하고 있습니다. 아브라함은 유대인들에게 있어서 단순히 과거 조상의 한 사람이 아니라 하나님으로부터 땅과 자손의 약속을 받은 자이며, 또 언약의 표징으로서 할례를 자손들에게 시행하도록 명령을 받은 약속의 시조입니다(창 17:10~14). 이렇게 아브라함은 유대인의 존재와 신앙의 뿌리라 할 수 있을 정도로 중요한 인물이기 때문에 그가 믿음으로 의롭다 함을 얻었다는 것은 이신칭의에 대한 가장 강력한 증거일 것입니다.

바울은 〈창세기〉 15장 6절의 말씀을 인용하여 "아브라함이 하나님을 믿으매 그것이 그에게 의로 여겨진 바 되었느니라."고 한 다음 아브라함의 믿음과 의에 대해 차근차근 논증합니다. 아브라함이 의롭다 함을 얻은 것은 행위 때문도 아니고(4~8절), 할례를 받았기 때문도 아니며(9~12절), 율법으로 말미암은 것도 아닙니다(13~17절). 오직 그는 아무것도 바랄 수 없는 상황에서 하나님의 약속을 믿었기 때문에 의롭다 함을 얻었습니다(18~22절). 이와 마찬가지로 예수를 죽은 자 가운데서 살리신 하나님을 믿는 자들은 오직 그 믿음으로 말미암아 의롭다 함을 받습니다.

2. 칭의 이후(롬 5~8장)

성도가 오직 믿음으로 의롭다 함을 얻는다는 것을 입증한 다음에, 바울은 칭의의 결과로 얻는 복과 그 이후 변화된 삶에 대해서 설명합니다.

1) 화목(5장)

화목의 즐거움(5:1~11). 칭의의 첫 번째 유익은 하나님과의 관계가 회복된 것입니다. 죄는 하나님과 인간 사이를 갈랐습니다. 그러나 하나님은 예수 그리스도의 피로 죗값을 치르게 하시고 이를 믿는 성도를 의롭다 하셨으니, 이제 성도는 더 이상 하나님과 멀리 있지 않고 하나님과 화목하며 그 안에서 즐거움을 누리게 된 것입니다.

은혜와 생명(5:12~21). 죄 때문에 인간은 하나님과의 관계가 파기되었을 뿐만 아니라, 사망의 형벌 아래 놓이게 되었습니다. 칭의는 인간으로 하여금 이 사망의 저주에서 벗어나게 합니다. 이것이 바울이 설명하는 칭의의 두 번째 유익입니다. 첫 사람 아담의 범죄로부터 사망이 시작된 것처럼, 예수 그리스도의 의로운 행동으로 말미암아 은혜와 생명이 많은 사람에게 이르렀습니다. 이것은 전적으로 하나님의 선물입니다.

2) 해방(6~7장)

하나님의 은혜로 의롭다 함을 받은 성도는 새로운 생명을 얻었습니다. 바울은 이제 성도들이 그 생명을 어떻게 살 것인지에 대해 이야기합니다. 한마디로 성도는 과거에 얽매었던 죄와 율법으로부터 해방된 삶을 살게 됩니다.

죄로부터 해방(6장). 의롭다 함을 받은 성도는 더 이상 죄의 종이 아니라 (1~11절) 의의 종으로 살아야 합니다(12~23절). 아담 이후로 모든 인간은 죄를 짓고 사는 죄의 종으로 살고 있습니다. 그러나 성도들은 예수 그리스도가 죗값을 치르시기 위해 십자가에 죽으실 때 이미 그와 연합하여 함께 죽었습니다. 그러므로 성도들은 죄에 대하여 죽은 자로 여기고 더 이상 그 몸이 죄의 지배 아래 살지 않도록 해야 합니다. 즉 죄에서 벗어난 성도는 하나님에게 드려진 의의 종으로서 거룩함에 이르는 성화(聖化)의 삶을 살아야 한다는 것입니다.

율법으로부터 해방(7장). 그리스도와 연합한 성도들은 죄에 대해 죽었을 뿐만 아니라 율법에 대해서도 죽었고, 따라서 율법의 속박에서 벗어나 있습니다 (1~6절). 율법은 원래 거룩하고 의로운 것이지만 죄와 더불어 인간으로 하여금 사망에 이르게 한 옛 세계의 질서에 속한 것입니다(7~12절). 율법 자체가 나빠서가 아니라 인간 안의 죄성(罪性)이 율법이 금지한 죄를 짓게 하였고, 그래서 율법에서 규정된 죽음의 형벌이 인간에게 내려진 것이기 때문입니다. 인간 안에 선을 행하고자 하는 마음은 있어도 선을 행하는 능력이 없기 때문에 인간은 율법이 요구하는 선을 이루지 못하고 오히려 악을 행하며 죽음의 심판에 이르게 되는 것입니다(13~25절). 그러나 예수 그리스도의 속죄 사역으로 말미암아 율법의 저주에서 해방되었다는 것이 여기에서 바울이 주장하는 바입니다. 하지만 그렇다고 해서 선을 행하지 않아도 된다는 뜻은 아닙니다. 구원받은 성도는 더 이상 율법의 조문에 매여서가 아니라 "영의 새로운 것"을 따라 섬김으로 선을 행하는 것입니다(5~6절). 영의 새로운 것에 대해서는 8장에서 더 자세히 다룹니다.

_____

_____

_____

_____

3) 성령(8장)

앞서 7장 후반부에서 바울은 우리에게 선을 행하고자 하는 마음은 있어도 동시에 악을 행하게 하는 죄도 함께 있어서 원하지 아니한 악을 행하게 된다고 했습니다. 8장에서는 이와 같이 우리가 연약한 존재임에도 불구하고 그리스도 안에 있으면 더 이상 정죄를 받지 않는다고 합니다. 그것은 우리 안에 성령이 계셔서 율법의 요구를 이루도록 도우시기 때문입니다.

생명의 성령(8:1~13). 율법은 우리의 연약함 때문에 구원의 방편이 될 수 없습니다. 왜냐하면 우리는 연약하여 육신의 욕심을 따라 죄를 행하므로 율법이 요구하는 선을 이룰 수 없고 그래서 사망의 형벌을 피할 수 없기 때문입니다. 하지만 율법이 할 수 없는 이 구원을 하나님은 예수 그리스도와 성령의 사역을 통하여 이루십니다(3~4절). 즉 성령이 우리 안에 역사하셔서 우리로 하나님의 법에 순종하게 하시고 그래서 생명과 평안을 누리게 하십니다. 그러나 이 과정은 자동적으로 혹은 기계적으로 이루어지는 것이 아닙니다. 성령은 우리 안에서 인격적으로 역사하시지 강압적으로 행사하시는 분이 아니기 때문입니다. 그래서 의롭다 함을 입은 성도는 계속해서 의지적인 결단과 노력으로 육신을 따라 살려 하지 않고 영으로써 몸의 행실을 죽이는 삶을 살아야 합니다(12~13절).

양자의 영(8:14~39). 성령의 인도함을 따라 사는 성도는 하나님의 자녀로서 약속하신 영광의 유업을 물려받을 상속자입니다. 물론 장차 받을 영광스러운 구원은 확실하고 놀라운 것이지만 현재에는 많은 고난과 어려움을 겪습니다. 하지만 고난 가운데 있을 때 성령은 우리를 위하여 간구하심으로 우리의 연약함을 도우십니다. 성도는 이렇게 성령의 보호하심 아래 있기 때문에 더 이상 아무에게도 정죄를 받지 않을 뿐만 아니라 결코 그 어떤 것에 의해서도 하나님의 사랑에서 떨어지지 않습니다.

3. 이스라엘(롬 9~11장)

9~11장에서 바울이 주로 이스라엘의 구원에 대해 다루기 때문에 갑자기 주제가 바뀌는 것처럼 보이지만, 여기에서 바울은 이스라엘의 역사를 실례로 들어 믿음과 행위에 대한 자신의 논증을 이어가고 있는 것입니다. 그 안의 흐름은 먼저 과거 하나님의 주권적인 선택 역사로 시작해서(9장), 현재 이스라엘이 복음을 배척하고 있는 불순종의 상황을 지적한 다음(9:30~10:21), 마지막으로 미래에 있을 온 이스라엘의 구원에 대해 설명합니다(11장).

1) 선택(9장)

참 이스라엘(9:1~18). 8장 마지막에서 바울은 성도들이 절대 하나님의 사랑에서 끊어지지 않을 것이라고 선언했습니다(8:38~39). 하지만 9장에서 바울은 자신의 동족 이스라엘 백성 가운데 구원받지 못한 자들 때문에 근심합니다. 이스라엘은 택함 받은 백성으로서 하나님의 자녀 됨을 비롯해 특별한 복을 받은 자들입니다(4~5절). 그런데 왜 그들 가운데 구원받지 못한 자들이 있을까? 바울은 이 문제에 대한 논증을 통해 사람은 행위가 아니라 오직 믿음으로 의롭게 된다는 것을 입증합니다.

바울은 먼저 이스라엘의 자손이 다 이스라엘이 아니라고 역설합니다. 즉 야곱의 혈통으로 났다고 해서 다 하나님의 선택 받은 이스라엘이 아니라 그 안에 참 이스라엘이 있다는 것입니다. 이것을 입증하기 위해 바울은 두 가지 예를 들어 설명합니다. 첫째, 하나님은 아브라함에게 자손의 복을 주셨지만 그 자손이 다 아브라함의 복을 받은 씨가 아니고, 오직 이삭에게서 난 자손만이 아브라함의 씨로 인정을 받았습니다(7~9절). 육체적인 혈통이 아니라 하나님의 약속에 의해 아브라함의 씨가 결정되었다는 것은 선택이 사람에게 달려 있지 않고 하나님에게 달려 있음을 의미합니다. 둘째, 이삭의 쌍둥이 아들 중에서도 하나님은 야곱만을 선택하셨고 에서는 버려두셨습니다(10~13절). 이와 같은 선택은 이미 그들이 태어나기 전에, 그들이 어떤 행위를 하기 전에 이루어진 것이므로 그 선택 역시 전적으로 하나님이 결정하신 것입니다(11절). 이렇게 칭의나 구원은 인간의 행위에 달려 있지 않고 하나님의 선택에 달려 있기 때문에 성도는 바로 행위로써 의롭다 함을 입으려 하지 말고 오직 긍휼하신 하나님의 말씀을 믿고 의지해야 합니다(16절).

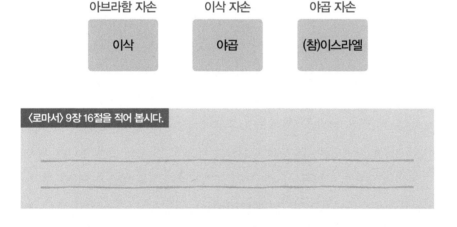

〈로마서〉 9장 16절을 적어 봅시다.

이방인의 구원(9:19~33). 하나님은 절대적인 자유와 주권을 가지고 "진노의 그릇"과 "긍휼의 그릇"을 준비하십니다. 전자는 멸망시키기로 준비된 자들이고 후자는 영광을 받기 위해 예비하신 자들입니다. 하나님은 이방인 가운데에서도 구원 얻을 자들을 택하여 부르셨습니다. 그들은 의를 알지 못하는 자들이었으나 오직 하나님의 은혜를 믿는 믿음으로 의롭다 함을 얻고 하나님의 아들이라 일컬음을 받게 되었습니다(24~26절). 이와 반대로 이스라엘 백성 가운데 어떤 이들은 믿음을 의지하지 않고 행위를 의지하다 실족하게 되었고, 그래서 오직 이스라엘 백성의 남은 자만 구원을 받았습니다(27~33절). 다음 장은 이스라엘 백성이 어떻게 실족하게 되었는지 보다 자세하게 설명합니다.

2) 불순종(10장)

바울은 이스라엘 백성의 실패를 설명하면서 두 가지 종류의 의(義) 곧 "믿음으로 말미암는 의"를 가리키는 "하나님의 의"와 "율법의 행위로 말미암는 의"로서 "자기 의"를 구분합니다. 실족한 이스라엘 백성은 자기 의를 내세우느라 하나님의 의를 거부했습니다.

율법의 마침이신 예수 그리스도(10:1~15). 하나님의 의는 다름 아닌 예수 그리스도를 믿음으로 말미암아 모든 믿는 자에게 미치는 의입니다(3:22). 율법은 사람으로 의롭게 하고 구원하는 역사를 이루지 못했지만, 예수님은 모든 믿는 자에게 의가 미치도록 하심으로써 율법의 마침 곧 율법의 완성이 되셨습니다(10:4). 하나님은 유대인이든지 이방인이든지 차별이 없이 누구든지 예수를 주(主)로 인정하고 그의 죽으심과 부활을 믿으면 구원을 받게 하셨습니다(9절). 이것이 바울을 비롯한 사도들이 전파하는 복음 곧 "믿음의 말씀"입니다. 복음을 듣고 믿음으로 구원에 이르는 과정을 설명하기 위해 바울은 역순으로 된 일련의 질문들을 던지고 있습니다(13~15절).

보내심 » 전파 » 들음 » 믿음 » 부름 » 구원

13

주의 이름을 부르는 자
구원을 얻으리라

믿지 아니하는 이를
어찌 부르리요

듣지도 못한 이를
어찌 믿으리요

전파하는 자가 없이
어찌 들으리요

보내심을 받지 아니하였으면
어찌 전파하리요

복음을 거부한 이스라엘(10:16~21). 누구라도 복음을 듣고 믿음으로 응답하면 구원을 받을 수 있는데, 이스라엘 백성은 그 복음을 듣고도 순종하지 않았습니다(16절). 그들이 불순종한 것은 듣지 못했기 때문도 아니고 알지 못했기 때문도 아니었습니다. 이것은 그들에게 불공평하게 기회가 없었다거나 능력이 없어서가 아니기 때문에 변명할 수 없다는 것입니다. 그들은 자기 의를 의지하다가 오히려 그리스도를 통해 이루시는 하나님의 은혜의 말씀을 거부했습니다(9:31~32, 10:2~3).

3) 구원(11장)

바울은 하나님이 장차 이스라엘의 배척을 넘어서서 그의 긍휼하심으로 신실한 이방인을 포함하여 온 이스라엘의 구원을 이루실 것을 설명합니다.

이스라엘을 버려두신 섭리(11:1~12). 이스라엘 백성이 자기 의를 의지하다 실족하기는 했지만, 하나님은 자기 백성을 완전히 버리지는 않으셨습니다. 마치 엘리야 때 하나님이 그 백성 가운데 칠천 명을 남겨 두셨던 것처럼 이스라엘의 남은 자들을 은혜로 택하시고 구원하셨습니다. 택하심을 받은 자들 외에 다른 이스라엘 사람들은 버림을 받았지만, 그것으로 끝이 아닙니다. 하나님은 이것을 통해 더 큰 구원의 역사를 이루실 것이기 때문입니다. 하나님의 섭리는 이스라엘의 불순종을 통해서 이방인을 구원하시고, 더 나아가 이방인의 구원을 통해서 이스라엘로 시기하게 하셔서 그들 가운데 구원을 이루시는 것입니다.

이방 성도를 향한 권고(11:13~24). 바울은 구원받은 이방인 성도들이 버림받은 이스라엘을 보면서 자칫 교만하여 자랑하지 않도록 권고합니다. 이방인들이 구원받은 것은 자기들의 행위가 아니라 오직 하나님의 은혜로 말미암은 것이기 때문에 그들이 자랑할 것이 없습니다. 이스라엘이 율법으로 말미암은 자기 의를 자랑하다 실족하게 된 것처럼 이방인 성도들도 하나님의 인자하심을 의지하지 않고 스스로 자랑하다가는 넘어지게 될 것이라고 경고합니다. 그래서 바울은 이방인을 은혜로 구원하신 하나님이 언약 백성 이스라엘을 더더욱 은혜로 구원하시지 않을 것인가라고 반문하며 이방 성도들로 하여금 교만하지 않도록 권고합니다.

하나님의 신비(11:25~36). 바울은 이스라엘의 구원에 대한 논증을 마무리하면서 하나님의 지혜와 구원의 신비를 찬양합니다. 조상 때부터 하나님의 사랑을 받은 이스라엘이 불순종하여 버림을 받았지만, 하나님은 그들의 불순종으로 말미암아 이방인에게 긍휼하심을 베풀고 그들이 구원을 받게 하셨습니다. 이스라엘은 하나님의 긍휼하심을 따라 이방인이 구원 얻는 것을 보고 자극을 받아 자기들도 하나님의 긍휼하심을 의지하여 구원을 얻게 될 것입니다. 이렇게 해서 하나님은 유대인이나 이방인이나 할 것 없이 모든 사람들에게 긍휼을 베풀고자 하셨습니다. 이 모든 것이 하나님의 풍성하신 지식과 지혜로 이루신 신비로운 일입니다.

4. 새 생활(롬 12~16장)

행위가 아니라 믿음으로 의롭다 함을 얻는다고 해서 의에 대한 책임이 없어지는 것은 아닙니다. 〈로마서〉의 마지막 단원에서 바울은 하나님의 은혜로 의롭다 함을 받은 성도가 매일의 생활에서 하나님의 의를 실천하는 변화된 삶을 살도록 권고합니다.

1) 개인적 변화(12~13장)

거룩한 산 제물(12:1~2). 성도의 새 생활에서 가장 우선하고 근본적인 것은 하나님과의 관계입니다. 바울은 "너희 몸을 하나님이 기뻐하시는 거룩한 산 제물로 드리라"고 합니다. 이것은 새 생명을 얻은 성도가 더 이상 자신을 위해 살지 않고 하나님에게 헌신하여 살아야 한다는 의미입니다. 그렇게 살기 위해서는 먼저 마음에서부터 변화가 있어야 합니다. 그래야 새 마음으로 하나님의 뜻을 분별하여 더 이상 세상의 방식이 아니라 하나님이 원하시는 방식대로 살 수 있을 것입니다. 이하의 말씀은 하나님의 뜻대로 사는 방식의 구체적인 예들을 설명합니다.

형제 사랑(12:3~13). 변화된 성도는 하나님에게 헌신된 삶을 살 뿐만 아니라 이웃을 사랑하는 삶을 살아야 합니다. 여기에서 바울은 특히 그리스도의 몸 된 교회 안에서 각각 받은 은사대로 서로 섬기며 사랑하고 기도하면서 다른 사람을 돕고 살 것을 권고합니다.

원수 사랑(12:14~21). 바울은 그리스도인들이 단지 공동체 안에서 서로 사랑하는 것에 그치지 않고 더 나아가 원수까지도 사랑해야 할 것을 말합니다. 즉 박해하는 사람을 위해 축복하고, 악을 악으로 갚지 말고 오히려 선한 일을 도모하며, 스스로 원수를 갚으려 하지 말라고 합니다. 그렇게 해서 성도들은 모든 일에 선을 이루며 또 모든 사람과 더불어 화목해야 합니다.

국가에 대한 의무(13:1~7). 그리스도인들은 하나님 나라에 속한 자들이지만 이 땅에 사는 동안 세상 나라의 시민으로서 정해진 의무를 다해야 합니다. 왜냐하면 모든 권세는 하나님에게로부터 나오는 것이기 때문입니다. 그러므로 성도들은 세상의 통치자들을 존중하고, 그 법에 복종하여 선을 이루어야 하며, 또 정직하게 세금을 내야 합니다.

사랑과 단정한 행실(13:8~14). 바울은 성도의 개인적 변화에 대한 마무리 말씀으로서 사랑이 율법의 완성이라고 선언하며 서로 사랑하라고 합니다(8~10절). 또한 구원의 때가 가까웠으므로 타락한 생활을 하지 말고 단정하게 살 것을 권고합니다(11~14절).

2) 공동체 연합(14:1~15:13)

여기에서 바울은 개인적 차원의 변화를 넘어 공동체 차원의 변화를 다룹니다. 특히 음식이나 절기 문제에 있어서 믿음이 강한 자와 약한 자가 서로 다투느라 공동체의 연합이 깨지지 않도록 권고합니다.

형제를 비판하지 말라(14:1~12). 구약의 율법은 이스라엘 백성으로 하여금 음식을 구별하여 먹게 했고(레 11:1~23), 또 절기를 구별하여 지키게 했습니다 (레 23장). 교회 안에서 어떤 이들은 유대인들의 전통을 따라 부정한 음식을 먹지 않았고 또 절기도 중요하게 생각하고 지켰습니다. 또 고기를 금하고 채소만 먹기도 하였는데, 이것은 아마도 당시에 시장에 파는 고기가 우상숭배와 관련된 경우가 많았기 때문이었을 것입니다(참고. 고전 8장). 바울은 이런 사람들을 "믿음이 약한 자"로 표현하고 있습니다. 하지만 이들과 달리 "믿음이 강한 자"는 이런 문제들에 거리낌이 없이 자유롭게 음식을 먹고, 절기에 구애를 받지 않았습니다. 각기 나름대로 입장과 근거를 가지고 있겠지만, 문제는 이와 같은 견해 차이 때문에 공동체의 연합이 깨지는 것입니다. 그래서 바울은 먹는 자나 먹지 못하는 자나 서로 비판하거나 업신여기지 말라고 합니다. 인간은 다른 사람을 판단하는 주체가 아니라 하나님의 판단을 받아야 할 대상이기 때문입니다.

형제를 넘어지게 하지 말라(14:13~23). 다른 사람을 비판하지 말아야 할 뿐만 아니라 반대 입장에서 다른 사람의 비판을 일으킬 만한 일을 하지 않아야 합니다. 예를 들어 고기를 먹거나 포도주를 마시는 것이 자신에게 거리낄 것이 없다고 믿는다 할지라도 그것이 다른 사람에게 거리낌이 되는 것이라면 하지 말아야 한다는 것입니다. 믿음이 강하다고 하는 자들은 자신의 믿음과 자유가 다른 사람들에게 걸림돌이 되지 않도록 조심해야 합니다(참고. 고전 8:9).

헌신과 수용(15:1~13). 공동체 연합에 대한 결론적인 권고로서 바울은 성도들에게 다른 사람의 약함을 도와 주어 이웃을 기쁘게 하며(1~6절) 또 서로를 수용하라고 합니다(7~13절). 바울은 이러한 이상을 이루신 모범으로 예수 그리스도를 제시하고 있습니다. 예수님은 자기 영광을 구하지 않고 우리를 구원하시기 위해 멸시 천대를 받으시고 십자가를 지셨습니다(3절). 또한 예수님은 유대인과 이방인을 다 포용하시어 하나님에게 영광을 돌리게 하셨습니다(7절).

〈로마서〉 15장 3, 7절을 적어 봅시다.

_____

_____

_____

_____

3) 마무리(15:14~16장)

바울은 마지막 당부와 인사를 전하면서 서신을 마무리합니다. 끝맺음이 다른 서신에 비해 긴 것은 아마도 바울이 로마 교회의 성도들과 직접적인 접촉이 없었으므로 좀 더 자세한 설명이 필요했던 것으로 보입니다.

사역 보고와 요청(15:14~33). 바울은 "이방인을 위한 그리스도의 일꾼" 또는 '이방인을 제물로 드리는 하나님의 복음의 제사장'으로 부르심을 받았고, 그래서 그리스도를 알지 못하는 이방 땅을 두루 다니며 복음을 전했습니다(14~21절). 그동안에 바울은 로마를 방문하고자 하는 뜻은 있었지만 길이 막혀 이루지 못했습니다. 그러다가 이제는 그가 일하고 있는 지방(그리스와 지중해 동부)에서 사역을 다 마치고 예루살렘에 가는 길이었습니다(22~27절). 이후로 바울의 계획은 예루살렘에서 사역을 마치고 로마에 들렀다가 서바나(스페인) 지역에 가서 복음을 전하는 것입니다(28~29절). 바울은 이와 같은 사역 계획을 로마 교회 성도들에게 설명하고 그의 사역을 위해 기도해 줄 것을 요청했습니다(30~32절).

추천과 경계(16:1~20). 서신을 마무리하면서 동료 사역자들에 대해 칭찬하고 그들에게 문안하라고 권고하는 것은 바울 서신의 전형적인 양식입니다. 다만 〈로마서〉에는 비교적 많은 수(27명)의 사역자가 소개되어 있습니다(1~16절). 여기에는 성도들이 영접하고 교류해야 할 사역자들이 있는가 하면 반대로 경계해야 할 사람들도 있습니다.

인사와 찬송(16:21~27). 이제 바울은 동역자들과 함께 마지막 안부 인사를 하고(21~23절), 그다음에 복음의 신적 기원과 복음을 통해 구원을 이루시는 하나님에게 영광을 돌리는 찬송을 하며 편지를 마무리합니다(25~27절).

❖ 〈로마서〉를 정리해 봅시다.

	로마서		고린도서	갈라디아서~데살로니가서	디모데서~빌레몬서
	이신칭의		신앙공동체	교회 서신	개인 서신
바울서신	( )				
	새 생명				
	( )				
	새 생활				

※ 〈로마서〉 외에 나머지 빈칸은 해당 단원에 가서 차례로 정리할 것입니다.

2과
고린도서

〈로마서〉가 개인적 차원의 구원의 교리를 다루었다고 한다면 그다음에 오는 〈고린도서〉는 신앙공동체인 교회의 문제를 다루고 있습니다. 바울이 그런 의도를 가지고 〈로마서〉 다음에 〈고린도서〉를 쓴 것은 아니지만 현재의 배열 속에서 자연스러운 논리적인 흐름을 파악하면 성경 전체를 이해하기가 쉬울 것입니다.

고린도 교회는 바울이 2차 전도 여행 때 세운 교회입니다. 그리스 남단에 위치한 항구 도시인 고린도는 무역과 교통의 요충지로서 부유한 곳이었습니다. 하지만 장사를 위해 모여든 사람들 때문에 도시 전체가 도덕적으로나 성적으로 타락했고, 또 다문화 사회 속에서 우상숭배도 들끓었습니다. 이와 같은 사회적인 환경 속에서 고린도 교회 안에도 많은 문제들이 생겼습니다. 이에 바울은 그들이 세속에 물들지 않은 신실한 신앙공동체로 세워지도록 서신을 통해 교훈하고 있습니다. 그렇기 때문에 오늘날 교회 공동체가 맞닥뜨리고 있는 많은 문제들에 대한 해결들을 이 안에서 찾을 수 있습니다.

그리스 지역의 성읍

마게도냐

빌립보
아볼로니아 · 네압볼리
데살로니가 ·

사모드라게섬
· 드로아

그리스
에 게 해

· 아덴
고린도 ·
겐그레아
사모섬

지중해
밧모섬

신앙공동체

〈고린도전서〉는 바울이 간접적으로 보고를 통해 들은 교회의 문제들과 또 그들로부터 직접 질문을 받은 문제들에 대한 답변을 제시하고 있습니다. 〈고린도전서〉를 쓴 이후 바울은 3차 전도 여행 길에 고린도 교회를 방문했는데 그 가운데 바울을 비난하고 대적하는 자들이 있었습니다. 바울은 고린도 교인들을 아끼는 마음에 조용히 에베소로 물러나왔다가 그들에게 눈물로 편지를 썼습니다(2:4). 그 편지를 받은 고린도 교회 성도들 가운데 회개가 있었지만 여전히 바울을 배격하는 사람들이 있었기 때문에 바울은 〈고린도후서〉를 통해 자신의 사도적 권위에 대해 변론하고 그들이 바로 서도록 교훈했습니다.

〈고린도서〉의 구조와 요점

1 들은 문제 (고전 1~6장)	바울은 먼저 사람들을 통해 전해 들은 고린도 교회의 분쟁과 음행의 문제들에 대해 권면을 합니다.	
	1) 분쟁(1~4장) 성도들이 각각 추앙하는 지도자를 따라 파당을 나누어 분쟁하는 것은 미숙한 일이며, 그들은 하나님의 동역자일 뿐입니다.	**2) 음행 외**(5~6장) 공동체 안의 음행하는 자는 교회의 권위로 징계해야 하며, 성도의 분쟁 역시 세속 법정이 아닌 공동체 안에서 다뤄져야 합니다.
2 쓴 문제 (고전 7~16장)	고린도 교회 성도들이 편지로 써서 직접 바울에게 문의한 문제들에 대해 권면합니다.	
	1) 개인 성결(7:1~11:1) 결혼, 부부관계, 재혼, 우상 제물 등 개인의 사생활에서 성결을 유지하기 위한 문제들을 다룹니다.	**2) 공동체 질서**(11:2~16장) 공동체 예배에서 머리 덮개를 쓰는 것, 성찬식 및 은사 활용 등 공동체 질서에 관계된 문제들을 다룹니다.
3 변론 (고후 1:1~7:1)	바울은 사도권에 대한 도전을 받고서 자신의 직분과 사역, 그리고 그 목적에 대해 변론했습니다.	
	1) 서두(1:1~2:11) 바울이 고린도를 두 번 방문하고자 했으나 첫 번 방문 때 도전에 부딪혀 다시 가지 않은 경위를 설명합니다.	**3) 바울의 직분**(2:12~7:1) 바울은 새 언약의 일꾼이며 화목하게 하는 직분을 맡은 자로서 고난 중에도 담대하게 복음을 전해 왔습니다.
4 권면 (고후 7:2~13장)	바울이 회개한 자들에게 긍정적인 위로를 하고 여전히 대적하는 자들에 대해 단호하게 경고합니다.	
	1) 회개자(7:2~9장) 바울을 대적하는 자에게 동조했던 사람들이 회개하여 화목하게 된 것을 감사하며 연보에 대해 권면했습니다.	**2) 대적자**(10~13장) 바울은 여전히 대적하는 자와 거기에 동조하는 자들에게 단호하게 경고하며 사도적 권위를 변호했습니다.

1. 들은 문제(고전 1~6장)

바울은 먼저 그가 사람들을 통해 전해 들은 고린도 교회의 문제들에 대해 권면을 합니다(1:11, 5:1).

1) 분쟁(1~4장)

인사말(1:1~9). 바울은 먼저 편지를 쓰는 자신과 동역자에 대해 소개하면서 문안 인사를 합니다(1~3절). 그리고 고린도 교회 성도들이 믿음에 견고하게 서서 그리스도의 재림을 기다리고 있는 것을 칭찬하고(4~7절), 또 그들이 마지막 날까지 견고하게 서 있기를 바란다는 덕담을 하며 서신을 시작합니다(8~9절).

분쟁의 이유(1:10~17). 인사말 다음에 곧바로 고린도 교회의 문제를 언급합니다. 첫 번째로 그리고 가장 비중 있게 다룬 문제는 공동체의 분쟁이었습니다. 세상 사람들이 영향력 있는 지도자나 스승을 중심으로 파벌을 형성하듯이, 고린도 교회 성도들도 바울파, 아볼로파, 게바파, 그리스도파 등으로 파당을 나누어 다투고 있었습니다. 하지만 교회는 그리스도의 몸이므로 이렇게 사람을 따라 분열되어서는 안 됩니다. 여기에서 바울은 자신이 고린도 교회에서 사역할 때 자기를 추종하는 파당이 생기지 않도록 세례 주는 것조차도 조심스러워 했다는 것을 상기시킵니다. 그는 자기 사람들을 세우기보다 오로지 그리스도의 십자가 복음을 전하는 데 전력했습니다.

십자가의 복음(1:18~2:5). 바울은 자신의 사역에서 가장 중심에 있는 십자가의 복음에 대해서 보다 자세하게 설명합니다. 예수 그리스도의 십자가는 세상적인 기준으로 보면 실패한 것입니다. 그래서 기적을 구하는 유대인들이나 지혜를 추구하는 헬라인들은 십자가의 복음을 미련한 것으로 간주합니다. 하지만 바울은 십자가에 못 박히신 그리스도가 곧 하나님의 능력이요 지혜라고 선언합니다. 왜냐하면 인간의 지혜나 공로로 구원을 얻는 것이 아니라 오직 하나님의 은혜로 구원을 얻게 하시려고 그리스도의 십자가 희생을 이루셨기 때문입니다. 그러므로 십자가는 하나님의 능력과 지혜의 결정체입니다.

성령의 계시(2:6~16). 십자가를 통해 구원의 역사를 이루시는 하나님의 지혜는 세상의 지혜로 알 수 없는 신비입니다. 그러므로 사람이 스스로의 지혜로 깨닫지 못하고 오직 하나님의 깊은 것까지 통달하시는 성령이 계시하실 때 비로소 그 지혜를 알 수 있습니다. 그러므로 바울은 이 복음을 전할 때 사람의 지혜로 하지 않고 성령의 가르치심을 따라 했습니다.

사역자의 역할(3장). 하나님의 지혜를 알게 하시는 것은 분명히 성령의 역사이지만 하나님은 또한 인간 사역자들을 통해 이 일을 하십니다. 즉 하나님이 각각의 은사대로 사역자들을 세우시고 가르치게 하시는 것입니다. 이런 점에서 바울이나 아볼로와 같은 사역자들은 분명히 하나님의 동역자입니다. 그러나 인간 사역자들이 성도를 자라게 하는 것이 아니라 오직 하나님이 하시는 일입니다. 그러므로 인간 사역자들을 따라서 파당을 나누고 분쟁하는 것은 육신에 속한 미숙한 짓입니다.

바울의 사역(4장). 일반적인 사역자의 역할을 설명한 다음에 이제 바울은 사역자의 한 사람으로서 자신의 사역에 초점을 맞추어 설명합니다. 바울 자신은 그리스도가 부리는 사역자이기 때문에 오직 그리스도에게 충성할 의무가 있으며, 따라서 사역자 바울에 대한 판단은 사람에게 있는 것이 아니라 오직 그리스도에게 있다고 합니다(1~5절). 다시 말해서 사람들에게 인정을 받고 추종자를 얻는 것은 그의 사역의 동기가 아니기 때문에 고린도 교회 성도들이 사역자들을 따라 분쟁하는 것은 잘못임을 지적하는 것입니다.

다음에 바울은 분쟁하는 성도들의 교만에 대해 다룹니다(6~21절). 사람들은 인간 사역자들을 추종하면서 자기 파당에 대한 자긍심으로 다른 입장에 있는 사람들을 멸시했습니다. 하지만 바울은 하나님이 인간 사역자들을 세상에서 "끄트머리"에 두시고 사람들의 멸시와 박해를 받게 하셨다는 것을 상기시킵니다. 즉 바울이 이렇게 낮아진 가운데 사역한 것처럼 성도들도 그들의 영적 아버지인 바울을 본받아 겸손하라고 권면하는 것입니다.

2) 음행 외(5~6장)

근친상간(5:1~8). 두 번째 바울이 전해 들은 고린도 교회의 문제는 음행입니다. 계모인지 친모인지 그 대상은 불분명하지만 고린도 교회에서 "아버지의 아내"를 취한 근친상간의 문제가 있었습니다. 하지만 교회는 무슨 이유 때문인지 이를 처벌하지 않고 묵인하고 있었습니다. 그래서 바울은 음행하는 자를 출교시켜 이런 부도덕이 공동체에 퍼지지 못하도록 엄히 다스릴 것을 명령했습니다.

교회의 징계(5:9~13). 바울이 전에 쓴 편지에 음행하는 자들과 교제를 끊으라고 권고한 것은 세상과 단절을 의미하는 것은 아닙니다. 즉 성도들이 세상과 접촉하는 것 자체를 문제 삼는 것이 아니고, 그 공동체 안에서 부도덕한 자들을 용납하지 말고 단호하게 처단하라는 것입니다.

소송(6:1~11). 바울은 다른 형제와 분쟁이 있거든 세속 법정에 소송하지 말고 교회 안에서 판단하라고 합니다. 교회 안에서 음행하는 자들을 마땅히 징계해야 하는 것처럼, 성도 간의 분쟁 역시 교회 안에서 심판함으로써 교회의 권위와 질서를 바로 세워야 합니다. 그렇게 하지 않고 성도 간의 문제를 세속 법정에 의지해 해결하려고 하면 교회의 권위를 세속 법정 아래 두는 결과가 될 것입니다. 그래서 바울은 차라리 손해를 볼망정 성도 간의 분쟁을 세상 법정으로 가져가지 말라고 합니다.

세상 법정에 형제를 고소하여 이기려고 하는 사람들에게 바울은 "너희가 불의를 행하고 속이는구나."라고 거칠게 다그칩니다(8절). 그리고 형제를 소송하는 근본적인 악한 동기를 지적하고 그렇게 불의한 자들은 결코 하나님 나라를 유업으로 받지 못한다고 경고합니다. 즉 사소한 물질에 대한 욕심으로 형제를 고소하다가 오히려 더 큰 하나님 나라의 유업을 잃는 어리석음에 빠지지 않도록 경계하는 것입니다.

몸의 목적(6:12~20). 어떤 사람들은 "음식은 배를 위하여 있고 배는 음식을 위하여 있다."고 하며 무분별한 식탐을 정당화합니다. 또 "몸은 음란을 위하여 있다."는 말로 음란한 성적 쾌락을 추구하는 사람들도 있습니다. 바울은 여기에 반박하여 성도의 몸은 오직 주를 위하여 있다고 선언합니다. 계속해서 성도의 몸은 그리스도와 연합한 지체이며 성령이 계시는 전이므로 몸으로 하나님에게 영광을 돌리라고 합니다.

2. 쓴 문제(고전 7~16장)

1~6장에서 바울은 전해 들은 고린도 교회의 문제들을 다루었고, 이제는 그들이 편지에 써서 직접 질문을 해 온 문제들에 대해 답변을 합니다. 먼저 개인적인 성결 문제들을 다루고 나서, 그다음에 공동체의 문제 특히 공중 예배의 질서에 관계된 문제들을 다룹니다.

1) 개인 성결(7:1~11:1)

여기의 문제들은 개인 신앙의 성결을 위한 것으로서 바울은 절대적인 법으로서가 아니라 덕을 위해서 보다 나은 것을 선택하든지 또는 각자의 상황과 은사에 따라서 상대적으로 결정하도록 권고하고 있습니다.

결혼(7장). 바울은 결혼에 대해 여러 경우들을 다루는데 그의 권고는 전체적으로 자신과 같이 독신으로 지내라는 것입니다(7:7). 다만 음행을 방지하기 위해 불가피하게 결혼할 수밖에 없는 사람은 하라고 허락합니다. 한마디로 독신으로 지내는 것이 결혼하는 것보다 낫다는 것입니다. 이와 같은 결혼관은 성경의 전반적인 가르침과 반대되는 것으로 보입니다. 그러나 여기에서 바울이 결혼보다 독신을 권고하는 것은 "임박한 환난"(7:26) 때문에 "육신의 고난"을 겪게 될 수 있기 때문입니다. 이와 같은 특수한 상황을 염두에 두고 결혼에 대한 바울의 금욕주의적인 권고를 이해하고 적용해야 합니다.

(1) **부부관계(1~7절):** 남편과 아내가 육체적인 관계를 멀리하는 것이 바람직하겠지만 절제를 못하여 시험에 들지 않도록 분방하지 말고 또 배우자를 위해 서로의 의무를 다해야 합니다.

(2) **미혼자와 과부(8~9절):** 독신으로 남아 있는 것이 좋겠지만 정욕을 절제할 수 없으면 차라리 혼인하는 것이 낫습니다.

(3) **기혼자(10~16절):** 이혼하지 않도록 하되, 이미 이혼했으면 다른 사람과 재혼하려 하지 말고 차라리 전 배우자와 화합하는 것이 좋습니다. 불신 배우자가 이혼을 원하는 경우에는 동의해 주되, 같이 살기를 원한다면 내치지 말아야 합니다.

(4) **부르심(17~24절):** 할례자이든 무할례자이든 또는 종이든 자유자이든 각자의 처지나 신분에서 부르심 받은 그대로 지내는 것이 좋습니다. 하나님의 부르심은 사회적인 신분을 뛰어넘는 것이기 때문입니다.

(5) **약혼과 결혼(25~40절):** 결혼하면 배우자에 대한 의무를 져야 하므로 임박한 환난을 생각할 때 가급적 결혼하지 않는 것이 좋지만, 그러나 결혼한다고 해서 죄가 되는 것은 아닙니다. 남편이 죽어 과부가 된 자는 다시 시집갈 수 있지만 가급적 그대로 혼자 지내는 것이 좋습니다.

〈마가복음〉 10장 6~9절을 적어 봅시다.

_____

_____

_____

_____

우상 제물(8:1~11:1). 〈레위기〉에서 보듯이 유대인들에게 있어서 음식을 구별하여 먹는 것은 중요한 문제였습니다. 그런데 그리스도인들이 이와 같은 음식법을 따라야 하는지 문제가 있을 수 있습니다. 특히 고린도 지역에는 우상숭배가 많았고 그래서 우상 앞에 바쳐진 제물이 신전 의식이나 사적인 식탁에서 사람들의 음식으로 올라왔습니다. 이런 상황에서 고린도 교회의 성도들은 우상 제물에 대해 바울에게 물었습니다. 이에 대해 바울은 세 가지 논리로 우상 제물을 먹지 말도록 권고했습니다.

첫째, 자유를 누리기보다 사랑으로 덕을 세워야 하기 때문입니다(8장). 사실 우상은 아무것도 아니기 때문에 제물에 어떤 영향을 행사할 수 없고, 그래서 제물을 먹는다고 해서 아무런 문제가 되지 않을 것입니다. 그런데 어떤 사람들은 믿음이 약하여 이런 지식이 없는데도 습관을 따라 양심을 더럽혀 가며 우상 제물을 먹습니다. 그래서 스스로 지식이 있어 먹을 자유가 있다 하더라도 형제를 사랑하여 믿음 약한 사람이 실족하지 않도록 우상 제물을 먹지 않아야 할 것입니다.

둘째, 권리를 주장하기보다 복음을 위해 절제해야 하기 때문입니다(9장). 첫째 논리의 연장으로 바울은 자신이 사역하는 가운데 보인 모범을 제시합니다. 사도로서 바울은 먹고 마실 권리, 아내를 취할 권리, 물질적인 지원을 받을 권리가 있었습니다. 하지만 바울은 복음을 위한 사역에 장애가 되지 않도록 그런 권리들을 다 쓰지 않았습니다. 경기하는 자가 승리를 얻기 위해 절제하듯이 성도들은 영원한 상을 얻도록 복음을 위해 스스로의 권리를 포기할 줄 알아야 합니다. 우상 제물을 먹는 자유를 절제하는 것도 그 가운데 하나일 것입니다.

셋째, 우상숭배를 피하고 주님과 온전히 교제하기 위해서입니다(10:1~22). 과거에 이스라엘 백성은 출애굽한 후 광야에서 음행에 빠지고, 주를 시험하며, 원망하다가 죄에 빠져 심판을 받았습니다. 이를 교훈 삼아 성도들은 무분별하게 우상 제물을 먹고 우상을 섬기는 자와 함께하다가 자칫 구원에서 떨어질 수도 있다는 것을 생각하고 조심해야 합니다. 제물을 먹는 자들은 제단에 참여하는 것이니 우상 제물을 먹는 것은 귀신과 교제하는 것과 다름없으며, 따라서 주의 만찬에 참여하는 성도들은 우상의 제물을 먹지 말아야 합니다.

결론적으로 바울은 우상 제물에 대해서 두 가지 원리를 제시합니다(10:23~11:1). 하나는 다른 사람의 유익을 위하는 것이고, 다른 하나는 하나님의 영광을 위하는 것입니다. 이런 원리에 따라 시장에서 파는 고기는 묻지 말고 먹되, 우상 제물인 것을 알게 되었다면 먹지 말라고 합니다.

2) 공동체 질서(11:2~16장)

고린도 교회는 사도들의 전통을 충실하게 따라 공동체를 유지해 나갔습니다(11:2). 그러나 그들의 예배 가운데 세밀한 부분에 있어서 교정이 필요함을 바울은 지적하고 있습니다.

머리 덮개(11:2~16). 공적인 예배에서 머리를 덮거나 머리를 기르는 문제에 대해서 남자와 여자에게 다른 규정이 적용됩니다. 그 이유는 여자의 머리는 남자요 남자의 머리는 그리스도라는 권위 체계 때문입니다. 이에 남자는 기도하거나 예언할 때 덮개를 쓰거나 머리를 길지 말아야 하지만 반대로 여자는 덮개를 쓰거나 긴 머리를 유지해야 합니다. 이로써 남자는 그리스도의 권위 아래 있음을 표현하고 여자는 아내로서 남편의 권위 아래 있음을 표현하는 것입니다. 그렇다고 바울이 여자를 남자보다 못하거나 천하다고 보는 것은 아닙니다.

첫 사람 창조에 있어서 여자가 남자에게서 나왔지만 이후 모든 남자는 또한 여자에게서 나옵니다. 그러므로 남자와 여자는 상호의존적인 동등한 존재입니다.

성찬식(11:17~34). 기도와 말씀의 예배 이후에 고린도 교회는 사도들의 전통을 따라 성찬식을 했습니다. 물론 이것은 현대 교회에서의 성찬식과 다른 공동 식사(애찬) 형태였습니다. 그런데 문제는 여기에 일반적인 잔치나 식탁에서 볼 수 있는 계층 간의 분열이 거기에도 있었다는 것이 문제입니다. 어떤 (아마도 부유한 특권층) 사람들이 먼저 만찬을 가져다가 실컷 먹고 취하므로 나머지 사람들은 제 몫을 먹지 못하고 허기져야 했습니다. 또 각각 음식을 집에서 가져와 먹을 때 부유한 사람들은 잘 차려 먹었지만 가난한 사람들은 그렇지 못했습니다. 이에 대해 바울은 주님이 성만찬을 제정하신 뜻을 상기시킴으로써 성찬식에서의 이기적인 행태를 꾸짖고 그들로 하여금 예수님의 희생을 온전히 기념하면서 그리스도를 본받아 다른 사람을 배려하며 연합하는 공동체를 세워 가도록 교훈했습니다.

은사(12~14장). 공동체 예배의 질서에 대해 세 번째로 언급된 문제는 성령의 은사였습니다. 때로 은사에 대한 잘못된 생각이 고린도 교회 공동체 안에 불화를 일으키기도 했습니다. 여기에서 바울은 은사에 대해 세 가지로 교훈합니다.

첫째, 은사의 다양성입니다(12장). 영적 은사에 대해 설명하기 전에 바울은 먼저 그 진위를 구별하는 기준을 제시합니다(12:1~3). 제 아무리 놀라운 기적을 나타내는 역사라 할지라도 예수의 주(主) 되심을 부인하는 것이라면 그것은 성령의 역사가 아닙니다. 이 성령은 성도들에게 여러 가지 은사를 골고루 주셔서 여러 모양으로 사역을 하게 합니다. 사람들은 어떤 은사를 더 가치 있게 여기고 다른 것을 무시하는 경향이 있지만, 그 모든 은사는 한 성령께서 주신 것이므로 거기에는 어떤 차별이 있을 수 없습니다. 마치 한 몸 안에 모든 지체가 골고루 중요하고 또 서로 긴밀하게 연결되어 있는 것처럼 공동체 안의 성도들이 각각의 은사대로 역할을 하며 서로를 돌봄으로 그리스도의 한 몸을 이루어가는 것입니다.

긍정: 오래 참음, 온유
부정: 시기, 자랑, 교만, 무례, 자기유익, 성냄, 악한 생각
대조: 불의를 기뻐하지 않고 진리와 함께 기뻐함
절대: 모든 것을 참음, 믿음, 바람, 견딤

둘째, 사랑의 우월성입니다(13장). 앞 장의 마지막 구절에서 바울이 말한 "더욱 큰 은사"와 "가장 좋은 길"은 바로 사랑입니다. 사랑은 모든 은사의 기초로서 사랑이 없이는 어떤 은사도 믿음의 역사도 그 의미와 가치를 잃게 됩니다(1~3절). 4~7절에서 바울은 사랑에 대해 보다 구체적으로 다음과 같은 특성을 설명합니다. 먼저 두 가지 긍정적인 표현으로 사랑을 이야기하고, 그다음에 사랑과 맞지 않은 일곱 가지 부정적인 악한 성향을 말합니다. 그리고 사랑은 정의와 함께한다는 것을 대조적인 대구 형식으로 설명하고 마지막에 어떤 상황에서도 유지되어야 하는 사랑의 절대적인 본질을 네 가지로 제시합니다. 8~13절에서는 사랑이 다른 은사와 달리 영원토록 계속된다는 것을 말함으로 사랑의 우월성을 한번 더 강조합니다.

셋째, 예언의 유용성입니다(14장). 12장에서 바울은 공동체 안에 다양한 은사들이 존재하고 그것들은 제각기 다 중요하다고 했습니다. 그런데 14장에서 바울은 방언보다 예언하기를 힘쓰라고 함으로써 예언의 은사가 방언의 은사보다 낫다고 보는 것 같습니다. 하지만 이것은 은사의 차별이 아니라 13장에서 말한 사랑의 원리에 기초한 것입니다. 즉 방언은 다른 사람이 듣고 이해할 수 없으므로 자신에게만 유익하지만, 예언은 다른 사람이 듣고 유익을 얻으므로 교회의 덕을 세우는 것입니다. 즉 사랑의 원리에 따라 덕을 세우기를 힘쓰라는 것입니다. 같은 맥락에서 방언을 말하는 사람은 다른 사람을 배려하여 통역의 은사를 구하라고 합니다.

부활(15장). 마지막으로 바울은 부활에 대해서 이야기합니다. 왜냐하면 고린도 교회에 부활을 부인하는 사람들이 있다는 말을 들었기 때문입니다(15:12). 먼저 바울은 자신을 비롯해 예수님의 부활을 목격한 증인들이 있어 그의 부활이 확실한 사실임을 선언합니다(1~11절). 그다음에 그리스도의 부활에 근거하여 성도의 부활이 있을 것을 논증하면서, 성도들에게 어려운 현실 속에서 부활의 소망을 가지고 주의 일에 힘쓰는 자들이 되라고 권고합니다.

권면과 인사(16장). 편지를 마무리하면서 바울은 자신의 선교 여행 계획을 설명하고 예루살렘을 위한 구제 헌금을 미리 준비하게 하도록 권고합니다. 그리고 디모데와 아볼로, 스데바나 등 여러 동역자들의 정황을 설명하고 그에 따른 권고를 제시한 다음 축복의 인사로 〈고린도전서〉를 맺습니다.

3. 변론(고후 1:1~7:1)

〈고린도후서〉는 바울의 사도권을 의심하고 대적하는 자들 때문에 쓴 편지입니다. 만약 바울의 사도권이 인정받지 못하면 그가 전한 진리의 복음조차 무시받을 것이기 때문에 바울은 강경하게 자신의 사도권에 대해 변론합니다.

1) 서두(1:1~2:11)

인사(1:1~11). 바울은 서신의 형식을 따라 문안 인사를 하고(1~2절), 그다음에 자신과 동역자들이 고난 가운데서 하나님의 위로하심을 받은 것처럼 환난 중에 있는 고린도 교회 성도들에게도 위로가 넘쳐나기를 기도합니다(3~11절).

방문 계획 변경(1:12~2:11). 〈고린도전서〉 마지막 장에서 바울은 자신의 고린도 방문 계획을 말한 바 있습니다. 그의 원래 계획은 마게도냐를 지나서 고린도에 방문하는 것이었지만(고전 16:5~6), 그는 고린도 교회에 대해 각별한 애정이 있어 두 번 방문할 생각으로 먼저 고린도에 들러서 마게도냐로 갔다가 다시 고린도로 돌아온 후에 유대로 가려고 했습니다(고후 1:15~16). 하지만 첫 방문에서 바울은 대적자의 비난과 그에 동조하는 무리들의 반대에 부딪혀 아픈 마음으로 고린도를 떠나 에베소로 왔고, 다시 그렇게 "근심 중에" 고린도를 방문하지 않겠다고 결심했습니다(2:1). 하지만 이것은 겁을 먹거나 원한 때문이 아니라 오히려 그들을 아끼기 때문에 같이 맞서서 싸우지 않으려는 것이었습니다(1:23). 그 가운데 바울은 고린도 교회 성도들에게 "많은 눈물"로 편지를 써서 성도들을 향한 그의 사랑을 알게 하고자 했습니다(2:4). 거기에는 질책하는 내용도 있기 때문에 바울은 그 편지 때문에 고린도 교회 성도들이 마음이 상할까 염려해서 편지 보낸 것을 후회했지만 다행히 그 편지를 받고 그들이 회개하는 좋은 결과가 있었습니다(7:8~9). 〈고린도후서〉는 그 이후에 쓴 것으로서 여기에서 바울은 고린도 교회 성도들에게 그 대적자 곧 "근심하게 한 자"를 용서하라고 권고합니다(2:5~11).

2) 바울의 직분(2:12~7:1)

본론에 들어가서 바울은 자신의 직분에 대해 변증하기 시작합니다. 왜냐하면 그의 직분에 대해 고린도 교회 안에 여러 가지로 비난하는 자들이 있어 그가 전한 복음과 교훈까지 의심을 받고 있기 때문입니다. 그래서 바울은 자신의 직분이 어떤 것인지(2:12~3장), 직분자로서 어떻게 사역해 왔는지(4:1~5:10), 그리고 사역의 궁극적인 목적이 무엇인지(5:11~7:1)를 분명하게 밝히고 있습니다.

새 언약의 일꾼(2:12~3장). 복음을 전하는 자로서 바울은 분명한 사명의식을 가지고 순전하게 복음을 전했습니다. 비록 그가 디도를 만나기 위해 드로아를 떠나 마게도냐로 온 상황이지만 드로아에서 복음을 전할 기회가 없어서 온 것은 아니었습니다(2:12~13). 바울은 이렇게 하나님이 자신과 동역자들을 통해 여러 곳에서 그리스도를 전파하게 하신다는 것을 확신합니다.

같은 맥락에서 바울은 3장에서 새 언약의 일꾼으로서 자긍심을 분명하게 표현합니다. "율법 조문의 직분" 또는 "정죄의 직분"을 맡은 자 모세에게도 그 얼굴에서 광채가 날 정도로 영광스럽게 하셨는데, 하물며 "새 언약의 일꾼" 또는 "영의 직분", "의의 직분"을 맡은 자들을 더 영광스럽게 하시지 않겠는가라고 합니다. 새 언약의 직분을 맡은 자로서 바울은 말씀을 혼잡하게 하지 않고 순전하게 진리의 말씀을 증거했습니다(2:17; 참고. 4:1~2). 이와 같이 바울은 그리스도의 사도로서 그에 대한 복음의 진리를 바로 전하는 사도였습니다. 그리고 바울로부터 복음을 받고 그리스도를 알게 된 고린도 성도들이 바로 그의 사역의 증거이기 때문에 굳이 따로 추천서를 받을 필요가 없다고 역설합니다.

<고린도후서> 2장 17절과 4장 1~2절을 적어 봅시다.

_____

_____

_____

_____

_____

_____

_____

담대한 사역자(4:1~5:10). 바울은 자신이 새 언약의 일꾼이라는 영광스러운 직분을 받은 자라는 정체성과 확신이 있었기 때문에 그 직분을 따라 순전하게 예수 그리스도를 증거해 왔습니다(4:1~6). 하지만 그의 직분이 영화롭다고 해서 그가 어려움을 겪지 않은 것은 아닙니다. 그래도 바울이 낙심하지 않고 담대하게 복음을 전할 수 있었던 것은 친히 고난당하시고 부활하신 예수 그리스도를 바라보며 부활의 소망을 굳게 붙들고 있었기 때문입니다(4:7~5:10). 또한 바울은 종말에 그리스도의 심판대 앞에서 심판을 받는다는 종말의식이 있었습니다. 그래서 그는 살아 있는 동안 그리스도를 기쁘시게 하려고 최선을 다해 사역을 감당한 것입니다.

화목의 사역(5:11~7:1). 바울은 자신이 "화목하게 하는 직분"을 맡은 자라고 말하면서 자신의 사역의 목적을 분명하게 밝히고 있습니다(5:11~19). 사람이 죄 때문에 하나님과 원수가 되었으나, 하나님은 예수 그리스도가 대신 죽게 하시어 죗값을 치르게 하셨습니다. 그리고 사람들이 예수님을 믿고 하나님과 화목하도록 바울과 같은 사역자들에게 화목의 말씀을 전하게 하셨습니다. 화목의 직분을 받은 자로서 바울은 고린도 교회 성도들에게 하나님과 화목하라고 권면합니다(5:20~21). 또한 "하나님의 은혜를 헛되이 받지 말라."(6:1)고 하는 말씀은 하나님과 화목하라는 것과 일맥상통한 것입니다. 왜냐하면 그리스도가 죄인을 하나님과 화목되게 하시고 또 의롭게 하시려고 대신 죽으셨으므로, 만약 성도가 다시 죄를 짓고 불의하게 사는 것은 하나님의 은혜를 헛되게 만드는 것이기 때문입니다. 이런 맥락에서 "믿지 않는 자와 멍에를 함께 메지 말라."(6:14)는 것은 단순히 믿지 않는 자들과 협력하지 말라는 것이 아니라, 믿지 않는 자들과 함께 죄를 짓는데 동조하지 말고, 은혜로 의롭게 된 백성답게 구별된 거룩한 삶을 살라는 것입니다.

4. 권면(고후 7:2~13장)

바울은 앞에서 변론한 자신의 사도적 권위에 따라 고린도 성도들에게 권면합니다. 이 권면의 말씀은 다시 둘로 나뉩니다. 먼저 회개한 자들에게 긍정적인 격려를 하고(7:2~9장), 그다음에 대적하는 자들에 대한 반론과 경고가 이어집니다(10~13장).

1) 회개자에게(7:2~9장)

회복된 신뢰(7:2~16). 먼저 바울은 고린도 성도들과 화목된 관계를 회복하고자 했습니다. 그래서 마음으로 영접하라고 요청하며 자신이 그간 그들을 위해 흠 없이 사역한 것을 상기시키고 또 그들에게 친근한 마음이 있다는 것을 표현합니다(2~4절). 바울은 또 고린도 성도들 역시 자신에게 좋은 마음을 가지고 있음을 디도를 통해 들었습니다. 즉 고린도 교회 성도들이 전에 바울이 "많은 눈물로 쓴 편지"(2:4)를 읽고 회개하였다는 것입니다. 그래서 바울은 이제 고린도 성도들을 다시 신뢰할 수 있게 됨을 기뻐하고 있습니다.

연보(8~9장). 바울과 고린도 교회 성도들 간에 신뢰가 회복되었으므로 이제 바울은 성도들에게 보다 실제적인 헌신으로서 연보에 대해 권면합니다. 기근으로 어려움을 당한 유대인들을 구제하기 위해 바울은 이방인 교회들에게 권면하여 연보를 하게 했습니다(고전 16:1~4). 고린도 성도들도 이미 이 일에 참여했지만 아마도 그간 바울을 대적하는 자들 때문에 일어난 소요로 중단되었으므로 다시 권면하는 것입니다. 고린도 성도들이 올바른 연보 자세를 갖도록 바울은 두 가지 모범을 들고 있습니다. 첫째, 어려운 상황에서도 자원하여 힘에 지나도록 풍성하게 연보를 한 마게도냐 성도들입니다(8:1~6). 둘째, 성도들을 부요하게 하시려고 스스로의 부요함을 버리시고 낮아지신 예수입니다(8:7~15).

〈고린도전서〉 16장 1~4절을 적어 봅시다.

계속해서 바울은 구제 연보를 모금할 사람으로 디도를 포함해 세 사람을 추천한 다음(8:16~24), 고린도 성도들에게 미리 연보를 준비할 것과(9:1~5), 억지로 말고 또 풍성하게 연보할 것을 권면합니다(9:6~15).

2) 대적자에 대해(10~13장)

부드러운 변호와 권면을 전하는 1~9장에서와 달리 바울은 마지막 단락인 10~13장에 와서 보다 단호한 어조로 논쟁을 하고 있습니다. 이것은 바울이 그 대적하는 자와 거기에 동조하는 자들에 대해 확실하게 반박함으로써 여전히 대적하는 자들을 회개하게 하고, 또 다른 성도들이 다시는 흔들리지 않도록 하려는 의도에서 나온 것입니다.

비난에 대한 반론(10장). 바울이 스스로를 "대면하면 유순하고 떠나 있으면 너희에게 담대한 나"(1절)라고 한 것은 그가 고린도에 방문하여 대적들의 방해에 부딪혔을 때 거친 말로 다투지 않고 조용히 떠나왔다가 다음에 "많은 눈물로 쓴 편지"(2:4)를 통해 혹독하게 질책한 상황 때문입니다. 그런데 바울이 이제 〈고린도후서〉에서 부드럽게 권고하고 있는 만큼, 다시 방문했을 때 혹시라도 대적하는 자들과 거칠게 다투지 않도록 미리 비난에 대해 변론하고 있습니다.

바울은 "육신에 따라 행하는 자"라는 비난을 받았습니다(2절). 육신에 따라 행한다는 것은 세상적인 방법으로 처신한다는 의미라고 할 수 있는데 여기에 어떤 것을 두고 하는 비난인지 구체적인 정황 설명은 없습니다. 아마도 고린도에 방문한 바울이 대적자들의 반대에 부딪혔을 때 유순하게 물러났다가 나중에 편지에서 강경하게 질책하는 것을 두고 그를 정치적인 협잡꾼으로 비난하는 것 같습니다. 이에 대해 바울은 자신이 육신에 있지만 결코 육신대로 행하지 않고, 오직 "하나님의 능력"에 의지해 영적 전쟁을 싸운다고 반박합니다. 또 바울을 비난하는 자들은 그가 편지로는 강하지만 직접 대했을 때는 약하고 어눌하다고 했습니다(10절). 바울이 겉과 속이 다른 이중인격자처럼 취급한 것입니다. 그러나 바울이 유순하게 한 것은 그가 약해서가 아니라, 그리스도에게 권세를 받은 자로서 그들을 무너뜨리지 않고 도리어 세우기 위한 분명한 목적이 있었기 때문입니다.

자신에 대한 비난에 대해 반박하고 난 후 바울은 이제 대적자들의 문제점을 지적하며 자신의 사도적 권위에 대해 변론합니다. 대적자들은 자신들이 고린도에서 이룬 성과를 스스로 칭찬하며 바울과 비교하여 자신들이 우월하다고 우쭐했습니다. 그러나 고린도에 복음을 전하고 교회를 세운 것은 바울이기 때문에 그들은 분수를 벗어난 자랑을 하는 것입니다. 이에 바울은 진정한 자랑거리는 세속적인 비교에 의해서가 아니라 오직 주 예수 그리스도에게서 인정받는 것이라고 주장합니다.

바울의 자기자랑(11:1~12:10). 앞 장 마지막에서 바울은 스스로 자랑하는 것이 잘못된 것이라고 했습니다. 그럼에도 불구하고 왜 본문에서 바울은 어리석은 자기자랑을 하는지 그 목적을 밝히고 시작합니다(11:1~15). 그는 고린도 교회 성도들을 사랑하고 있고 그래서 그들을 그리스도께 온전히 헌신된 자로 세우고자 하는 열심을 가지고 있습니다. 그런데 거짓 사도들이 고린도 교회에 와서 인정을 받아 그들을 미혹하게 하려 하기 때문에 바울은 적극적으로 자기자랑을 함으로써 자신이 충분히 믿을 만한 사도라는 것을 증명하고 그렇게 해서 성도들을 거짓 사도들로부터 보호하려는 것입니다.

바울의 자기자랑은 크게 두 가지로 요약됩니다. 첫째, 육신적인 자랑 (11:16~33)으로서 바울은 혈통적으로 정통 유대인이며, 또한 그리스도의 일꾼으로서는 누구 못지않게 수고하며 갖은 고난을 겪었습니다. 그래서 바울은 자신이 다른 위대한 사도보다 못하지 않다고 말합니다(11:5). 둘째, 영적인 자랑 (12:1~10)으로서 바울은 초자연적인 체험을 통해 셋째 하늘에 이끌려 가서 놀라운 계시를 받은 사람입니다. 그러나 바울은 이런 신비한 계시보다 오히려 자신의 약함을 자랑합니다. 왜냐하면 하나님이 그에게 육체의 가시로 질병을 주셔서 교만하게 하지 않으시고 그에게서 그리스도의 능력이 나타나게 하시기 때문입니다.

방문 예고와 경고(12:11~13:13). 바울은 이제 서신을 마무리하면서 세 번째 방문 계획을 예고합니다. 앞에서 자랑한 바와 같이 바울은 위대한 사도들 못지 않게 충분한 사도적 권위를 가지고 있지만 지금까지도 그들에게 물질적인 도움을 받음으로써 폐를 끼치지 않았고, 앞으로 세 번째 방문을 할 때에도 전혀 그럴 의사가 없음을 밝힙니다(12:11~21). 바울이 자기자랑을 하여 자신의 사도적 권위에 대해 변호한 것은 성도의 덕을 세우기 위한 목적이었습니다(12:19). 바울은 자신의 사도적 권위를 이용해 성도들에게 물질적 도움을 얻으려고 한 것이 아니라, 다시 방문할 때 서로 불편한 거리가 생기지 않기를 원한 것입니다. 즉 성도들이 여전히 바울을 인정하지 않거나, 혹은 반대로 그들이 죄 가운데 있어 바울이 보고 실망하는 일이 없도록 하려고 바울이 자신의 사도적 권위에 대해 변론한 것입니다. 그러나 바울의 이런 심정에도 불구하고 여전히 회개하지 않는 자가 있거든 바울은 단호하게 처단하겠다고 경고합니다(13:1~10). 바울이 편지에서 이렇게 강하게 경고하는 것 역시 감정적인 협박이 아니라 직접 대면하게 되었을 때 그 권세로 처단하게 하는 일이 생기지 않도록 하라는 것입니다. 이것은 비록 대적자라 하더라도 바울은 그들이 회개하고 바로 서기를 바라고 있다는 것을 보여 주는 것입니다.

❖ 〈고린도서〉을 정리해 봅시다.

	로마서		고린도서	갈라디아서~데살로니가서	디모데서~빌레몬서
	이신칭의		신앙공동체	교회 서신	개인 서신
바울서신	칭의	고전	들은 문제		
	새 생명		( )		
	이스라엘	고후	변론		
	새 생활		( )		

※ 〈고린도서〉 외에 나머지 빈칸은 해당 단원에 가서 차례로 정리할 것입니다.

3과
갈라디아서~데살로니가서

〈갈라디아서〉부터 〈데살로니가서〉는 〈로마서〉와 〈고린도서〉와 같이 지역 교회를 대상으로 하는 서신으로서 비교적 짧은 분량의 편지입니다. 그 배열은 연대적인 순서라기보다는 앞에서 언급한 것처럼 분량이 긴 것부터 짧은 것 순으로 되어 있습니다. 〈갈라디아서〉는 바울의 첫 번째 전도여행 이후 예루살렘 공의회(주후 49년; 행 15장) 이전에 안디옥에서 기록된 것으로 추정됩니다. 그렇다면 〈갈라디아서〉가 최초의 편지입니다. 그다음 두 번째 편지는 〈데살로니가서〉로서 바울의 두 번째 전도여행 중 고린도에 18개월 머무르는 동안 쓴 것입니다(주후 51년). 이 두 편지 사이에 〈에베소서〉, 〈빌립보서〉, 〈골로새서〉가 배열되어 있는데 시기적으로는 바울이 로마에서 가택 연금되어 있을 때(주후 60~62년) 쓴 서신이므로 〈빌레몬서〉와 함께 이 편지들을 옥중 서신이라고 합니다.

여기의 서신들은 연대적으로 섞여 있지만 내용에 있어서는 그 배열에 의미 있는 흐름을 찾아 볼 수 있습니다. 즉, 구원에서 시작하여 공동체 생활을 다루고 그다음에 종말의 소망을 다루는 것입니다.

교회 서신

〈갈라디아서〉는 〈에베소서〉보다 분량은 짧지만 이신득의의 구원 원리를 설명하기 때문에 복음적인 입문서로서 앞에 놓인 것이 자연스럽습니다. 〈에베소서〉는 구원받은 성도들이 공동체인 교회 안의 연합할 것을 권면합니다. 그다음에 〈빌립보서〉는 성도의 내면적인 기쁨과 교제에 대해 교훈하고, 〈골로새서〉는 거짓 교훈과 같은 외부의 위협을 경계하고 성숙을 이룰 것을 권면합니다. 〈데살로니가서〉는 주님의 강림을 준비하게 하는 종말론적 교훈을 제시하기 때문에 교회를 대상으로 하는 서신들의 결론으로서 적절합니다.

〈갈라디아서〉~〈데살로니가서〉의 구조와 요점

1 **참된 복음** (갈라디아서)	이방인 성도들을 유대화하려는 다른 복음을 경계하고 성령의 열매 맺는 삶을 살도록 권면합니다.		
	1) 다른 복음(1~2장) 그리스도의 복음 외에 할례와 같은 율법의 행위를 주장하며 다른 복음을 전하는 자들을 경계해야 합니다.	**2) 율법과 믿음**(3~4장) 성도가 의롭다 함을 얻고 성령을 받은 것은 율법의 행위 때문이 아니라 듣고 믿음에서 온 것입니다.	**3) 성령의 열매**(5~6장) 성령을 받았으니 육체의 욕심과 자랑을 버리고 성령을 따라 행하여 성령의 열매 맺는 삶을 살아야 합니다.
2 **교회 연합** (에베소서)	이방인들도 구원공동체의 동등한 구성원으로서 연합하여 함께 영적 전쟁에 임할 것을 권면합니다.		
	1) 한 몸 된 교회(1~3장) 이방인들이 예수 안에서 믿음으로 말미암아 성도들과 동일한 시민이 되어 한 몸 된 교회로 세워집니다.	**2) 연합된 삶**(4:1~6:9) 겸손과 온유로 서로 용납하여 하나 되게 하신 것을 지키고 다 함께 하나님의 자녀답게 살아야 합니다.	**3) 영적 전쟁**(6:10~24) 하나님의 전신갑주를 입고 마귀와 세상 권세를 대적하여 싸우는 영적 전쟁에 임해야 합니다.
3 **내적 기쁨** (빌립보서)	성도들에게 어려운 현실 속에서도 겸손히 서로 돌보며 주 안에서 항상 기뻐할 것을 권면합니다.		
	1) 바울의 기쁨(1:1~26) 바울은 감옥에 갇혀 있는 처지이지만 그로 말미암아 예수 그리스도의 복음이 전파되는 것을 기뻐합니다.	**2) 기쁨의 권고**(1:27~2장) 바울은 빌립보 교인들에게 겸손으로 하나 되어 서로 협력하며, 기쁨으로 구원을 이루어 가라고 권고합니다.	**3) 주 안에서 기뻐함**(3~4장) 성도는 하나님 나라의 시민으로서 예수 그리스도의 재림과 상급을 기다리며 주 안에서 항상 기뻐합니다.
4 **거짓 교훈** (골로새서)	그리스도의 절대적 우월성을 선언하고, 그에게 속한 성도들이 바른 삶을 살도록 권면합니다.		
	1) 그리스도의 나라(1:1~2:5) 그리스도로 말미암아 세상이 창조되었고, 하나님과 원수 된 세상이 그의 죽으심으로 화목되었습니다.	**2) 초등학문**(2:6~23) 거짓된 세상의 초등학문에 속지 말고 오직 예수 그리스도 안에서 뿌리를 내려 믿음에 굳게 서야 합니다.	**3) 위에 속한 삶**(3~4장) 그리스도와 연합한 성도는 땅에 속한 욕심을 죽이고 위의 것을 추구하며 의로운 삶을 살아야 합니다.
5 **종말의** **대비** (데살로니가서)	성도들이 주의 재림을 기다리며 거룩한 삶을 살고, 미혹되지 않고 바른 전통에 서도록 권면합니다.		
	1) 감사(살전 1~3장) 바울은 데살로니가 성도들이 복음을 잘 받아들여, 믿음의 본이 되고 있는 것에 대해 하나님에게 감사합니다.	**2) 권면**(살전 4~5장) 하나님의 뜻대로 거룩하게 살고, 형제를 사랑하며, 항상 깨어 있어 주의 강림을 대비하라고 권합니다.	**3) 미혹의 경계**(살후 1~3장) 주의 날이 이르렀다고 미혹하는 말에 속지 말고, 가르침을 받은 전통을 지켜 바르게 살 것을 권면합니다.

갈라디아서
참된 복음 Ⓐ

갈라디아(소아시아 지역-지금의 터키 서부)에 있는 교회들에게 보낸 편지입니다. 갈라디아에 유대계 그리스도인들이 와서 이방인 성도들을 유대인처럼 되게 하려는 잘못을 지적하고, 오직 믿음으로 구원을 얻는다는 '참된 복음'을 가르칩니다.

1) 서론: 다른 복음(1~2장)

인사말(1:1~5). 여느 서신서처럼 바울은 자신을 소개하고 안부를 전하는 인사로 시작합니다. 여기에서 바울은 특히 자신의 사도직이 사람의 권위로 된 것이 아니라 하나님으로 말미암은 것임을 강조합니다. 그것은 자신이 이 서신을 통해 논증하는 주장의 신빙성을 더하게 합니다. 또한 그리스도의 대속적 죽음을 기리며 영광을 그에게 돌림으로써, 그가 증거하는 그리스도의 탁월함을 미리 알리고 있습니다. 그러므로 이것은 단순한 문안 인사가 아니라 〈갈라디아서〉 전체에 대한 서론이라고 할 수 있습니다.

문제 제기: 다른 복음(1:6~10). 인사에 이어 바울은 본론으로 들어가 갈라디아 교회가 가지고 있는 문제를 바로 지적합니다. 그것은 바울이 전한 복음 외에 다른 복음을 갈라디아 교회가 받아들임으로써 그리스도의 복음이 변질되게 하고 있다는 것입니다.

바울의 사도직(1:11~2:10). 바울이 전한 복음은 사람에게서 난 것이 아니고 오직 예수 그리스도의 계시로 말미암은 것이라는 선포하고(1:11~12), 그다음에 자신의 사도직에 대해 변호합니다(1:13~2:10). 즉 자신이 전하는 복음의 진정성을 변호하기 위해 바울은 자신이 어떻게 사도직을 받게 되었는지를 설명하는 것입니다. 바울은 본래 교회를 박해하던 사람이었으나 다메섹에서 회심한 이후에 예수 그리스도를 증거하는 제자가 되었습니다. 그가 사도들의 인가를 받기 위해 예루살렘 교회를 방문했지만 야고보 외에 다른 사도를 만나지 못했습니다. 그후 바울이 이방 지역을 다니며 선교 다닐 때 유대인 교회는 비록 그의 얼굴은 모를지라도 박해자가 전도자가 된 것에 대해 인정하고 하나님에게 영광을 돌렸습니다. 그리고 14년 후 바울은 바나바와 디도와 함께 예루살렘에 방문하여 야고보와 베드로와 요한을 만나 교제를 나누면서, 그들은 베드로가 유대인(할례자)을 위한 사도로 세움 받은 것처럼 바울과 바나바가 이방인을 위한 사도로 세우심 받았다는 것을 인정했습니다.

베드로를 향한 질책과 이신칭의 논증(2:11~21). 바울이 이방인을 위한 사도로서 안디옥에서 게바(베드로)를 질책했던 사건이 있었습니다(11~14절). 베드로는 이방 그리스도인들과 함께 식사하다가 예루살렘에서 유대 그리스도인들이 오자 그들을 두려워하여 식탁의 교제에서 떠났습니다. 그 영향으로 남은 다른 유대인들도 떠났고 심지어 바나바까지 같은 시험에 빠졌습니다. 이것은 원래 유대인들이 할례 받지 않은 이방인은 부정하다 하여 그들과 함께 음식을 먹지 않았던 전통에 따른 행동이었습니다. 그렇기 때문에 그들의 행동은 아무리 이방인이 예수님을 믿어 그리스도인이 되었다 하더라도 할례를 받고 유대인과 같이 개종하지 않았다면, 함께 식탁의 교제를 나눌 수 없는 여전히 열등하고 부정한 존재로 전락시켜 버리는 것이었습니다. 이에 바울은 베드로의 처신이 "복음의 진리"에 따르지 않는 것이라고 판단하여, 베드로에게 "왜 이방인을 유대인처럼 살게 하려는가?"라고 질책한 것입니다.

바울이 그렇게 먼저 사도된 베드로를 질타할 수밖에 없었던 것은 이신칭의에 대한 확신 때문이었습니다(15~21절). 즉 유대인이나 이방인이나 할 것 없이 모두 다 율법의 행위로써 의롭다 함을 얻지 못하고 오직 예수 그리스도를 믿는 믿음으로써 의롭다 함을 얻는다는 확신입니다(16절). 그렇기 때문에 이미 예수님을 믿고 의롭다 함을 받은 이방 그리스도인들을 유대인처럼 되게 하려고 해서는 안 된다는 것입니다. 그것은 이미 죄가 없이 된 사람을 죄인으로 만들어 버리는 것이고 그래서 하나님의 은혜와 그리스도의 십자가 죽으심을 헛되게 만들어 버리는 결과가 되기 때문입니다. 사도 바울 자신도 그리스도와 함께 십자가에서 죽었고 그래서 이제 그는 더 이상 율법 그 자체를 위해서 사는 것이 아니라 하나님을 위해서 하나님의 아들을 믿는 믿음 안에서 살아가고 있다는 것을 선언합니다.

〈갈라디아서〉 2장 16절을 적어 봅시다.

_____

_____

_____

_____

2) 논의: 율법과 믿음(3~4장)

바울은 율법과 믿음의 대조를 통해서 성도가 율법의 행위로써가 아니라 믿음으로써 의롭다 함을 받았다는 것을 강조합니다. 여기에서 그의 논증 방식은 아브라함의 약속부터 시작하여 모세의 율법 시대를 지나 예수 그리스도의 출현에 이르기까지 역사적인 진행 과정을 설명하면서, 이방인이 믿음으로 말미암은 아브라함의 자손이요, 하나님의 아들이며, 자유자의 자녀라고 역설합니다.

아브라함의 자손(3:1~14). 2장 마지막에서 바울은 그리스도의 십자가 죽음을 통해서 새로운 생명을 얻는 것이라고 말했습니다. 이제 3장 1~14절에서 바울은 이방인들이 십자가에 못 박히신 예수 그리스도를 믿음으로 "아브라함의 자손"이 되어 아브라함의 복을 받을 자가 되었다고 선언합니다. 시작부터 바울은 갈라디아 교회 성도들을 향해 단도직입적으로 그들이 다른 복음을 받아들이는 것은 그리스도가 십자가에서 죽으신 것을 헛되게 하는 어리석은 짓이라고 합니다(1, 3절). 그러면서 일련의 질문을 통해 그들이 성령을 받은 것은 율법의 행위로 말미암은 것이 아니고 듣고 믿음으로 말미암은 것이라는 사실을 상기시킵니다(2~5절). 아브라함도 하나님을 믿음으로 의롭다 함을 얻었기 때문에, 믿음으로 말미암아 성령을 받은 이방인은 곧 아브라함의 자손이며 아브라함의 복을 함께 누릴 자입니다(6~9절).

사람이 다 율법을 행하지 못하므로 율법의 저주 아래 있지만, 예수님이 십자가에서 율법의 저주를 다 감당하셨습니다(참조. 신 21:23). 그러므로 이방인이라도 그를 믿으면 율법의 저주에서 벗어나 아브라함의 복과 성령의 약속을 받습니다(10~14절).

> (1) **성령(3:1~5):** 이방인이 믿음으로 성령을 받음.
> (2) **아브라함(3:6~9):** 이방인이 믿음으로 아브라함의 복을 받음.
> (3) **그리스도(3:10~14):** 이방인이 그리스도 안에서 아브라함의 복과 성령을 받음.

하나님의 아들(3:15~4:7). 아브라함 때부터 430년 후 하나님이 이스라엘 백성에게 율법을 주셨지만 그렇다고 아브라함과 세우신 약속이 폐기된 것은 아닙니다. 율법은 약속의 자손이 오시기 전까지 임시로 주신 것으로서 죄에 대해 경각심을 갖도록 하고 궁극적으로 그리스도께로 인도하는 역할을 합니다. 그 후 예수 그리스도가 오신 후로는 더 이상 율법에 얽매이지 않고, 누구든지 그를 믿으면 하나님의 아들이 되게 하셨습니다. 그러므로 유대인이나 이방인이나 차별이 없으며, 이방인도 그리스도 예수 안에서 하나님의 아들의 명분을 얻고 약속하신 유업을 상속받게 되었습니다.

자유자의 자녀(4:8~31). 8~11절에서 바울은 이방인 성도들이 과거에 하나님을 알지 못하고 우상을 숭배하는 이방 종교 전통의 종이었다가 하나님의 백성이 되어 자유롭게 되었는데, 다시 종교적 전통의 종노릇 하지 말 것을 권고합니다. 만약 그렇게 된다면 바울의 수고를 헛되게 하는 것이라고 하며 12~20절에서 바울과 갈라디아 성도와의 관계를 이간시키는 자들을 경계하고, 바울이 그들의 성숙을 위해 해산하는 수고를 다하고 있다는 것을 설명합니다. 이것은 바울이 다른 복음을 전하는 유대주의를 따라가지 말라고 한 것이 결코 바울 자신의 욕심이나 시기가 아니라 그들을 위한 충정에서 나온 것임을 말하려는 것입니다.

개인적인 호소 다음에 바울은 21~31절에서 다시 종노릇이라는 주제로 돌아갑니다. 아브라함의 자식이라도 육체를 따라 여종 하갈에게서 난 자손이 있고, 약속을 따라 사라에게서 난 자손이 있습니다. 바울은 하갈을 시내산 언약을 상징하는 것으로 제시하며, 율법에 집착하는 유대인들을 그 여자의 자손으로 보았습니다. 반면에 예수 그리스도를 믿음으로 하나님의 자녀가 된 그리스도인들은 약속을 따라 난 "자유 있는 여자의 자녀"라고 합니다.

3) 권고: 성령의 열매(5~6장)

신학적인 논증에 이어 바울은 마무리 단계로 실천적인 행동을 권면하고 있습니다. 이 권면은 앞의 논증과 별개의 것이 아니고 연결되는 것입니다. 즉 믿음으로 의롭다함을 얻었다고 해서 더 이상 의롭게 살지 않아도 된다는 것이 아니라 성령을 받은 자로서 성령을 따라 행하며 성령의 열매 맺는 의로운 삶을 살아야 한다는 것입니다.

종의 멍에를 메지 말라(5:1~12). 앞 장 마지막에서 바울은 이방 그리스도인이 자유자의 자손이라고 선언했습니다. 거기에 기초해 그는 이방 그리스도인들이 할례를 받아 유대인처럼 되려고 하는 것은 종의 멍에를 메는 것이라고 하며 그렇게 하지 말라고 권면합니다.

자유자의 삶(5:13~6:10). 자유자의 자녀가 되었다고 해서 방종하며 살 수 있다는 것을 의미하지는 않습니다. 5장 13~15절은 서론적 명령으로서 바울은 자유로 육체의 기회를 삼지 말고 사랑으로 종노릇 하라고 합니다. 5장 16~24절은 자유를 육체의 기회로 삼는 삶이 어떤 것인지를 예시하면서, 그렇게 육체의 욕심을 따라 방탕하게 살지 말고 오직 성령의 열매 맺는 삶을 살라고 합니다. 5장 25절~6장 10절은 사랑의 종노릇 하는 삶의 표본을 보여 줍니다. 서로 화나게 하거나 다투지 말고, 서로 돌아보아 짐을 나누고, 스스로의 책임을 다할 것이며, 최선을 다해 이웃에게 선을 행하며 살아야 합니다.

마무리(6:11~18). 바울이 직접 필사하며 서신을 마무리합니다. 육체의 자랑을 일삼는 유대주의자들은 갈라디아 성도들에게 할례를 받게 한 것을 스스로의 자랑으로 여길 것입니다. 그러나 바울은 오직 예수 그리스도의 십자가만 자랑한다고 합니다. 그래서 그는 할례의 흔적을 자랑하는 것이 아니라 예수 그리스도의 흔적 즉 주를 위해 고난당하여 몸에 상처를 가진 것을 자랑합니다.

에베소서

교회 연합 ^B

〈갈라디아서〉가 근본적인 구원의 진리로서 믿음으로 구원을 받는다는 것을 설명하고, 〈에베소서〉는 구원받은 개개인이 그리스도의 몸인 교회 안에서 연합된 공동체라는 것을 가르칩니다. 특히 이 편지를 받는 독자는 에베소에 있는 성도들 곧 이방 그리스도인들로서, 바울은 이방인들이 먼저 믿은 성도들과 동일한 하나님 나라의 시민인 것을 강조하고, 그에 합당한 삶을 살 것을 권면합니다.

1) 한 몸 된 교회(1~3장)

바울의 송영과 기도(1장). 바울은 인사말을 하고(1~2절), 그다음에 하나님이 그리스도 예수 안에서 성도에게 주신 신령한 복과 그 목적을 설명하며 찬송합니다(3~14절). 그는 신령한 복을 네 가지로 제시하고 있으며, 여기에는 선택부터 시작해서 궁극적인 구원에 이르기까지 논리적이고 순차적인 흐름이 있습니다.

(1) **선택(3~6절):** 하나님이 그리스도 안에서 성도를 택하시고 하나님의 아들들이 되게 하시고, 이로써 예수 그리스도 안에서 우리에게 주시는 은혜의 영광을 찬송하게 하셨습니다.
(2) **사죄(7~10절):** 모든 성도는 그리스도 안에서 그의 피로 말미암아 죄 사함을 받고 구원을 받았고, 이로써 모든 것이 그리스도 안에서 통일됩니다.
(3) **기업(11~12절):** 성도는 하나님의 주권적인 예정과 계획대로 그리스도 안에서 하나님의 기업이 되었고, 또 그 안에서 영광의 찬송이 될 것입니다.
(4) **보증(13~14절):** 이방인 성도들도 복음을 듣고, 믿고, 성령으로 인치심을 받았으며, 이 보증을 따라 하나님은 모든 성도를 끝까지 구원하실 것입니다.

찬송에 이어 15~19절은 바울이 에베소 성도들에 대한 감사와 기도 제목을 설명합니다. 그의 기도는 성도들이 하나님을 알고, 아울러 그의 부르심의 소망과, 기업의 영광의 풍성함과, 그리고 그것을 이루시는 능력의 위대함을 아는 것입니다. 20~23절은 하나님의 능력이 그리스도 안에서 어떻게 역사했는지를 설명합니다. 즉 하나님이 그리스도를 죽은 자 가운데서 살리시고 그를 만물의 통치자와 교회의 머리가 되게 하셨습니다.

성도를 살리심(2:1~10). 그리스도를 살리시고 높이신 하나님의 능력이 성도들에게도 역사했습니다. 즉 하나님은 허물로 죽은 죄인들을 그리스도와 함께 살리시고 또 그와 함께 하늘에 앉히셨습니다. 그러므로 구원은 우리의 행위에서 난 것이 아니고 전적으로 하나님의 은혜입니다.

성도의 공동체를 이루심(2:11~22). 하나님의 능력은 개인의 구원에서 그치는 것이 아니라 구원받은 성도들을 연합하게 하시는 역사를 이루십니다. 특히 이방인들은 약속의 언약에서 소외되었고 언약 백성에게서 할례 없는 자라고 무시를 받는 처지에 있었지만, 이제 그리스도 예수 안에서 성도들과 동일한 시민이요 하나님의 가족이 되었습니다.

이방인을 위한 바울의 소명과 기도(3장). 바울은 이방인의 구원을 위한 자신의 소명에 대한 긍지와 확신을 표현하면서, 옥중에 있는 자신의 처지 때문에 성도들이 낙심하지 않도록 권고합니다(1~13절). 그는 그리스도의 비밀 곧 이방인들이 그리스도 예수 안에서 유대인과 동등한 상속자가 되게 하신다는 하나님의 놀라운 경륜을 계시로 받고서 그 사명을 위해 헌신하고 있기 때문입니다. 14~21절은 바울의 기도와 송영으로서 1장의 송영/기도와 짝을 이루며 〈에베소서〉 전반부를 마무리합니다.

2) 연합된 삶(4:1~6:9)

1~3장에서 바울은 이방인도 그리스도를 믿는 믿음 안에서 구원공동체에 속한 한 식구가 된 것을 선포했습니다. 이제 후반부 4~6장은 구원받은 백성으

로서 그들이 어떻게 살아야 할지에 대해 보다 실천적인 권면을 담고 있습니다. 그 가운데 4장 1절~6장 9절은 공동체의 삶에 대한 것입니다.

연합: 하나 되게 하신 것을 지키라(4:1~16). 1~6절에서 바울은 구원의 한 경륜에 기초해 성도들이 서로 사랑하고 연합하여 하나 되게 하신 것을 지키라고 합니다. 7~16절은 각각의 성도들이 다양한 은사를 받았으나 서로 조화를 이루며 그리스도의 한 몸을 이루라고 합니다.

진실: 의와 진리의 새 사람을 입으라(4:17~5:14). 이방인의 허망한 혹은 거짓된 삶의 방식을 버리고 하나님의 형상을 따라 의와 진리의 거룩함으로 지으심을 받은 새 사람이 되라고 합니다(4:24). 또한 하나님을 본받아 정결한 삶을 살며(5:1) 빛의 자녀들로서 빛의 열매 곧 모든 착함과 의로움과 진실함을 이루는 삶을 살아야 합니다(5:9).

지혜: 피차 복종하라(5:15~6:9). 지혜 없는 자처럼 살지 말고, 어떻게 살아야 할지 주의 뜻이 무엇인지 진지하게 살피며 지혜롭게 살아야 합니다. 18~20절은 하나님과 수직적인 관계에 대한 것으로서 공동체가 함께 찬송하며 감사함으로 예배드리는 삶을 살 것을 권면합니다. 5장 21절~6장 9절은 수평적인 인간관계에 대한 권면으로서 피차 복종하며 살 것을 말씀입니다.

3) 영적 전쟁(6:10~24)

마지막으로 권면하는 말씀은 악한 시대를 경계하며 악의 영들과 싸우는 영적 전쟁을 준비하라는 것입니다(6:10~17). 이 메시지를 전달하기 위해 바울은 하나님의 전신갑주라는 비유로 사용하고 있습니다(참조. 사 59:17). 그런데 악한 영과 싸움이라고 해서 어떤 신비적인 힘을 갖추라는 의미가 아닙니다. 의와 진리, 평안의 복음, 믿음, 말씀 등 그리스도인으로서 신실한 성품과 관계되어 있는 것입니다. 물론 이것이 단순히 도덕적인 윤리를 가르치는 말씀은 아닙니다. 여기에는 성령 안에서 기도하는 영성이 뒷받침되어야 합니다. 마지막으로 바울은 자신을 위한 기도를 부탁하고(6:18~20), 끝인사로 서신을 마무리합니다(6:21~24).

〈이사야서〉 59장 17절을 적어 봅시다.

_____

_____

빌립보서

내적 기쁨 ⓒ

〈빌립보서〉는 바울이 로마의 감옥에 감금되어 생명의 위협을 받고 있는 중에 쓴 편지입니다. 그런 어려운 상황임에도 불구하고 이 편지의 어조는 긍정적이고 그 안에 기쁨이 넘쳐납니다. 이것은 바울이 이 서신을 쓴 목적과 잘 어울립니다. 즉 바울 자신이 복음을 위해 헌신하다 기꺼이 고난을 받는 것처럼, 성도들도 그리스도를 위해 박해 받을 때에 낙심하지 않고 인내하여 능히 이겨내기를 권고하는 것입니다(1:29~30).

1) 바울의 기쁨(1:1~26)

서론(1:1~11). 서신의 도입으로서 바울은 인사(1~2절)와 함께 감사와 기도(8~11절)를 제시합니다. 감사에서는 바울의 사역을 도운 빌립보 교인들의 선행이 잘 나타나 있습니다(3~7절). 바울은 빌립보 교인들이 그의 사역을 돕는 데 참여한 것에 대해 기쁨으로 하나님께 감사하며 그들의 선행이 주님 오실 때까지 지속될 것을 확신한다고 합니다. 바울 역시 항상 빌립보 교인들을 생각하며 기도하고 있습니다(8~11절). 그는 빌립보 교인들이 그리스도의 날까지 더욱더 사랑과 지식에 성숙하여 하나님의 영광과 찬송이 되기를 기도합니다. 이와 같은 바울의 기도는 이 서신 전체에 흐르는 그의 권면의 요지를 잘 반영하고 있습니다.

바울의 투옥과 복음 전파(12~26절). 이 편지를 쓸 당시 바울은 감옥에 있었습니다. 그가 투옥되자 주님을 신뢰하며 좋은 뜻으로 전도를 더 열심히 하는 사람이 있는가 하면, 투기와 경쟁심으로 전도하는 사람들도 있었습니다. 그러나 바울이 그런 사람들 때문에 낙심하지 않고 기뻐할 수 있었던 것은 어떻게 해서든지 예수 그리스도가 전파되기 때문이었습니다. 바울은 자신이 어떤 처지에 있든지 예수 그리스도가 존귀하게 되기를 바라는 마음뿐이었습니다. 그래서 그는 그대로 죽는 것도 두렵지 않았지만, 사는 동안에 남은 성도들의 "믿음의 진보와 기쁨"을 위해서 사역하고자 했습니다. 그래서 다음의 권고를 제시합니다.

2) 기쁨의 권고(1:27~2장)

바울은 복음에 합당한 삶을 살라고 권면합니다. 그것은 한편으로 공동체 안에서 복음의 신앙을 위해 협력하는 것과 다른 한편으로 공동체를 위협하는 대적자들 때문에 두려워하지 않고 담대하게 대처하는 것입니다(27~28절). 그래서 2장은 공동체 안의 협력을 3장은 대적자들에 대한 대처를 다룹니다.

겸손하게 연합하라(2:1~11). 공동체 안에서 협력하고 하나가 되기 위해 가장 중요한 덕목은 겸손입니다. 바울이 감옥에 있을 때 "투기와 분쟁"으로 전도하는 사람들처럼 다툼이나 허영으로 주의 일을 하려고 하지 말아야 합니다. 또한 빌립보 교인들이 바울의 쓸 것을 도와주어 그의 사역에 참여한 것처럼 공동체 안에서 기꺼이 다른 사람들의 일을 돌아보아야 할 것입니다. 바울은 이런 겸손과 헌신의 예로 예수님의 모범을 제시합니다. 그는 하나님과 동등하신 분이지만 낮아지시고 십자가에 죽기까지 순종하셨습니다. 그리스도인들은 이런 예수님의 심정으로 다른 사람들을 섬겨야 합니다.

기쁨으로 구원을 이루라(2:12~30). 바울은 또한 "너희 구원을 이루라."고 합니다. 그리고 이것은 궁극적으로 하나님이 하시는 일이므로 원망과 불평을 하지 말고 따르라고 합니다. 이것은 앞에서 바울이 말한 "믿음의 진보와 기쁨"을 이루라는 권고입니다. 바울 역시 이것을 위해 기쁨으로 봉사할 것을 약속합니다. 하지만 바울은 감옥에 갇혀 있어 성도들을 위해 봉사할 수 없으므로 대신 동역자인 디모데(2:19~34)와 에바브로디도(2:25~30)를 추천하여 그들에게 보냅니다. 그리고 빌립보 교인들에게 기쁨으로 그들을 영접하고 존귀하게 여기도록 권고합니다.

〈빌립보서〉 2장 12~18절을 적어 봅시다.

_____

_____

_____

_____

_____

_____

_____

_____

_____

3) 주 안에서 기뻐함(3~4장)

바울은 대적자들에 대해 어떻게 대처할 것인지를 교훈하며 근본적으로 성도가 기뻐할 수 있는 원동력은 오직 주님이신 것을 강조합니다.

오직 그리스도를 바라라(3:1~4:1). 여기에서 바울이 생각하는 대적자는 이방 그리스도인들에게 할례를 강요하는 자들입니다. 그들은 구약에서 언약 백성의 표징으로 실시하게 한 할례를 자랑으로 여기고 이방인들에게도 강요합니다. 하지만 바울은 자기가 가지고 있는 모든 유대적 배경이나 자랑을 오히려 해로운 것 혹은 배설물처럼 여기고 버렸습니다. 왜냐하면 예수 그리스도를 아는 지식이 가장 고상하며 오직 그를 믿음으로 의롭다 함을 얻기 때문입니다(3:1~9). 3장 10절~4장 1절은 그리스도를 얻는 것이 무엇인지 왜 그가 최고의 가치인지를 장래의 소망을 통해 설명합니다. 성도는 그리스도와 함께 부활을 얻을 것이며(3:11), 위에서 부르신 부름의 상이 있으며(3:14), 우리의 낮은 몸도 주님 오시는 날에 영광스럽게 변화될 것입니다(3:21).

마지막 권면과 마무리(4:2~23). 바울은 서신을 마무리하면서 다른 동역자들을 추천하고, 그들을 도울 것을 부탁합니다(2~3절). 4~7절에서는 스스로 내면의 기쁨, 이웃과의 관계에서 관용, 그리고 하나님과 관계에서 기도생활을 권면합니다. 또한 모든 일에 덕스러운 신앙인이 되기를 권고합니다(8~9절). 마지막으로 빌립보 교인들이 바울의 쓸 것을 돕기 위해 선물을 보내 준 것에 감사하고(10~20절) 끝인사로 마무리합니다(21~23절).

골로새서

거짓 교훈 ^D

〈빌립보서〉는 성도 내면의 기쁨을 강조한 반면 〈골로새서〉는 골로새 교인들의 믿음을 위협하는 외부의 철학과 헛된 속임수(2:8)에 대해 경계합니다. 그것이 어떤 가르침인지 실체는 분명히 언급되어 있지는 않지만 바울의 반론을 종합해 보면 예수 그리스도를 아는 지식을 곡해하는 거짓 교훈이었을 것으로 추정됩니다.

1) 그리스도의 나라(1:1~2:5)

감사와 기도(1:1~14). 서신을 시작하는 인사(1~2절) 뒤에 바울은 골로새 교인들의 덕을 칭찬하며 하나님에게 감사를 표현합니다(3~8절). 그들은 복음의 진리의 말씀을 듣고 난 이후로 믿음과 사랑과 소망의 덕을 보였습니다. 감사에 이어 바울은 성도들을 위한 기도를 제시합니다(9~14절). 바울은 성도들이 신앙의 바른 지식을 갖고 선한 행위의 열매를 맺으며, 끝까지 인내하여 예수 그리스도의 나라에서 유업을 얻어 하나님에게 감사드리게 되기를 기도합니다.

그리스도 안에서 화목된 세상(1:15~23). 바울은 앞의 마지막에서 언급한 예수 그리스도의 나라에 대해 자세하게 설명합니다. 그리스도는 하나님의 형상이시며 세상 모든 만물의 주권자이시며, 교회의 머리이십니다. 그런 예수님이 십자가에 못 박혀 죽으심으로 타락하여 하나님과 원수된 세상을 다시 하나님과 화목되게 하시고(20절) 또 죄인들이 하나님 앞에 깨끗하게 설 수 있게 하셨습니다(21~22절). 바울은 골로새 교인들에게 이와 같은 복음의 진리 위에 굳게 설 것을 권면하며 자신은 그 복음의 일꾼이라고 했습니다.

하나님의 비밀인 그리스도(1:24~2:5). 바울은 복음의 일꾼으로서 자신의 사명은 이방인을 구원하시려는 하나님의 말씀이 이뤄지도록 하는 것이라고 합니다. 그것은 그전에 감추어져 있다가 이제 나타난 비밀이며 그 비밀의 핵심은 바로 그리스도입니다. 그래서 그는 각 사람에게 그리스도를 전파하여 모두 다 그리스도 안에서 완전한 자로 세우고자 최선을 다합니다(1:24~29). 또한 바울은 골로새 교인들을 비롯해 그를 직접 만나지 못했던 다른 성도들도 하나님의 비밀인 그리스도를 바로 알아서 아무라도 그들을 교묘한 말로 속이지 못하게 하려고 이 편지를 쓰고 있는 것입니다(2:1~5).

2) 초등학문(2:6~23)

바울은 성도들을 향해 오직 그리스도 안에서 굳게 서고(6~7절), 다른 사람들이 전하는 철학과 헛된 속임수에 흔들리지 말라고 합니다. 9~15절은 그리스도의 성품과 그를 통해 이루시는 하나님의 구원의 역사를 설명합니다. 그는 성육신하신 완전한 하나님이십니다. 하나님은 예수 그리스도와 연합한 성도들로 하여금 중생(12절), 사죄(13절), 자유(14절), 승리(15절)를 얻게 하셨습니다. 이와 같이 성도는 그리스도를 통해 구원을 받았으므로 율법주의의 비판(16~17절)이나 신비주의의 정죄(18~19절)를 받을 필요가 없고 또 금욕주의를 따를 필요가 없습니다(23절).

3) 위에 속한 삶(3~4장)

위의 것을 찾으라(3:1~17). 성도가 율법주의의 비판이나 그 밖에 다른 정죄로부터 자유롭다는 것이 방종한 삶을 살아도 된다는 의미는 아닙니다. 그리스도와 함께 다시 살리심을 받은 성도는 땅의 것이 아닌 "위의 것"을 추구하며 살아야 합니다.

(1) **개인적 차원(3:5~11):** 정욕과 탐심, 분노와 거짓 등 악한 생각과 행실을 버리고 창조주의 형상을 회복해야 합니다.

(2) **사회적 차원(3:12~15):** 긍휼, 자비, 겸손, 온유, 오래 참음, 관용, 사랑, 평강,

감사 등 공동체 안에서 바른 관계를 유지하는 덕을 가져야 합니다.

(3) **신앙적 차원(3:16~17):** 그리스도의 말씀으로 가르치고 권면하며 신령한 노래로 찬송하며 주의 이름으로 행동하고 말하며, 하나님 아버지께 감사해야 합니다.

근본적인 인간관계(3:18~4:1). 성도는 위의 것을 추구한다고 해서 이 땅에서 인간관계를 소홀히 하지 않습니다. 바울은 가장 가까운 인간관계, 즉 부부(3:18~19), 부모와 자녀(3:20~21), 상전과 종(3:22~4:1)의 관계에서 질서와 사랑을 이루어 가도록 교훈합니다.

마무리(4:2~18). 마지막으로 바울은 짤막하게 기도와 감사생활을 계속할 것을 권하고 또 자신의 복음 전파 사역을 위해 기도해 줄 것을 요청하며, 불신자들에게 지혜롭게 대처할 것을 권면합니다(2~6절). 그다음에 동역자들에 대한 요청과 안부 및 끝인사로 서신을 마무리합니다(7~18절).

데살로니가서

Ⓔ 종말의 대비

〈데살로니가서〉는 교회를 향한 서신의 마지막 책으로서 예수 그리스도의 재림과 부활에 대해 교훈함으로써 성도들이 종말에 대한 건전한 기대를 갖고 준비하게 합니다. 그중에서 〈데살로니가전서〉는 다시 두 부분으로 나뉘어 전반부는 과거의 회고적인 내용을 담고 있고(1~3장), 후반부는 주로 권면으로서 특히 재림을 기다리는 성도의 자세에 대해 교훈합니다(4~5장). 재림의 주제는 〈데살로니가후서〉 3장 전체에서 다뤄지며 특히 미혹하는 자에 대한 경계를 담고 있습니다(1~3장).

1) 감사(살전 1~3장)

1~3장에는 바울의 사역에 대한 회고와 함께 데살로니가 교회의 덕을 칭찬하는 세 번의 감사가 표현되어 있으며(1:2, 2:13, 3:9), 이 감사의 고백을 중심으로 세 단원으로 나누어 볼 수 있습니다.

모범적인 신앙에 대한 감사(1장). 바울의 첫 번째 감사 제목은 데살로니가 교인들이 복음을 받아들이고 신앙생활을 잘하고 있다는 것입니다. 그들은 "믿음"으로 사역하고, "사랑"에서 우러나오는 수고를 하며, 예수 그리스도에 대한 "소망"을 가지고 인내하였습니다. 그래서 그들은 다른 믿는 자들의 모범이 되었고, 그들에 대한 좋은 소문이 널리 퍼졌습니다. 그 소문은 바울과 그 일행을 통해 복음이 어떻게 들어갔는지, 복음을 들은 이후에 어떻게 우상숭배자에서 하나님을 섬기는 자로 변화되었는지, 그리고 그들이 어떻게 예수 그리스도의 강림을 기다리고 있는지에 대한 것이었습니다.

처음 사역의 회고(2:1~16). 칭찬 어린 감사에 이어 바울은 데살로니가 교회에 처음 복음을 전하던 상황을 회고합니다. 1~12절은 전도자로서 바울의 자세를 그리고 13~16절은 복음을 듣는 데살로니가 교인들의 자세를 보여 줍니다. 바울은 고난 가운데서 복음을 전하면서 사람에게 보이려는 위선으로 하지 않고 하나님이 보시기에 진실하게 했습니다(1~5절). 그렇다고 사람을 함부로 대한 것은 아닙니다. 스스로 영광을 구하거나 권위를 주장하기보다는, 어머니가 젖먹이를 대하듯이 사랑으로 유순하게 성도들을 대하고 또 아버지가 자녀에게 하듯이 부드럽게 훈육했습니다(6~12절). 바울은 자신의 사역이 헛되지 않게 데살로니가 교인들이 그가 전하는 말씀을 사람의 말로 받지 않고 하나님의 말씀으로 받은 것을 하나님에게 감사했습니다. 또한 유대인 성도들이 다른 유대인들의 박해 가운데 복음을 받아들였던 것처럼 데살로니가 교인들도 동족의 박해를 무릅쓰고 복음을 받아들였음을 칭찬합니다.

디모데의 파송(2:17~3장). 처음 복음을 전한 이후로 바울은 데살로니가를 다시 방문하려고 애썼지만 길이 막혔습니다(2:17~20). 그래서 바울은 디모데를 대리자로 파송해 그들을 돌보게 했는데, 그후로 바울은 디모데를 통해 그들이 환난 중에도 흔들리지 않고 믿음에 굳게 선 것과 또 그들 역시 바울을 보기를 간절히 원한다는 보고를 받고 큰 위로를 받았습니다(3:1~8). 그런 가운데에서도 바울은 여전히 직접 그들을 방문해서 그들을 신앙적으로 더 양육할 수 있게 되기를 원했습니다(3:9~13). 그만큼 바울은 데살로니가 교인들을 아끼고 사모하고 있었습니다.

2) 권면(살전 4~5장)
바울은 데살로니가 교인들에게 다시 방문하기를 원해도 여전히 갈 수 없는 형편이라 편지로 그들을 권면합니다. 그는 먼저 현실 속에서 성도들이 거룩하게 살아야 할 것인지를 가르치고(4:1~12), 그다음에 주의 강림을 대망하며 깨어 있으라고 권면합니다(4:13~5:11).

하나님을 기쁘시게 하는 삶(4:1~12). 1~2절은 서론적인 권유로서 바울은 데살로니가 교인들에게 그들이 처음 배운 대로 하나님을 기쁘시게 하는 삶을 살라고 합니다. 여기에는 성적 순결(3~8절)과 형제 사랑(9~10절) 그리고 근면하게 자기 일을 하는 것이 포함되어 있습니다(11~12절).

주의 강림(4:13~5:11). 성도는 현재의 삶에 충실하지만 동시에 부활과 종말에 대한 내세 신앙을 가지고 있어야 합니다. 바울은 먼저 성도들이 다른 사람들과 같이 죽은 사람에 대해 슬퍼할 이유가 없다고 합니다. 왜냐하면 죽은 자들은 주님 강림하실 때에 부활하고 그때에 살아남은 자들은 그들과 함께 공중으로 들려 올라가 그리스도를 영접하고 그후에 모두 다 주님과 함께 영원히 있게 될 것이기 때문입니다(4:13~18).

바울은 5장 1~11절에서 주의 강림을 기다리는 자세에 대해 말합니다. 그 시기는 아무도 알지 못하고, 도적같이 갑자기 임할 것이며, 또 아무도 그 심판을 피할 수 없습니다(1~3절). 그러므로 성도는 항상 깨어 준비하고 있어야 하며(4~8절), 또 피차 권면하여 덕을 세우도록 해야 합니다(9~11절).

마무리(5:12~28). 바울은 마지막 권면과 끝인사로 서신을 마무리합니다. 무엇보다 먼저 공동체 안의 지도자를 존중하는 가운데 상호 간의 화목을 도모해야 합니다(12~13절). 권계가 필요한 사람, 또는 도움과 격려가 필요한 약한 자를 돌봐야 하며(14절), 원수까지도 선대해야 할 것입니다(15절). 마지막 간결한 문장으로 내적 혹은 영적생활에 대한 권면을 하고(16~22절), 마지막 기원과 끝인사를 썼습니다(23~28절).

3) 미혹의 경계(살후 1~3장)

〈데살로니가전서〉는 주의 강림에 대한 긍정적인 기대를 격려하는 권면인 반면, 〈데살로니가후서〉는 주의 날이 이르렀다고 미혹하는 자들에게 속지 말라는 경계를 하고 있습니다.

인사와 기도(1장). 1장은 서신의 전형적인 틀을 따라 첫 인사(1~2절)와 감사 기도 및 칭찬(3~12절)을 기록하고 있습니다. 바울은 데살로니가 교인들이 믿음이 성장하고 사랑이 풍성하며 박해와 환난을 견디고 있음을 감사하고 있습니다. 그리고 하나님이 장차 공의로운 심판을 통해 그들에게 보상하시고, 반대로 그들을 괴롭게 하는 자들을 벌주시는 최후의 심판에 대해 증거합니다(5~10절). 마지막은 데살로니가 교인들이 부르심에 합당하게 선한 열매를 맺게 되기를 비는 소원 기도입니다(11~12절).

주의 날에 대한 미혹(2장). 본격적인 권면으로서 바울은 성도들에게 주의 강림에 대해 주의 날이 이르렀다고 하는 말에 마음이 흔들리거나 두려워하지 말라고 합니다. 즉 재림이 이루어졌는데 "그 앞에 모임"에서 소외된 것은 아닌가 하는 걱정을 할 필요가 없다는 것입니다. 그러면서 바울은 말세의 징조로서 배교와 "불법의 사람"이 나타날 것이라고 예고했습니다. 이 불법의 사람이 누구인지는 불확실하지만 확실한 것은 재림하신 예수님이 그를 죽이시고 최후의 승리를 얻으신다는 것입니다.

불법의 사람이 나타나도록 허락하신 것은 진리를 믿지 않고 불의를 좋아하는 사람들을 심판하기 위한 것입니다(9~12절). 하지만 이와 반대로 성도들은 진리를 믿음으로 구원을 얻게 하셨기 때문에 바울은 하나님에게 감사하며 그들에게 받은 가르침대로 끝까지 믿음의 전통을 지키라고 권고합니다(13~15절). 그리고 하나님이 그들을 위로하시고 또 선한 일과 말에 굳건하게 되도록 기도합니다.

권면과 인사(3장). 끝으로 바울은 성도들에게 자신의 선교 사역을 위해 그리고 하나님의 보호하심을 위해 기도해 줄 것을 요청합니다(1~2절). 성도들에 대해서는 하나님이 그들을 끝까지 붙드실 것을 확신합니다(3~5). 마무리 권면으로서 바울은 게으름(6~12), 낙심(13), 불순종(14~15)에 대해 경계하고 끝인사로 서신을 마무리합니다(16~17).

❖ 〈갈라디아서〉, 〈에베소서〉, 〈빌립보서〉, 〈골로새서〉, 〈데살로니가서〉를 정리해 봅시다.

	로마서	고린도서		갈라디아서~데살로니가서	디모데서~빌레몬서
	이신칭의	신앙공동체		교회 서신	개인 서신
바울서신	칭의	고전	들은 문제	갈라디아서 ( )	
	새 생명		쓴 문제	에베소서 교회 연합	
				빌립보서 ( )	
	이스라엘	고후	변론	골로새서 거짓 교훈	
	새 생활		권면	데살로니가서 ( )	

※ 〈갈라디아서〉, 〈에베소서〉, 〈빌립보서〉, 〈골로새서〉, 〈데살로니가서〉 외에 나머지 빈칸은 해당 단원에 가서 차례로 정리할 것입니다.

4과
디모데서~빌레몬서

〈디모데서〉부터 〈빌레몬서〉까지는 바울이 개인을 대상으로 쓴 편지입니다. 〈디모데서〉는 바울이 믿음의 아들이요 선교 동역자인 디모데에게 보낸 편지입니다. 바울은 에베소 교회에서 약 3년 동안 사역하고 떠나면서 디모데를 대리자로 세워 목회하게 했습니다(딤전 1:3, 4:13). 〈디도서〉의 수신자 디도 역시 바울이 믿음의 아들이요 동역자로 여기는 사람으로서, 그는 그레데에 목회하도록 남겨졌습니다. 〈빌레몬서〉의 경우 인사말을 보면 수신인이 빌레몬과 교회로 되어 있지만, 그 내용으로는 바울이 빌레몬 개인에게 보내는 메시지를 담고 있습니다.

연대적인 순서로 보면 바울이 로마의 감옥에서 쓴 〈빌레몬서〉가 가장 먼저 옵니다. 〈디모데전서〉와 〈디도서〉는 감옥에서 풀려 나온 후 쓴 것으로 보입니다. 교부 시대의 역사가 유세비우스의 증언에 따르면 바울은 감옥에서 풀려난 후 다시 선교지로 갔다가 로마로 돌아온 후 다시 체포되어 네로에 의해 처형당했습니다. 〈디모데후서〉는 바로 이 두 번째 투옥 후 죽음을 앞두고 쓴 것입니다.

개인 서신

〈디모데서〉와 〈디도서〉는 교회의 지도자에게 보내는 편지로서 지도자 자신을 위한 권면과 함께 교회를 어떻게 감독할 것인지에 대한 목회 지침을 담고 있습니다. 그래서 이 서신들은 목회 서신이라고 분류합니다. 〈디모데전서〉에서 바울은 젊은 목회자 디모데에게 교회의 조직을 비롯해 전반적인 사역에 대해 조언합니다. 반면에 〈디모데후서〉는 바울이 자신의 때가 얼마 남지 않을 것을 알고서 쓴 유언과도 같은 서신입니다. 그래서 처음 편지에서보다 개인적인 권고가 두드러지고 있습니다. 즉 목회자의 자세에 초점을 맞추어 복음을 위해 고난을 감수하라고 합니다. 〈디도서〉에서 바울은 방종하는 그레데인들을 깨우쳐 선한 일에 힘쓰게 하도록 지도하라고 합니다(1:12~13). 목회자로서 성도들을 바르게 인도할 것을 강조하는 것입니다.

〈디모데서〉~〈빌레몬서〉의 구조와 요점

1 목회 지침 (디모데전서)	바울이 디모데에게 거짓 교사들을 제재하고 바른 지도자를 세워 바른 교훈을 가르치라고 합니다.		
	1) 바른 지도자(1:1~3:13) 거짓 교사들이 교회에서 다른 교훈을 가르치지 못하도록 하고, 올바른 지도자들을 세우도록 권면합니다.	**2) 경건의 훈육**(3:14~4장) 외식하는 거짓 교사들을 경계하고 경건에 이르도록 스스로 훈련하며 다른 사람을 잘 가르치라고 합니다.	**3) 훈육 지침**(5~6장) 성도들을 가족처럼 아끼는 마음으로 훈육하고, 또 사역자로서 물질의 욕심은 버리고 자족하도록 권면합니다.
2 종의 자세 (디모데후서)	바울이 감옥에서 최후를 맞이하며 디모데에게 목회자로서 고난을 감수하고 충성할 것을 권면합니다.		
	1) 고난받는 종(1:1~2:13) 복음을 위해 감옥에 갇힌 바울이 디모데에게도 자신과 같이 고난받기를 각오하라고 합니다.	**2) 쓰임 받는 종**(2:14~3장) 디모데가 하나님에게 인정받아 사역자로 쓰임 받도록 먼저 말씀을 잘 배우고 경건하게 살도록 권고합니다.	**3) 마지막 유언**(4장) 바울이 죽음을 앞두고 디모데에게 전도자의 직무를 다할 것을 명령하고 축복으로 편지를 마무리합니다.
3 성도의 선행 (디도서)	바울이 그레데의 목회자 디도에게 성도들로 하여금 선한 일에 힘쓰도록 바르게 지도하라고 합니다.		
	1) 지도자(1장) 바울은 디도에게 바른 교회 지도자를 세우고, 거짓 선생들은 책망하여 성도들을 보호하라고 합니다.	**2) 선행 지도**(2장) 교회 안의 여러 사람들에게 바른 교훈에 합당하게 선한 일을 열심히 하며 살도록 지도하라고 합니다.	**3) 온유한 대처**(3장) 성도들도 은혜로 의롭다 함을 얻었다는 것을 기억하고, 외부의 사람들에 대해 온유하게 대처해야 합니다.
4 관용의 요청 (빌레몬서)	바울이 빌레몬의 종 오네시모를 원 주인에게 돌려보내며 그에게 관용을 베풀어 달라고 요청합니다.		
	1) 인사와 칭찬(1~7절) 바울이 빌레몬에게 문안 인사를 하고 예수와 성도에 대한 그의 사랑과 믿음에 대해 칭찬을 합니다.	**2) 요청**(8~20절) 오네시모를 원 주인 빌레몬에게 보내는 이유를 설명하며 그를 선처하고 돌려보내 주기를 요청합니다.	**3) 마무리**(21~25절) 빌레몬의 순종을 확신하며 다른 요청과 함께 끝인사로 편지를 마무리합니다.

디모데전서

목회 지침 Ⓐ

〈디모데전서〉는 바울이 에베소에서 목회하고 있는 디모데에게 그가 "하나님 집에서 어떻게 행하여야 할지"(3:15)를 교훈하기 위해 쓴 목회 지침서입니다.

1) 바른 지도자(1:1~3:13)

바람직한 목회를 위해 무엇보다 우선하는 것은 교회 안에 거짓 교사들을 제재하고, 성경적인 권위와 질서 체계를 세우며, 바른 지도자를 세우는 것입니다.

바른 교훈(1장). 서신서의 전형적인 인사(1~2절) 뒤에 바울은 디모데를 에베소 교회에 남겨둔 이유를 상기시킵니다. 그가 대리자로서 해야 임무는 "다른 교훈"을 가르쳐 신화와 헛된 족보에 몰두하게 만드는 거짓 교사들을 막는 것이었습니다. 이들은 율법 선생인양 하지만 사실은 율법의 본질을 알지 못한 자들입니다. 바울은 율법 자체는 선한 것이며 그 목적은 죄인들로 하여금 죄를 깨닫게 하여 "바른 교훈"을 거스르지 않게 하는 것이라고 합니다(8~10절). 그리고 그 자신도 죄인이었지만 은혜를 입어 그 교훈을 맡은 자가 되었음을 고백하며, 디모데에게도 그 교훈을 가지고 선한 싸움을 싸우라고 권고합니다. 즉 예수 그리스도의 복음을 제대로 가르치라는 의미입니다.

기도와 권위(2장). 바른 교훈에 대한 권면에 이어 바울은 모든 사람을 위해서 기도하라고 하며 특히 세상의 권세자들을 위해서 기도하라고 합니다. 그래야 평안하게 경건의 생활을 유지할 수 있다는 것입니다. 또한 모든 사람을 위해 기도해야 하는 이유는 하나님은 모든 사람이 구원받기를 원하시며, 예수님 역시 모든 사람을 위해 자기를 대속물로 주셨기 때문이라고 설명합니다. 한마디로 그리스도인들은 공동체 밖의 모든 사람들에 대해서도 관심을 가지고 기도할 책임이 있다는 것입니다. 바울이 이방인을 위해 사도로 부르심을 받은 것도 모든 사람을 구원하시고자 하는 하나님의 뜻을 이루고자 하는 것입니다.

바울은 계속해서 남자들에게 경건한 공적 기도를 권고하며 아울러 여자들에게는 단정하고 소박하게 꾸미며 정절한 생활을 하도록 권했습니다(8~10절). 그리고 아담과 하와의 창조와 타락 기사를 인용하며 남자와 여자 사이의 권위와 질서에 대한 설명을 덧붙이고 있습니다(11~15절).

교회 직분자(3:1~13). 사회적 권위와 남녀의 권위 문제에 이어서 바울은 교회 안의 권위 체계와 질서를 위해 바른 직분자를 세우도록 권면하며 감독자로서 장로의 자격(1~7절)과 그리고 봉사자로서 남녀 집사의 자격을 열거합니다(8~13절).

2) 경건의 훈육(3:14~4장)

바울은 속히 에베소에 가기를 원하지만 그렇지 못할 경우를 대비해 디모데에게 목회 지침을 주고 있습니다. 여기에서 바울은 교회 안에서 올바른 경건 훈련이 이루어져야 할 것을 강조합니다. 그가 말한 경건의 핵심은 성육신하시고 부활 승천하신 예수 그리스도를 믿는 것입니다. 예수 그리스도에 대한 믿음 대신에 혼인을 금지하고 까다로운 음식법을 강요하는 것은 사람들을 미혹하게 하는 것입니다. 그래서 바울은 그런 망령되고 허탄한 신화를 버리고 참 경건에 이르도록 먼저 자신을 연단하여 다른 사람들에게 본이 되고(4:7, 12, 15), 또 그 교훈으로 다른 사람들을 가르치라고 합니다(4:6, 11, 13, 16).

3) 훈육 지침(5~6장)

다른 사람들을 가르치라는 명령에 이어 5~6장에서 바울은 다양한 사람들을 어떻게 대하고 훈육할 것인지 그리고 어떻게 자기관리를 할 것인지 등에 대해 구체적인 지침을 제시합니다.

가정적인 목회(5:1~2). 교회 안의 여러 대상들을 훈육할 때 가족을 대하듯이 하라고 합니다. 늙은이는 아버지처럼 존중하며 권면하고, 젊은이는 형제처럼 대하고, 늙은 여자는 어머니에게 하듯 하며, 젊은 여자는 자매에게 하듯 순수한 마음으로 대해야 합니다.

과부(5:3~16). 3~8절은 구제가 필요한 참 과부에 대한 지침입니다. 자녀나 손자들이 있는 과부라면 먼저 그들로 돌보게 하여 부모에게 보답하기를 배우게 합니다. 참 과부가 외롭다고 하나님에게 소망을 두지 않고 향락을 좇다 책망 받는 일이 없도록 경계해야 합니다. 9~16절에 "과부의 명부에 올릴 자"는 교회 안에서 직분을 받아 봉사할 과부들입니다. 60세 이상으로 한 남편의 아내였던 자로 선한 행실의 증거가 있는 사람이 여기에 해당했으며 연령 제한을 두고 젊은 과부를 제외한 것은 재혼할 가능성 때문이었습니다.

장로(5:17~25). 잘 다스리는 장로는 교회의 지도자로서 존중하되 특히 말씀과 가르침에 수고하는 자에게는 재정적인 후원을 제공하게 했습니다. 장로에 대한 징계는 신중하게 해야 하므로 두세 증인이 없으면 고발을 받지 말고 징계할 경우 공적으로 책망하여 다른 사람들에게 경고가 되게 해야 합니다. 21~25절은 특히 디모데에게 직접 충고하는 개인적인 권고를 담고 있습니다. 편견 없이 모든 일을 공정하게 하며 다른 지도자를 세울 때는 신중하게 하며 또 디모데의 지병을 위해 포도주를 쓰라고 합니다.

종(6:1~2). 종은 상전을 존중하고 또 같은 그리스도인 형제가 상전일 경우 더 잘 섬기라고 합니다. 이것은 그리스도인들이 사회 제도 안에서 충실하게 자기 직분을 이행하게 하여 하나님의 이름과 교회가 비방을 받지 않게 하려는 것입니다.

　　바른 경건과 재물(6:3~21). 바울은 마지막으로 디모데에게 재물과 관련된 경건에 대해 권면하고 서신을 마무리합니다. 바른 경건을 따르지 않는 사람은 투기와 분쟁 등 악한 생각을 하며 경건을 통해 뭔가 이익을 보려고 합니다. 그러나 자족할 때에 경건이 진정한 유익이 된다고 합니다. 자족하지 않고 돈을 사랑하여 부자가 되려 하면 오히려 각종 죄와 시험에 빠져 결국 패망하게 된다는 것을 경고합니다. 그래서 바울은 디모데에게 이런 욕심을 버리고 오직 올바른 경건을 추구하며 믿음의 선한 싸움을 싸우라고 권고합니다. 그러면 주님 오실 때에 복되신 만왕의 왕 만주의 주이신 하나님의 임재 앞에 서게 될 것이라고 합니다. 같은 맥락에서 바울은 디모데에게 부자들에게도 바른 재물관을 가르치라고 합니다(17~19절). 즉 재물에 소망을 두지 말고 하나님 나라를 바라보며 재물로 선한 사업과 구제에 힘쓰게 하라는 것입니다. 그다음에 바울은 디모데에게 마지막으로 거짓 교훈을 피하고 바울이 권고한 것을 지키라고 당부하며 편지를 맺습니다.

디모데후서
종의 자세 🅑

바울은 두 번째 로마 감옥에 갇힌 뒤 자신의 최후 순간이 다가오고 있음을 알고 믿음의 아들 디모데에게 유언과 같은 두 번째 편지 〈디모데후서〉를 씁니다. 〈디모데전서〉는 목회에 대한 전반적인 지침이 주 내용이었지만 여기에서는 목회자로서 디모데 개인에게 초점을 맞추어 주의 종으로서 자세를 다지도록 권면합니다.

1) 고난받는 종(1:1~2:13)

복음을 위한 고난(1:1~14). 서신은 문안 인사와 감사기도로 시작합니다(1~5절). 그다음에 바울은 디모데에게 자신이 받고 있는 고난 때문에 두려워하거나 부끄러워하지 말고 오히려 복음과 함께 고난을 받으라고 격려합니다(6~8절). 바울 자신도 고난을 부끄러워하지 않는다고 말합니다. 왜냐하면 그가 소명을 받은 것은 오직 하나님의 은혜이며, 또 하나님이 끝까지 지키실 줄을 확신하기 때문입니다. 이런 확신이 있기 때문에 디모데에게 복음의 말씀을 지키라고 권고합니다(9~14절).

바울과 함께 한 고난(1:15~2:13). 고난 가운데 있는 바울을 저버린 자들도 있었지만 오네시보로는 끝까지 바울과 함께했습니다. 바울은 디모데에게 이와 같은 본을 받아 그와 함께 고난을 받으라고 권고합니다(2:3). 그리고 예수님과 더불어 바울 자신을 고난을 견뎌 내고 승리한 모범으로 제시하며 고난을 참는 자가 궁극적으로 영광을 얻는다고 확신합니다(2:8~13).

2) 쓰임 받는 종(2:14~3장)

디모데는 한 사람의 그리스도인으로서 고난을 견뎌 내면서 동시에 지도자로서 다른 사람을 잘 이끌어 가야 할 책임이 있습니다. 이 단원에서 바울은 디모데가 다른 사람을 잘 양육하기 위해 인정받는 사역자가 되도록 지도자의 바람직한 자세에 대해 교훈하고 있습니다.

인정받는 일꾼(2:14~26). 바울은 디모데에게 하나님 앞에 인정받는 일꾼(2:15), 귀히 쓰는 그릇(2:21)이 되도록 "진리의 말씀"과 "성결한 삶"을 추구하라고 권면합니다. 14~18절에서는 진리의 말씀을 옳게 분별하고 반대로 진리가 아닌 망령되고 헛된 말을 버리라고 합니다. 거짓 교훈에 대한 실례로 부활이 지나갔다고 하는 후메내오와 빌레도의 말을 제시하며 그들은 사람들의 믿음을 무너뜨린다고 경고합니다. 19~26절은 성결의 삶에 대해 말씀합니다. 먼저 스스로 성결을 유지하며 또 성결을 추구하는 사람들과 연합하여 의와 믿음과 사랑과 화평을 이루라고 합니다. 반면에 거역하는 자들에 대해서는 다투지 말고 온유하게 훈계하라고 합니다.

경건한 종(3장). 바울은 디모데에게 말세에 대해 경고하며 그에 따라 목회자로서 어떻게 말세를 대비할지를 권면합니다. 1~9절은 사람들의 배역하는 태도가 더욱 두드러질 것을 경고합니다. 즉 교만과 다툼과 탐욕 등으로 가득차 헛된 쾌락을 추구하는 사람들이 많아진다는 것입니다. 이들은 경건의 모양은 있으나 경건의 능력을 부인하는 자들입니다. 10~17절은 불경건한 자들과 대조되는 경건한 사역자의 길을 제시합니다. 바울은 자신이 지금까지 고난 가운데 전도자의 길을 걸어왔지만 그 모든 길에서 주께서 보호해 주셨다는 것을 간증하며 디모데에게도 박해를 감수하라고 권고합니다(10~12절). 또한 악한 자들은 거짓으로 속고 속이지만, 디모데는 성경을 통해 그간 배운 것과 확신한 것을 더 확실하게 배우고 알아가라고 합니다(13~17절).

3) 마지막 유언(4장)

바울은 자기의 때가 다 된 것을 알고 마지막 권면과 부탁 그리고 축복의 끝 인사로 편지를 마무리합니다.

전도자의 직무(4:1~8). 3장에서 경고한 것과 같이 사람들이 바른 교훈을 듣지 않고 자기 욕심을 채우려고 급급하겠지만 전도자로서 어떤 상황이든지 항상 말씀을 전파하고 오래 참음과 가르침으로 사람들을 깨우치라고 합니다. 그리고 바울 자신이 그렇게 전도자로서 선한 싸움을 살아왔고 그래서 의의 면류관을 받을 것을 확신합니다. 그래서 종말의 상급은 자기뿐만 아니라 주의 나타나심을 사모하며 충성되게 사역하는 사람들을 위해 다 준비되어 있다고 하며 복음을 위해 전력을 다할 것을 격려합니다.

개인적인 요청과 끝인사(4:9~22). 바울은 여전히 디모데를 다시 보게 될 것을 기대하며 자신의 처지를 설명합니다. 함께하던 동역자 중에서 누가만 남고 다 떠나갔습니다(10~11, 16절). 하지만 그렇게 사람들은 떠나갔어도 바울은 주께서 항상 곁에 서서 힘을 주시는 것을 체험했고, 그래서 천국에 들어가도록 구원하실 것을 확신합니다(17~18절). 마지막으로 안부 인사와 축복기도로 서신을 마무리합니다(19~22절).

ⓒ 성도의 선행

〈디도서〉는 바울이 그레데에 남겨 놓은 디도에게 보내는 목회 서신입니다. 〈디모데전서〉와 〈디모데후서〉 사이에 쓰였을 것으로 추정되며, 내용으로는 〈디모데후서〉가 목회자의 각오를 강조했다면 〈디도서〉는 성도에게 초점을 맞추어 목회자가 성도 개개인들이 선한 일을 할 수 있도록 바르게 지도할 것을 권면합니다.

1) 지도자(1장)

바른 지도자(1:5~9). 바울이 디도를 그레데에 남겨 놓은 중요한 목적은 지역 교회에 장로들을 세우게 하는 것이었습니다. 그래서 바울은 디모데에게 바른 지도자의 기준을 제시합니다. 지도자는 무엇보다 먼저 가정을 잘 다스리는 자이어야 합니다(6절). 또한 하나님의 청지기로서 피해야 할 부정적인 성품 다섯 가지(7절: 고집, 분노, 술, 폭력, 탐심), 그리고 갖춰야 할 긍정적인 성품 여섯 가지를 제시합니다(8~9절: 나그네 대접, 선행, 신중, 의로움, 거룩, 절제). 지도자는 또한 말씀에 순종하는 자라야 합니다. 그래야 바른 교훈을 선포하고 또 거슬러 말하는 자들을 단호하게 책망할 수 있기 때문입니다.

거짓 교사(1:10~16). 바른 지도자들 세우는 것 못지않게 중요한 것은 헛된 말로 속이는 자들을 경계하는 것입니다. 바울은 특히 할례파 가운데 그런 거짓 교사들이 많다고 하며, 그들은 더러운 이득을 얻으려고 거짓을 가르쳐 가정을 무너뜨리므로, 그들을 꾸짖어 입을 막아 거짓 교훈을 전하지 못하게 하여 성도들을 보호하라고 합니다.

2) 선행 지도(2장)

거짓 교사들과 달리 디도는 바른 교훈에 합당한 삶을 성도들에게 가르쳐 선한 일을 행하도록 지도해야 합니다. 여기에서 바울은 교회 안의 다양한 계층의 사람들을 언급하며 성도의 도덕성이 어떻게 나타나야 하는지 구체적인 지침을 제시합니다.

(1) **늙은 남자(2절)**: 절제, 경건, 신중, 믿음, 사랑, 인내.
(2) **늙은 여자(3절)**: 거룩한 행실, 모함하지 말 것, 술에 중독되지 말 것, 선한 것을 가르침.
(3) **젊은 여자(4~5절)**: (늙은 여자를 통해 교훈하게 함) 남편과 자녀 사랑, 신중, 순전, 집안 일, 선행, 남편에게 복종.
(4) **젊은 남자(6~8절)**: (디도 자신이 선한 일의 본이 되야 함) 신중, 교훈에 부패하지 아니함, 단정함, 바른 말을 하게 함.
(9) **종(9~10절)**: 상전에게 순종, 거슬러 말하지 아니함, 훔치지 아니함, 신실함.

이상과 같이 성도가 선한 일에 애써야 하는 이유는 그래야 하나님의 말씀이나 성도들이 비방을 받지 않고 오히려 그 교훈이 빛나게 될 것이기 때문입니다(5, 8, 10절). 또한 이렇게 선행을 하는 것이 하나님이 은혜로 우리를 구원하시고, 예수 그리스도가 자신을 희생제물로 드려 우리를 깨끗하게 하신 목적에 부합한 것입니다(11~14절). 바울은 디도에게 이와 같은 교훈을 성도들에게 권위 있게 가르치라고 합니다(15절).

3) 온유한 대처(3장)

2장은 성도의 자기 관리나 가정 혹은 공동체 내부에서의 선한 생활에 초점을 맞추었다면 3장은 범위를 넓혀 교회 밖의 사회적 관계에 대해 권면하고 있습니다.

성도는 통치자나 권세에 순종하고, 다른 사람을 비방하거나 다툼을 피하며, 모든 사람에게 관용과 온유를 나타내야 합니다(1~2절). 성도들도 과거에 죄인이었는데 다만 하나님의 자비와 은혜로 의롭다 하심을 얻었기 때문에 다른 사람을 용납하고 관용을 베풀어야 합니다(3~8절). 어리석은 변론과 족보 또는 율법에 대한 논쟁이나 다툼을 피해야 하며, 이단에 속한 사람과도 굳이 싸우지 말고 한두 번 훈계한 후에 멀리하라고 합니다(9~11절). 이상과 같은 권면을 마치고 마지막에 개인적인 소식과 문안 인사 및 축복기도로 서신을 마무리합니다(12~15절).

관용의 요청 Ⓓ

〈빌레몬서〉는 바울 서신 중에서 가장 짧은 편지로서 맨 뒤에 놓여 있습니다. 내용으로는 감옥에서 바울을 만나 회심하고 그의 조력자가 된 오네시모를 원주인 빌레몬에게 돌려보내며 그를 용서해 주고 받아 줄 것을 권면하는 개인적인 서신입니다. 하지만 이것은 단지 바울과 오네시모와 빌레몬 사이의 개인적 문제만 해결하려는 것이 아닙니다. 이 서신은 그리스도인들이 다른 사람을 배려하고 관용을 베풀어 줌으로써 공동체 안의 교제와 연합이 유지되도록 교훈하는 것입니다.

1) 인사와 칭찬(1~7절)

바울은 먼저 빌레몬과 다른 성도들에게 인사를 전하고(1~3절), 빌레몬의 믿음과 사랑을 칭찬하며 하나님에게 감사를 표현합니다(4~7절). 칭찬의 이유는 그가 예수님과 형제를 사랑한다는 것이며 이것은 앞으로 바울이 말하려는 권면과 관련이 있습니다.

2) 요청(8~20절)

본론으로 들어와서 바울은 빌레몬에게 오네시모를 위한 요청을 말합니다. 그는 사도적인 권위로 명령할 수도 있었으나 그렇게 하지 않고 사랑으로 간구합니다. 오네시모는 감옥에서 바울을 만나 중생을 하고 그 뒤로 그의 충실한 심복이 되어 시중을 들었습니다. 그래서 바울은 오네시모를 계속 곁에 머물게 하고 싶었지만, 빌레몬의 자발적인 동의가 없이는 그렇게 하지 않겠다고 하여 돌려보내는 것입니다. 이런 상황에서 바울은 빌레몬에게 오네시모를 종으로서가 아니라 형제로 받아 주기를 요청합니다. 그리고 만약 오네시모가 빌레몬에게 불의를 행했거나 진 빚이 있거든 자기가 갚겠노라고 보증합니다.

3) 마무리(21~25절)

바울은 빌레몬이 순종할 것이라고 확신하며 개인적인 다른 요청과 함께 끝 인사로 편지를 마무리합니다.

❖ 〈디모데서〉, 〈디도서〉, 〈빌레몬서〉를 정리해 봅시다.

	로마서		고린도서	갈라디아서~데살로니가서	디모데서~빌레몬서
	이신칭의		신앙공동체	교회 서신	개인 서신
바울서신	칭의	고전	들은 문제	갈라디아서 참된 복음	디모데전서 목회 지침
	새 생명		쓴 문제	에베소서 교회 연합	디모데후서 (　　　)
				빌립보서 내적 기쁨	
	이스라엘	고후	변론	골로새서 거짓 교훈	디도서 (　　　)
	새 생활		권면	데살로니가서 종말의 대비	빌레몬서 관용의 요청

High
light
Bible

하 이 라 이 트 성 경

3부

히브리서~요한계시록

일반 서신

〈빌레몬서〉를 끝으로 바울 서신이 마무리되고 〈히브리서〉부터 나머지 책은 다른 사도들에 의해 기록된 서신으로서 앞에서 언급한 것처럼 특정 교회나 개인을 대상으로 한 서신이 아니라 교회 일반에 보낸 편지라는 의미에서 일반 서신이라고 부릅니다. 바울 서신에서 보았던 것처럼 일반 서신에서도 그 책들의 중심 내용을 따라 논리적인 흐름을 생각하며 전체의 그림을 이해할 수 있습니다. 먼저 〈히브리서〉는 구원의 기초를 가르칩니다. 즉, 예수 그리스도의 우월성을 강조하면서 그분을 믿음으로 구원을 얻는다는 것입니다. 〈야고보서〉와 〈베드로서〉는 성도의 행실에 대한 교훈으로서 믿음에 행함이 따라야 한다는 것을 가르칩니다. 요한의 서신들과 〈유다서〉는 성도를 미혹하게 하는 거짓 교훈에 대해 경각심을 갖게 합니다. 마지막으로 〈요한계시록〉은 하나님 나라의 궁극적 완성과 성도의 최후의 승리를 보여 줍니다.

1과
히브리서

〈히브리서〉의 저자에 대해 여러 추측이 나왔지만 어느 것도 확실하지 않습니다. 저작 시기는 그 안에 있는 내용을 통해 어느 정도 추정할 수 있습니다. 디모데의 석방(13:23)에 대한 언급을 보면 〈히브리서〉 저작 시기는 네로 황제가 즉위하여(주후 64년) 성도들을 감옥에 가두고 박해하기 시작한 그 이후일 것입니다. 또한 성전 의식이 자주 언급되고 있으므로, 아직 성전이 파괴되기 이전일 것입니다(주후 70년).

이 서신에는 오래전부터 "히브리인들에게 보낸 편지"라는 표제가 붙어 있었습니다. 내용적으로도 구약과 성전 의식에 대한 언급이 많은 것을 보면 유대인 독자를 대상으로 쓴 편지라고 보는 것이 자연스럽습니다. 그리고 저자가 헬라어 구약성경(70인경)을 자주 사용하고 있는 것으로 봐서 저자나 독자 모두 헬라파 유대인이었을 가능성이 높습니다. 왜냐하면 팔레스타인의 유대인들은 헬라어 성경을 잘 사용하지 않았기 때문입니다.

뛰어난 예수

〈히브리서〉는 일반 서신 중에서 묵시적인 〈요한계시록〉을 제외하고는 가장 긴 성경으로서 그 첫자리에 놓여 있습니다. 내용으로는 예수 그리스도가 구약의 제도와 약속을 최종적으로 성취하신 분인 것을 증거하고 있습니다. 특히 현실적인 어려움 때문에 믿음이 흔들린 성도들을 격려하면서 뛰어난 예수님을 믿음으로 영원한 안식과 구원에 이르도록 권고하고 있습니다. 이렇게 〈히브리서〉는 구약과의 연관성을 통해 예수 그리스도에 대한 믿음을 고취시키고 있다는 점에서 복음서의 첫 책인 〈마태복음〉이나 바울 서신의 첫 편지인 〈로마서〉에 견줄 만합니다.

〈히브리서〉의 구조와 요점

1 **최종 계시** (1~4장)	하나님이 마지막 시대에 뛰어난 아들 예수 그리스도를 통해 최후의 구원 계시를 말씀하셨습니다.		
	1) 뛰어난 아들(1:1~2:4) 선지자나 천사보다 뛰어난 아들을 통해 최종적으로 선포하신 구원의 말씀에 순종해야 합니다.	**2) 낮아진 아들**(2:5~18) 천사보다 뛰어난 예수님이지만 형제들을 구원하시려고 사람처럼 낮아지시고 죽기까지 고난당하셨습니다.	**3) 순종과 안식**(3~4장) 불순종하다 안식에 들어가지 못한 이스라엘처럼 되지 말고, 순종하여 영원한 안식에 들어가라고 권합니다.
2 **믿음의** **진보** (5~6장)	예수님을 본받아 성도들도 믿음의 진보를 이루며 약속의 기업을 얻기까지 인내하도록 권고합니다.		
	1) 순종의 모범(5:1~10) 예수님이 말씀에 순종하심으로 온전하게 되셔서 그에게 순종하는 모든 자에게 구원의 근원이 되셨습니다.	**2) 성숙의 권고**(5:11~6:8) 하나님 말씀의 초보로 돌아가지 말고 완전한 데로 나아가기를 힘쓰라고 권고합니다.	**3) 인내의 권고**(6:9~20) 성도에게는 더 좋은 것 곧 구원에 속한 것이 약속되어 있으므로, 약속을 받기까지 인내하라고 권합니다.
3 **새 언약** (7:1~10:18)	예수님은 약속에 따라 대제사장이 되어 단번에 영원한 속죄를 이루신 새 언약의 중보이십니다.		
	1) 약속의 직분(7장) 예수님은 하나님의 약속에 따라 대제사장이 되셔서 더 좋은 언약의 보증이 중보가 되셨습니다.	**2) 영원한 직분**(8장) 하늘의 참 장막에서 섬기시는 예수님은 낡아지거나 없어지지 않는 영원한 새 언약의 중보이십니다.	**3) 단번의 속죄**(9:23~10:18) 율법의 제사와 달리 예수님은 자기를 단번에 제물로 드려 영원히 성도를 온전하게 하셨습니다.
4 **새 생활** (10:19~13장)	새 언약 백성이 된 성도는 주님 나라를 바라보며 믿음, 소망, 사랑의 새로운 삶을 살아야 합니다.		
	1) 믿음(10:19~11장) 믿음의 조상들처럼 보이지 않는 하나님 나라를 믿음으로 바라보며 고통스러운 현실을 이겨내야 합니다.	**2) 소망**(12장) 징계와 연단이 고통스러워도 거룩에 참여하게 하시려는 뜻인 것을 알고 끝까지 거룩함을 따라 살아야 합니다.	**3) 사랑**(13장) 형제를 사랑하고 배우자에 대한 순결을 지키며 선행과 구제에 힘써야 합니다.

1. 최종 계시(히 1~4장)

하나님이 마지막 시대에 뛰어난 아들 예수 그리스도를 통해 최종적으로 구원의 계시를 선포하셨으므로 그 아들을 믿고 영원한 안식에 들어가기를 힘쓰라고 권고합니다.

1) 뛰어난 아들(1:1~2:4)

〈히브리서〉 기자는 선지자를 통해 말씀하신 하나님이 마지막 시대에 아들을 통해 말씀하셨다는 선포로 시작합니다(1~3절). 이 아들은 만유의 상속자로서 만물이 그로 말미암아 창조되었습니다. 그러므로 아들을 통한 계시는 과거의 계시보다 뛰어난 최종적인 새 계시입니다. 4~14절은 그 아들이 천사보다 뛰어난 존재인 것을 증명합니다. 그는 하나님의 아들이요, 하나님 우편에 앉으신 하나님의 대권자이며 그래서 모든 천사들도 마땅히 그를 경배하고 섬겨야 합니다. 2장 1~4절은 예수님이 그렇게 탁월하신 분이기 때문에 그를 통해 주어진 하나님의 구원 계시는 절대적이며, 그것을 등한히 여기면 무거운 형벌을 받을 수밖에 없다는 것을 경고하면서 아들을 붙들 것을 권면합니다.

2) 낮아진 아들(2:5~18)

예수님은 뛰어난 아들로서 만물을 그에게 복종하게 하실 분입니다. 하지만 아직 그 일은 이루어지지 않고 있습니다. 사람들은 오직 그가 고난받으신 후에 영광과 존귀로 관을 쓰신 것 곧 죽기까지 낮아지셨다가 부활하시고 승천하신 것만을 보았습니다. 예수님이 이렇게 낮아지신 것은 친히 죽음을 겪으시기 위해(9절), 많은 아들들을 영광에 들어가게 하시기 위해(10절), 죽음의 세력을 잡은 마귀를 멸하시기 위해(14절), 죽기를 무서워하고 종노릇 하는 모든 자들을 놓아 주시기 위해(15절), 백성의 죄를 속량하기 위해(17절), 시험 받는 자들을 도우시기 위해서였습니다(18절).

3) 순종과 안식(3~4장)

3~4장은 믿는 도리의 사도이시며 대제사장인 예수를 깊이 생각하라는 명령으로 시작해서(3:1) 믿는 도리 곧 큰 대제사장이신 아들 예수를 굳게 잡으라는 명령으로 마무리됩니다(4:14~16). 그 가운데 확신한 것을 굳게 잡으면 얻는 복(3:6, 14)과 완고하게 하지 말라는 인용과 명령(3:8, 13, 15, 4:7), 그리고 안식에 (못) 들어감이라는 주제가 반복됩니다(3:11, 18, 4:3, 5~6, 8~11). 그러므로 이 단원이 전달하는 메시지는 완고하게 하나님의 말씀을 거부하다 안식에 들어가지 못한 이스라엘 백성처럼 되지 말고, 최종 계시의 말씀을 믿고 순종하여 영원한 안식에 들어가라고 권고하는 것입니다.

신실한 아들(3:1~6). 〈히브리서〉 기자는 순종의 본으로서 예수님이 하나님에게 신실한 아들이었음을 강조하고 있습니다. 모세 역시 신실했으나 그는 하나님 집의 종으로서 신실한 것이고, 예수님은 하나님 집을 맡은 자로서 신실한 것이기 때문에 그는 모세보다 더욱 영광을 받아 마땅합니다.

이스라엘 백성의 불순종(3:7~19). 애굽에서 나온 이스라엘 백성은 마음을 완고하게 하고 불순종하다 결국 광야에서 죽고 안식에는 들어가지 못했습니다. 이것을 교훈 삼아 성도들은 악한 마음으로 믿지 않고 하나님에게서 떨어지거나 죄의 유혹으로 완고하게 되지 않도록 주의해야 합니다(12~13절).

안식에 들어가기를 힘쓰라(4:1~16). 〈히브리서〉 기자는 복음의 말씀을 들었더라도 믿지 않고 고집부리다 안식에 들어가지 못한 사람들이 있을까 염려한다고 합니다. 순종하지 않던 자들의 본에 빠지지 말고 믿는 도리이신 예수 그리스도를 굳게 붙잡고 안식에 들어가기를 힘쓰라고 합니다.

2. 믿음의 진보(히 5~6장)

앞 단원은 부정적인 본으로서 완고한 이스라엘을 언급했는데, 이 단원에서는 긍정적인 본으로서 예수 그리스도와 아브라함의 모범을 들면서 성도들에게 인내하며 믿음의 진보를 이루어 약속의 기업을 얻으라고 권고합니다.

1) 순종의 모범(5:1~10)

2장 마지막과 4장 마지막은 예수님이 우리와 똑같이 시험을 받으신 분이기 때문에 우리 인간의 연약함을 동정하시고 도우시는 긍휼하신 대제사장인 것을 강조했습니다. 여기에서는 하나님 말씀에 순종하는 모범으로서 대제사장 예수를 설명하고 있습니다.

〈히브리서〉 기자는 먼저 구약의 대제사장이 스스로 직분을 가진 것이 아니라 하나님의 부르심을 따라 된 것이라고 합니다(5:1~4). 예수님 역시 스스로 대제사장이 되신 것이 아니라 멜기세덱의 반차를 따른 제사장이라는 하나님의 말씀에 의해 이루어진 것입니다. 또한 예수님은 고난을 받으시기까지 순종하셔서 자기에게 순종하는 모든 자에게 구원의 근원이 되셨습니다.

2) 성숙의 권고(5:11~6:8)

성도들이 성장하지 못하고 하나님 말씀의 초보 단계에 머물러 있는 것을 안타까워합니다(5:11~14). 그래서 그들에게 "하나님 말씀의 초보"로 돌아가지 말고 "완전한 데"로 나아가기를 힘쓰라고 합니다(6:1~3). 그리고 말씀을 받았다가 타락한 자들 곧 영적으로 성장하지 못하고 초보로 돌아간 자들은 회복이 불가능하며 심판의 대상이 된다는 것을 경고하며 성도들의 성숙을 촉구합니다(6:4~8). 마치 땅이 비를 맞아서 채소를 내듯 성도는 말씀을 받아서 성숙의 열매를 맺어야지 그렇지 않고 가시와 엉겅퀴를 내는 것처럼 성숙하지 못하면 심판을 받는다고 경고합니다.

3) 인내의 권고(6:9~20)

성숙하지 못한 자들에 대한 경고 다음에 저자는 보다 긍정적인 어조로 믿음의 진보를 격려합니다. 즉 성도에게는 더 좋은 구원이 약속되어 있으므로 그 약속하신 것을 받도록 끝까지 인내하며 영적 성숙을 이루라는 것입니다. 그리고 그렇게 인내하여 약속된 것을 받은 실례로서 아브라함을 제시합니다 (13~15절). 또한 아브라함이 약속된 것을 받을 수 있었던 것은 신실하신 하나님이 스스로 맹세하시며 그 일을 이루실 것을 보증했기 때문입니다. 그렇기 때문에 하나님이 아브라함의 약속을 이루신 것은 후대에 하나님의 약속을 바라보며 인내하는 성도에게 위로와 확신을 주는 것입니다. 또한 이 소망이 확실한 것은 멜기세댁의 반차를 따라 된 대제사장 예수께서 우리를 위해 먼저 그 소망의 자리인 휘장 안에 들어가셨기 때문입니다(19~20절).

3. 새 언약(히 7:1~10:18)

이 단원에서 저자는 앞 단원의 마지막에 언급한 결론 곧 예수님이 멜기세대의 반차를 따른 대제사장으로서 휘장 안에 들어가셨다는 것이 어떤 의미인지를 보다 자세하게 설명하려고 합니다. 그것을 위해 저자는 예수님을 통해 세우신 새 언약과 그의 직분이 옛 언약과 비교해 어떻게 탁월한지를 세 가지 차원에서 입증하고, 그래서 예수님의 희생을 통한 완전한 구원의 역사가 이루어진 것을 선포합니다.

1) 약속의 직분(7장)

예수님은 육신을 따라 난 제사장이 아니라 하나님의 약속에 의해 제사장 직분을 받았기 때문에 율법의 제사장보다 탁월하시며, 그래서 더 좋은 언약의 보증이 되셨습니다.

멜기세덱과 아브라함의 비교(7:1~10). 멜기세덱의 반차를 따라 대제사장이 된 예수님의 탁월함을 설명하기 위해서 먼저 멜기세덱과 아브라함을 비교합니다. 아브라함이 조카 롯을 잡아간 여러 왕들을 쫓아가 쳐서 죽이고 돌아올 때 살렘 왕 멜기세덱이 그를 만나 복을 빌었고 아브라함은 전리품의 십일조를 그에게 바쳤습니다(창 14장). 낮은 자가 높은 자에게 축복을 받는 것이므로 멜기세덱은 아브라함보다 높은 위치에 있는 것입니다. 또 아브라함이 십일조를 드릴 때 레위인은 아브라함의 자손으로서 그에게 십일조를 드린 것과 같으므로 멜기세덱은 레위인보다 우월합니다.

약속과 육신의 혈통의 비교(7:11~22). 다음으로 저자는 하나님이 메시아에 대해 멜기세덱의 서열을 따라 난 영원한 제사장이라고 맹세하신 말씀을 주목합니다(시 110:4). 레위인의 반차대로 난 율법의 제사장은 육신의 혈통을 따라 제사장이 되었지만, 예수님이 제사장이 된 것은 바로 이 하나님이 직접 맹세하신 말씀으로 된 것이기 때문에 예수님의 제사장 직분은 우월하다는 것입니다.

한 분이신 제사장(7:23~28). 약속으로 나신 예수님의 제사장 직분이 율법의 제사장 직분보다 탁월한 또 하나의 근거는 율법의 제사장처럼 여럿이 아니고 한 분이라는 것입니다. 율법의 제사장은 죽기 때문에 여러 사람이 돌아가야 합니다. 하지만 약속으로 제사장이 된 예수님은 영원하시기 때문에 순서를 바꿀 필요도 없고, 또 율법의 제사장처럼 날마다 제사를 드리지 않고 단번에 이루셨습니다. 저자는 영원성과 단회성이라는 주제를 다음 두 단원(8장, 9:1~10:18)에서 더 자세하게 풀어 나갑니다.

2) 영원한 직분(8장)

7장은 예수님의 제사장 직분이 약속을 따라 된 것을 강조했습니다. 계속해서 8장은 예수님이 "참 장막"(8:2)에서 섬기시며 "더 아름다운 직분"을 얻으시고 "더 좋은 약속으로 세우신 더 좋은 언약의 중보자"라고 선언합니다(8:6).

하늘 장막의 제사장(8:1~6). 저자는 예수님 직분의 우월성을 증명하기 위해 하늘에 있는 장막과 땅에 있는 모세의 장막을 비교합니다. 하늘 장막은 참 장막이며 땅에 있는 장막은 그 모형과 그림자입니다. 그러므로 하늘 장막에서 섬기는 예수님은 땅의 장막에서 섬기는 제사장보다 우월하신 분입니다.

영원한 새 언약(8:7~13). 저자는 〈예레미야서〉 31장 31~34절을 인용하며, 첫 언약이 흠이 있기 때문에 하나님이 새 언약을 세우신 것이라고 합니다. 그것은 하나님의 언약 자체가 문제가 있는 것이 아니라 그 백성이 범죄하여 언약을 파기했다는 것이 문제입니다. 그래서 하나님은 새 언약을 세우시면서 그의 법을 직접 사람들의 마음에 두셔서 사람들이 하나님의 법을 행하게 하심으로써 인간의 한계를 극복하는 영원한 새 언약을 세우셨습니다.

〈예레미야서〉 31장 31~34절을 적어 봅시다.

3) 단번의 속죄(9:1~10:18)

첫 언약에서는 지성소의 속죄를 위해 매번 다른 짐승의 피가 드려져야 했지만 예수님은 자기의 피로 단번에 속죄를 이루셨습니다. 즉 예수님은 "더 좋은 제물"(10:23)로 단번에 우리를 거룩하게 하신 새 언약의 중보자이십니다.

첫째 장막과 둘째 장막(9:1~10). 저자는 성막의 이중 구조를 비유로 들어 예수님과 새 언약의 우월함을 설명합니다. 성막은 첫째 장막(성소)과 둘째 장막(지성소)으로 구성되었고 그 사이는 휘장으로 막혀 있습니다. 첫 장막에는 제사장들이 날마다 들어가 섬기는 예식을 하지만 둘째 장막은 오직 대제사장이 일 년에 한 번 대속죄일에 들어갑니다. 이때 대제사장은 자기와 백성의 허물을 속죄하기 위해 반드시 짐승의 피를 가지고 들어가야 합니다. 저자는 이 둘째 장막이 휘장으로 가려져 있는 것은 첫 언약이 한계가 있음을 의미하는 것이라고 합니다. 첫 언약의 예물과 제사 그리고 그 밖에 율법에 있는 육체의 예법 등은 예수 그리스도를 통한 완전한 언약이 이루어질 때까지 임시로 주어진 것입니다.

짐승의 피와 그리스도의 피(9:11~22). 대제사장은 짐승의 피를 가지고 둘째 장막에 들어가서 속죄를 했습니다. 또한 짐승의 피로 성막의 기구나 사람에게 뿌려서 죄 씻음을 받게 했습니다. 하지만 예수님은 짐승의 피가 아니라 자신의 피를 가지고 이 땅의 성소가 아니라 더 크고 온전한 장막의 성소로 단번에 들어가셨습니다. 여기에서 저자는 옛 언약을 따라 짐승의 피로도 속죄가 이뤄지게 하셨는데, 하물며 흠 없으신 예수님이 자기 몸을 드려 흘린 피가 성도를 깨끗하게 하여 하나님을 섬기게 하지 못하겠느냐고 반문하며 그리스도 희생의 우월성을 역설합니다.

단번의 속죄(9:23~10:18). 대제사장은 속죄를 위해 해마다 다른 짐승의 피를 드렸습니다. 이 피는 단번에 죄를 깨끗하게 하지 못하고 해마다 반복되게 드려지면서 죄를 기억나게 합니다. 하지만 예수님은 자기를 단번에 제물로 드려 속죄를 이루셨습니다. 한 번의 제사로 성도들을 영원히 온전하게 하셨기 때문에 더 이상 제사를 드릴 필요가 없게 하셨습니다.

4. 새 생활(히 10:19~13장)

앞 단원은 예수님이 율법의 대제사장을 능가하는 새 언약의 중보로서 자기의 피로 단번에 영원한 속죄를 이루신 것을 증거했습니다. 이제 〈히브리서〉의 마지막 단원은 그리스도를 믿어 새 언약 백성이 된 성도의 새로운 삶에 대한 실천적인 권면을 담고 있습니다.

1) 믿음(10:19~11장)

새로운 삶의 권고(10:19~39). 여기에서 저자는 성도가 주님이 들어가신 그 영원한 성소에 함께 들어가기를 기다리며 믿음, 소망, 사랑의 새로운 삶을 살아야 한다고 종합적으로 권고하고 다음 세 장에서 믿음(11장), 소망(12장), 사랑(13장)의 삶에 대해 더욱 자세한 권면을 제시합니다.

⑴ **권고(19~25절):** 예수 그리스도가 자기의 피로 단번에 영원한 속죄를 이루셨으므로, 성도는 하나님의 임재 앞에 나아갈 수 있는 담력을 얻게 되었습니다. 그러므로 성도는 종말의 날을 기다리면서 "믿음"으로 하나님에게 나아가고, 믿는 도리의 "소망"을 굳게 잡고 흔들리지 말며, 서로 돌아보아 "사랑"을 실천하며 살아야 합니다.

⑵ **심판의 경고(26~31절):** 우리가 받은 "진리의 지식" 곧 예수 그리스도를 통한 구원의 계시는 최종적인 것이므로 그것을 믿지 않고 거부하면 다른 속죄의 제사가 없어서 무서운 심판만 있을 뿐입니다. 즉 여기의 경고는 성도가 다시 죄를 지으면 용서받지 못한다는 말이 아니라, 최종 계시인 하나님의 아들을 짓

밟고 그 언약의 피를 거부한 사람들은 최후 심판을 받는다는 말씀입니다.

(3) **인내의 격려(32~39절):** 믿는 자가 이 땅에서 핍박을 당하고 모든 것을 빼앗기더라도, 영원한 구원과 "더 낫고 영구한 소유"가 보장되어 있으므로 끝까지 인내할 것을 격려합니다.

믿음의 표본(11장). 저자는 먼저 과거에 믿음의 본을 보였던 믿음의 조상들을 열거하고 있습니다.

(1) **증거를 얻은 믿음(3~7절):** 창조부터 아브라함 등장 이전까지 태고시대에 특별한 증거를 얻은 믿음의 표본들을 제시합니다. 아벨은 가인보다 나은 제사를 드려 "의로운 자"라 하시는 증거를 얻었고, 하나님과 동행하다 죽지 않고 승천한 에녹은 "하나님을 기쁘시게 하는 자"라는 증거를 얻었으며, 그리고 하나님을 경외하여 홍수 심판 가운데 구원받은 노아는 "세상을 정죄하고 믿음을 따르는 의의 상속자"가 되었습니다.

(2) **본향을 찾는 믿음(8~16절):** 하나님이 아브라함에게 가나안 땅을 유업으로 주시겠다고 하시고 또 사라를 통해 자손을 주셔서 그 후손이 번성하게 하신다고 하셨습니다. 한마디로 "땅과 자손의 약속"을 주신 것입니다. 그래서 아브라함과 사라, 이삭과 야곱 그리고 그 이후 출애굽 때까지 크게 번성하여 민족을 이루기까지 그 후손들은 나그네처럼 지내면서 약속의 땅을 바라고 살았습니다. 그들은 하나님이 계획하시고 지으실 터가 있는 성을 바랐고(10절), 이제는 하늘에 있는 더 나은 본향을 사모하니 하나님이 그들을 위해 한 성을 예비하셨습니다(16절).

(3) **현실을 극복하는 믿음(17~40절):** 저자는 다시 아브라함부터 시작하여 족장들, 모세를 비롯한 출애굽 세대 및 정복 세대, 그리고 사사시대와 그 이후까지 현실의 악조건과 고난을 견뎌 온 믿음의 본보기들을 제시합니다. 그러나 이들은 비록 믿음으로 말미암아 증거를 받았으나 아직 약속된 것을 받지는 못했습니다(39절). 그 약속을 받는 것은 예수 그리스도를 믿어 구원을 얻는 최종의

시대까지 보류되었습니다.

2) 소망(12장)

앞 장에서 과거 믿음의 위인들을 본보기로 보였던 저자는 이제 어려운 현실 가운데 있는 성도들에게 "믿는 도리의 소망"(10:23)을 굳게 잡고 끝까지 인내하며 전진하기를 권면합니다.

예수를 바라보자(12:1~3). 저자는 먼저 성도들이 믿음의 경주를 끝까지 감당하도록 믿음의 주요 온전케 하신 예수님을 바라보자고 합니다. 왜냐하면 예수님은 고난을 참아 내신 최상의 본보기이기 때문입니다. 그분은 "그 앞에 있는 기쁨을 위하여" 십자가를 참으시고 부끄러움을 개의치 않으셨으며, 죄인들에게 거역 받는 것도 참으셨습니다. 그렇게 참으심으로 예수님도 하나님 보좌 우편에 앉으신 것처럼 성도들도 낙심하지 않고 경주를 다하여 영광의 자리에 서도록 권면하는 것입니다.

징계와 연단의 유익(12:4~13). 성도들이 고난과 핍박을 견뎌 낼 수 있도록 저자는 그것이 궁극적으로 성도들의 유익을 위한 것임을 깨닫게 합니다. 즉 아버지가 사랑하는 아들을 징계하는 것처럼 하나님은 징계와 연단을 통해 성도들이 하나님의 거룩하심에 참여하게 하신다는 것입니다(10절). 그러므로 고난과 역경에 좌절하지 말고 소망 가운데 새 힘을 얻어 다시 그 경주에 전진해야 할 것입니다.

성결과 순종의 요구(12:14~29). 앞 문단은 고난을 넘어 있을 긍정적인 결과를 제시하며 인내를 권고한 반면 14~29절은 인내하지 못하고 변절한 자에 대한 심판을 경고하면서 성도들로 하여금 하나님의 부르심에 바르게 응답하도록 권고합니다. 14~17절은 도입 권고로서 저자는 화평과 거룩함을 따르지 않으면 주를 보지 못할 것이라고 경고하고, 그래서 그들 가운데 "하나님 은혜에 이르지 못하는 자"가 없도록, 또 팥죽 한 그릇에 장자의 명분을 판 에서와 같이 "망령된 자"가 없게 하라고 합니다.

18~29절은 시내산 언약과 새 언약을 비교하면서 하나님을 거역하지 말라고 합니다. 시내산에서 이스라엘 백성은 땅이 진동하는 초자연적인 현상을 보면서 하나님을 두려워하여 그 명령을 거역하지 않았습니다. 땅을 진동하며 나온 하나님 말씀에도 그렇게 두려워했는데, 하물며 하늘로부터 말씀하시는 음성을 거역하고 새 언약을 받아들이지 않는다면 얼마나 더 큰 심판을 받을지 경각심을 가지라는 것입니다. 그래서 결론적으로 저자는 경건함과 두려움으로 하나님을 기쁘시게 섬기라고 합니다. 하나님이 소멸하는 불이라고 한 것은 엄중한 심판자의 이미지를 반영한 것입니다.

3) 사랑(13장)

사랑의 권면(13:1~17). 성도가 믿음으로 장래 소망을 바라보며 인내한다고 해서 현실도피적인 삶을 사는 것이 아닙니다. 여기에서 저자는 성도에게 삶의 현장 다양한 관계 속에서 사랑을 실천하며 살도록 권면합니다.

(1) **이웃 사랑(1~3절):** 공동체 안에서 형제 사랑을 계속하고, 외부의 손님이라도 잘 대접하며, 갇힌 자나 학대 받는 자에 대해 관심을 기울이라.
(2) **신실한 부부관계(4절):** 결혼을 귀히 여기고 성적 순결을 지키라. 음행하고 간음하는 자들은 하나님이 심판하실 것이다.
(3) **자족과 신뢰(5~6절):** 돈을 사랑하지 말고 자족하며, 전적으로 하나님의 도우심을 신뢰하라.
(4) **인도자들의 본보기(7~8절):** 좋은 지도자들의 믿음과 행실을 본받으라. 예수님은 언제나 동일하게 상 주시는 분이다.
(5) **참된 제사(9~16절):** 음식 규정 등으로 얽어매는 다른 교훈에 끌리지 말고, 오직 예수로 말미암아 찬송의 제사를 드리고, 선행과 구제에 힘쓰라.
(6) **인도자에게 순종(17절):** 인도자들이 즐겁게 사역할 수 있도록 순종하라.
(7) **기도 요청(18~19절):** 우리를 위해 기도하고, 너희에게 속히 돌아갈 수 있도록 기도해 달라.

축복과 끝인사(13:20~25). 마지막으로 저자는 〈히브리서〉 전체의 내용에 기초하여 성도들을 축복하고 영광의 송영을 드립니다(20~21절). 그리고 추가적인 소식과 문안으로 서신을 마무리합니다.

❖ 〈히브리서〉를 정리해 봅시다.

	히브리서	야고보서/베드로서	요한서신/유다서	요한계시록
	뛰어난 예수	거룩한 행실	미혹의 경계	궁극적 완성
일반서신	( )			
	믿음의 진보			
	( )			
	새 생활			

※ 〈히브리서〉 외에 나머지 빈칸은 해당 단원에 가서 차례로 정리할 것입니다.

2과
야고보서/베드로서

〈야고보서〉는 "하나님과 주 예수 그리스도의 종 야고보"가 썼다고 하며, 이는 예수님의 형제(막 6:3)이며 예루살렘 교회의 핵심 지도자(행 15:13~21)인 야고보를 가리킨다고 보는 것이 교회의 정설입니다. 주후 40년 중반이나 후반에 쓴 것으로 추정되며, 그렇다면 이것은 신약성경에서 가장 처음 기록된 책입니다. 편지를 받는 대상 "흩어져 있는 열두 지파"(약 1:1)는 팔레스타인 밖 이방 땅에 흩어져 살면서 그리스도인이 된 유대인을 가리키는 것으로 보입니다.

〈베드로서〉는 "예수 그리스도의 사도 베드로"가 쓴 편지로서 수신자는 "흩어진 나그네"(벧전 1:1) 혹은 "보배로운 믿음을 우리와 함께 받은 자"(벧후 1:1)인데, 이들은 〈야고보서〉와 달리 주로 이방 그리스도인을 가리킵니다(참고 벧전 1:14, 2:10).

거룩한 행실

〈히브리서〉가 새 언약의 중보 예수 그리스도를 믿음으로 구원받는다는 교리를 강조했다면, 〈야고보서〉와 〈베드로서〉는 구원받은 성도의 행실에 대해 권면하는 윤리적인 가르침을 담고 있습니다. 먼저 〈야고보서〉는 믿음에는 행함이 따라야 한다는 원리를 가르칩니다. 〈베드로서〉는 종말과 관련하여 현재를 어떻게 살 것인지에 대해 권면합니다. 먼저 〈베드로전서〉는 고난과 역경 속에서도 장래 소망을 품고 헌신된 삶을 살도록 가르치는 긍정적인 차원에서의 권고입니다. 반대로 〈베드로후서〉는 부정적인 차원에서의 권고로서 거짓 교사들을 주의하라고 하며 최후의 심판을 경고합니다.

〈야고보서〉와 〈베드로서〉의 구조와 요점

1 행하는 믿음 (야고보서)	행함이 없는 믿음은 아무 유익이 없으므로 실천적인 신앙생활을 할 것을 권고합니다.		
	1) 믿음과 행함(1장) 말씀을 듣기만 하고 실천하지 않거나, 행함이 따르지 않는 믿음은 헛것이므로 바른 실천을 권고합니다.	**2) 행함의 실제(2:1~4:12)** 성도는 약자를 돌보고 언어에 주의하는 참된 경건을 실천해야 하며, 이를 위해 하나님에게 순종합니다.	**3) 종말 신앙(4:13~5장)** 사업과 재물의 영역에서 하나님의 주권을 인정하고, 고난 중에도 종말을 바라보며 참고 기도해야 합니다.
2 의인의 보상 (베드로전서)	의를 위해 고난을 견디는 성도는 주께서 강림하실 때에 보상이 있을 것을 약속하며 격려합니다.		
	1) 성도의 신분(1:1~2:10) 성도는 지금 이 땅에서 나그네와 같이 고난을 당하지만 영광과 존귀를 받게 될 왕 같은 제사장입니다.	**2) 성도의 행실(2:11~4:6)** 성도는 하나님의 영광을 위해 행실을 선하게 하고 각자의 책임을 다하며 의를 위해 고난을 받습니다.	**3) 종말의 영광(4:7~5장)** 의를 위한 고난에 참여하는 성도는 하나님의 영광이 나타나는 종말의 때에 그 영광에 참여할 것입니다.
3 악인의 심판 (베드로후서)	정욕대로 불의를 행하는 자는 심판의 날에 형벌을 받을 것이므로 거룩한 삶을 살아야 합니다.		
	1) 영적 성장(1장) 그리스도의 의로 옛 죄를 씻음 받은 성도는 신성한 성품에 참여하도록 영적으로 성장해야 합니다.	**2) 과거의 심판(2장)** 하나님은 불의한 자는 반드시 형벌을 받게 하셨으므로, 불의한 자의 악을 따라가지 말아야 합니다.	**3) 미래의 심판(3장)** 하나님은 구원을 위해 오래 참으시지만 심판의 날은 반드시 올 것이므로 정결한 삶을 살아야 합니다.

행하는 믿음 Ⓐ

야고보는 "흩어진 열두 지파"(약 1:1) 곧 세상에서 고난과 박해 가운데 있는 교회에게 편지를 쓰면서 믿음이나 구원의 원리에 대해서는 많이 다루지 않습니다. "믿음을 너희가 가졌으니 사람을 차별하여 대하지 말라"(2:1)는 말씀에서 보듯이 이미 믿음을 가진 것을 전제하고 믿는 자의 행실에 대해 권고를 하고 있기 때문입니다. 한마디로 행함이 없는 믿음이 무익하므로 실천적인 신앙생활을 할 것을 강조합니다.

1) 들음과 행함(1장)

야고보는 먼저 시련 가운데 있는 성도들에게 시험과 시련에 대해 이야기하며 그들을 격려하고(1~18절), 그다음에 서론적인 권면으로서 말씀을 듣기만 하지만 말고 삶 속에서 실천해야 한다는 원론적인 권면을 제시합니다(19~27절).

시험(1:2~18). 야고보는 시험(시련)을 당한 성도에게 시험의 유익을 설명하며 오히려 기뻐하라고 합니다(2~4절). 왜냐하면 시험은 인내라는 덕을 키워 주어 성도를 더욱 온전하고 부족함이 없게 해 주기 때문입니다. 인내와 함께 성도를 온전하게 하는 것은 기도입니다. 예를 들어 지혜가 부족하다면, 하나님에게 구하고 의심하지 말아야 합니다(5~8절).

9~11절에서 야고보는 낮은 형제와 부한 자의 뒤집어진 운명을 이야기하면서 시련과 기도의 유익을 강조합니다. 어려운 처지에 있더라도 인내하고 기도할 때 하나님이 풍성한 은혜를 채워 주실 것이므로, 낮은 형제는 높음을 자랑할 수 있습니다. 하지만 반대로 부유한 자는 자신의 재물이나 힘이 하나님의

주권 앞에 아무것도 아니라는 것을 인정하고 겸손해야 합니다(참고. 4:13~16).

12~18절은 다시 시험에 대해 설명하는데 이번에는 시험에 실패하는 경우를 생각하게 합니다. 시험을 이겨 내는 자에게는 생명의 면류관이 약속되어 있습니다. 그러나 자기 욕심에 이끌려 시험에 실패하는 사람이 있다는 것을 경고합니다. 거기에 대해 하나님에게 책임을 돌릴 수 없습니다. 왜냐하면 하나님은 모든 좋은 것을 주시는 선하신 분이기 때문입니다.

들음과 행함(1:19~27). 앞 문단의 끝은 하나님이 "진리의 말씀으로 우리를 낳으셨느니라."고 마무리를 했습니다. 그래서 19~21절은 하나님 말씀 듣는 것의 중요성을 강조합니다. 시련이 있다고 성급하게 불평하는 말을 하지 말고 하나님의 말씀을 들으라는 것입니다. 22~25절은 거기에서 한 걸음 더 나아가 "말씀을 듣기만 하지 말고 말씀을 행하는 자가 되라."고 합니다. 그래서 결론적으로 참된 경건의 두 가지 실천 곧 말조심할 것(26절), 그리고 약자를 돌볼 것을 권면합니다(27절).

2) 행함의 실제(2:1~4:12)

"듣고 행하라."는 원론적인 권면에 이어 2장 1절~4장 12절은 행함에 있어서 보다 구체적인 지침을 설명합니다. 그 가운데 2장은 서두에서 제시한 참된 경건(1:27)의 증거인 약자에 대한 배려를 권고하고, 3장 1절~4장 12절은 헛된 경건이 되지 않도록(1:26) 바른 언어생활을 권면합니다.

약자에 대한 배려(2장). 교회 안에서 부자라고 우대하고, 반대로 가난한 자라고 차별하지 않아야 합니다(2:1~13). 하나님은 가난한 자에게 특별한 관심을 가지고 계시므로 그들을 업신여기고 차별하는 것은 죄를 짓는 것입니다. 긍휼을 베풀지 않으면 심판 때에 긍휼을 얻지 못합니다. 도움이 필요한 약자에게 실제로 긍휼을 베풀어야 한다고 합니다(2:14~26). "행함이 없는 믿음은 죽은 것"이기 때문에 말만 하고 돕지 않는 것은 아무 유익이 없습니다.

바른 언어생활(3:1~4:12). 3장 1~12절은 "자기 혀를 재갈 물리지 않는 헛된 경건"(1:26)에 대해 자세한 설명을 더합니다. 누구보다 선생은 말을 많이 해야 하는 만큼 책임이 따릅니다. 또한 일반 사람들도 말실수를 쉽게 할 수 있으므로 언어 사용에 그만큼 주의해야 합니다. 찬송하는 입으로 다른 사람을 저주하는 것은 있을 수 없는 일입니다.

3장 13절~4장 12절은 잘못된 언어생활의 근본적인 문제가 무엇인지 그 해결책은 무엇인지를 제시합니다. 다른 사람을 판단하고 저주하는 말을 하게 되는 이유는 그 마음속에 있는 정욕과 시기와 다툼 때문입니다. 이것은 위로부터 난 지혜가 아닙니다. 위로부터 난 지혜는 성결, 화평, 관용, 양순 등 의의 열매를 맺게 하는 것입니다. 이와 같은 위로부터 난 지혜를 얻어 마음을 바로 다스리는 길은 하나님을 가까이하고 우리 안에 거하시는 성령님에게 복종하며, 하나님 앞에서 우리를 낮추는 것입니다. 또한 최종 재판관은 하나님이므로 우리가 이웃을 판단하는 위치에 서지 않도록 해야 합니다.

3) 종말 신앙(4:13~5장)

언어생활에 있어서 하나님의 주권을 인정해야 하는 것처럼 사업이나 소유에 있어서도 하나님의 주권을 인정해야 합니다. 이것이 종말을 바라보며 대비하는 신앙인의 자세입니다.

부자들에 대한 경고(4:13~5:6). 야고보는 먼저 부자에게 경고합니다. 왜냐하면 부자들은 자신의 소유와 세력을 자랑하며 종말이나 자기의 분수를 생각하지 않는 함정에 쉽게 빠질 수 있기 때문입니다. 무엇보다 자신의 사업에 있어서 하나님의 주권과 자신의 한계를 인정해야 합니다(4:13~17). 또한 야고보는 부자들이 사람을 부리면서 제대로 삯을 주지 않고 자신은 사치하고 방종하

는 악한 행위를 질책하며, 그들이 통곡하게 되는 심판이 있을 것을 경고합니다
(5:1~6)

고난당한 성도를 향한 권고(5:7~20). 부자들과 반대로 고통스러운 현실 가운데 있는 성도들에게 야고보는 위로와 격려의 말씀을 전합니다. 농부가 추수를 기대하며 수고하는 것처럼 성도는 주의 강림을 대망하며 인내해야 합니다(7~8절). 또한 현실의 어려움 때문에 형제를 원망하지 말고 하나님의 자비하심을 의지해야 합니다(9~11절). 또한 섣부른 맹세를 하지 않도록 주의해야 합니다(12절).

하나님의 자비하심을 믿고 의지하는 성도는 기도로써 하나님에게 간구할 것입니다. 그래서 야고보는 믿음으로 기도할 것을 권면합니다(5:13~18). 마지막으로 미혹에 빠진 형제를 돌이키게 하는 것이 얼마나 중요한 의미있는 사명인가를 상기시키며 서신을 마무리합니다(5:19~20)

베드로전서

의인의 보상 🅑

〈베드로전서〉는 "예수 그리스도의 사도 베드로"가 성도들에게 하나님의 은혜로운 사역을 증거하고 또 주님이 강림하실 때 그들이 받게 될 영광을 알게 하여 임박한 시험을 이겨 내도록 격려하고 권면하는 데 목적이 있습니다.

1) 성도의 신분(1:1~2:10)

베드로는 먼저 성도가 지금 이 땅에서 나그네와 같이 어려운 고난 가운데 있다하더라도 하늘에 간직한 영광과 존귀를 받게 될 왕 같은 제사장의 신분이라는 것을 깨닫게 합니다.

유업의 상속자(1:1~12). 서두의 인사(1~2절)에서 베드로는 저자 자신의 소개와 수신자를 밝히고 있습니다. "흩어진 나그네"는 이 땅에서 어려운 처지에 있는 성도의 현실을 표현합니다. 그러나 성도는 다른 한편으로 삼위일체 하나님의 은혜로운 사역으로 세워진 귀한 하나님의 백성입니다. 즉 하나님 아버지의 미리 아심을 따라, 성령의 거룩하게 하심으로 순종함과, 예수 그리스도의 피뿌림을 얻기 위하여 택하심을 받은 자들입니다. 그러므로 예수 그리스도로 말미암아 거듭난 성도는 하늘에 간직한 영원한 유업을 받기로 예정되어 있으며, 말세의 구원을 얻기까지 하나님의 보호를 받습니다(3~5절). 이런 믿음에 기초해 베드로는 성도가 시련 때문에 잠시 낙심한다 할지라도 예비된 확실한 구원을 바라며 기뻐하라고 권면합니다.

거룩한 백성(1:13~2:10). 유업의 상속자로서 성도는 한편으로 미래를 내다보며 예수 그리스도의 강림과 그가 가져다 주실 은혜를 소망하지만, 다른 한편으로 그 신분에 걸맞게 현재의 삶 속에서 하나님의 말씀에 순종하는 거룩한 백성으로 살아야 합니다. 여기에서 베드로는 거룩한 삶을 살아야 할 이유로 성도의 신분과 관련된 네 가지 변화를 들고 있습니다.

> (1) **하나님의 자녀(1:13~17):** 성도는 하나님의 자녀로 부르심을 받았으므로 "순종하는 자식"으로서 거룩하신 아버지를 따라 모든 행실에 거룩한 자가 되어야 합니다.
> (2) **예수 그리스도의 피로 속죄함(1:18~21):** 성도가 헛된 행실에서 대속함을 받은 것은 예수 그리스도의 보배로운 피로 된 것입니다. 이렇게 그리스도의 피로 말미암아 하나님을 믿게 된 성도는 믿음과 소망을 하나님에게 두고 살아야 합니다.
> (3) **말씀으로 거듭남(1:22~2:3):** 성도는 진리를 순종함으로 영혼이 깨끗하게 되었다고 했고, 또 거듭난 것도 하나님의 말씀으로 된 것이라고 합니다. 이것은 진리의 말씀 곧 복음을 믿음으로 중생한 것을 의미합니다. 그러므로 말씀으로 중생한 성도는 세상적인 말을 버리고 오직 신령한 젖인 하나님의 말씀을 계속 공급받아 구원에 이르도록 자라야 합니다.
> (4) **거룩한 제사장(2:4~10):** 성도는 예수 그리스도로 말미암아 신령한 집(성도의 공동체로서 교회)으로 세워지고 거룩한 제사장이 되었습니다. 그러므로 말씀에 순종하지 않고 넘어진 옛 언약 백성처럼 되지 말고, 택하신 족속, 왕 같은 제사장, 거룩한 나라, 그의 소유된 백성으로서 하나님의 아름다운 덕을 선포하는 삶을 살아야 합니다.

2) 성도의 행실(2:11~4:6)

성도가 하나님의 백성으로서 어떻게 그의 아름다운 덕을 선포하는 것인지에 대해 보다 구체적인 권면의 말씀을 제시하고 있습니다. 한마디로 성도는 선한 행실로, 또 의를 위한 고난에 참여함으로 하나님에게 영광 돌리는 삶을 살아야 합니다(2:12, 4:11, 16).

선한 행실의 권고(2:11~3:12). 성도는 하나님의 백성이지만 이 땅에서 여러 다양한 인간관계를 맺고 살아갑니다. 그 속에서 성도가 어떻게 자기 위치에서 책임을 다하고 선한 행실의 열매를 맺으며 살아갈지에 대해 교훈합니다.

의를 위한 고난(3:13~4:6). 성도가 열심히 선을 행하며 살려고 해도 여전히 고난에 맞닥뜨릴 수 있습니다. 3장 13~17절에서 베드로는 의를 위하여 고난을 받는 것이 복이 있는 일이며, 선을 행함으로 고난을 받는 것이 하나님의 뜻이므로 낙심하지 말고 선행을 계속할 것을 권면합니다. 3장 18절~4장 6절에서는 예수 그리스도의 모범을 예로 들며, 의로우신 예수 그리스도가 죄인들을 구원하시려고 죽으신 것처럼 성도들도 의를 위한 고난을 감수하라고 합니다.

3) 종말의 영광(4:7~5장)

첫 단원은 성도가 어떻게 구원받았는지에 대해 설명했고, 둘째 단원에서는 삶의 현장에서 어떻게 살아야 할지를 이야기했습니다. 이제 셋째 단원에 와서 베드로는 성도에게 영광스러운 종말을 바라보고 현재의 고난과 책임을 기쁘게 감당하도록 권고합니다. 그래서 여기에는 명령과 장래의 소망에 대한 말씀이 많이 기록되어 있습니다.

기도와 사랑(4:7~11). 만물의 마지막이 가까움을 알고 깨어 기도하며 서로 사랑하고 돌보며 살라고 합니다. 종말을 대비하는 가장 최선의 방법은 이렇게 수직적인 관계와 수평적인 관계를 강화하는 것입니다. 그리고 그 모든 것은 하나님 중심으로 이뤄져야 합니다. 즉 말씀을 전하는 자는 하나님이 말씀하시는 것처럼 하고, 섬기는 사람은 하나님이 주신 능력으로 봉사함으로써 궁극적으로 그리스도로 말미암아 하나님이 영광 받으시도록 하는 것입니다.

고난의 감수(4:12~19). 고난이 닥쳐올 때 이상하게 생각하지 말고 오히려 그리스도의 고난에 참여하는 것을 기뻐하라고 합니다. 왜냐하면 그런 성도는 그리스도의 영광이 나타날 때 그 즐거움과 기쁨에도 참여할 것이기 때문입니다. 그러므로 그리스도인으로서 고난을 받을 때 오히려 하나님에게 영광을 돌리고 또 여전히 선을 행하는 가운데 하나님에게 그 영혼을 의탁하며 살아야 합니다.

공동체 윤리(5:1~11). 베드로는 교회 안의 지도자와 젊은이들에게 공동체 안에서의 윤리와 종말의 상급을 설명합니다. 먼저 장로는 억지가 아니라 자원함으로 지도자의 책임을 다하고, 불의한 이득을 추구하지 말며, 주장하는 자세로 말고 먼저 모범을 보이라고 합니다. 이렇게 충실하게 양 무리를 돌보면 목자장되신 주님이 오실 때 영광의 관을 얻을 것을 약속합니다.

젊은이들은 지도자에게 순종하고 또 서로 간에 겸손으로 대해야 합니다. 하나님은 겸손하게 낮아지는 자를 때가 되면 높이실 것을 약속합니다. 또한 인간 지도자와 다른 동료들과의 원만한 관계뿐만 아니라 하나님과 바른 관계를 유지해야 합니다. 즉 하나님을 믿고 그에게 모든 염려를 맡기는 것입니다. 그러면 하나님이 돌보실 것입니다. 그러나 이것은 수동적이고 소극적인 삶을 의미하는 것은 아닙니다. 다른 한편 성도는 우는 사자와 같이 성도를 삼키려고 하는 마귀를 대적하는 용사가 되어야 합니다. 이 영적 싸움에 승리가 보장되어 있는 것은 하나님이 성도를 온전하게 하시며 능력을 주시기 때문입니다.

끝인사(5:12~14). 베드로는 대필자 혹은 전달자로서 실루아노를 소개하고 끝인사로 편지를 마무리합니다. 그의 문안 인사 가운데 언급된 바벨론은 당시 세상 권세를 장악하고 있는 로마를 의미하는 것으로 추정됩니다.

베드로후서

악인의 심판 [ⓒ]

〈베드로전서〉는 고난받는 성도들에 대한 궁극적인 보상에 초점을 맞춘 반면, 〈베드로후서〉는 악한 자들과 거짓 선지자들에 대한 심판과 형벌을 경고하면서 성도들로 하여금 그런 자들을 경계하고 바른 영적 성장을 이루도록 권면합니다. 수신자는 "우리 하나님과 구주 예수 그리스도의 의를 힘입어 동일하게 보배로운 믿음을 우리와 함께 받은 자들"(벧후 1:1)입니다. 이들은 〈베드로전서〉에서 "전에 긍휼을 얻지 못하였더니 이제는 긍휼을 얻은 자"와 마찬가지로 이방 그리스도인들을 의미하는 표현입니다.

1) 영적 성장(1장)

성장의 권고(1:1~11). 1~2절의 전형적인 인사 다음에 베드로는 성도에게 먼저 구원받은 과거 역사를 상기시킵니다(3~4절). 하나님은 그의 신비한 능력으로 성도에게 생명과 경건에 속한 모든 것을 주셨습니다. 이것은 성도의 성장을 가능하게 하는 원동력이며 그 목적은 성도로 하여금 세상에 속한 정욕을 버리고 신성한 성품에 참여하는 자가 되게 하시려는 것이었습니다. 5~9절은 현재에 초점을 맞춰 성도에게 지속적인 영적 성장을 하여 좋은 성품의 열매를 맺으라고 합니다. 10~11절은 미래의 소망 곧 영원한 나라의 입성을 제시하면서 하나님의 부르심과 택하심을 굳게 하라고 합니다.

기억해야 할 진리(1:12~21). 서론적인 권고에 이어 베드로는 편지를 쓰는 목적을 밝히고 있습니다. 그는 죽음이 임박한 것을 알고 성도들에게 자기가 없을 때에라도 바른 진리를 기억하도록 하려고 이 편지를 쓰고 있습니다(12~15절). 그다음에 그 진리의 내용이 무엇인지, 그리고 그것이 어디에서 왔는지를 설명함으로써 그것이 확실한 진리인 것을 입증합니다(16~21절). 그가 알게 하고자 하는 진리는 "예수 그리스도의 능력과 강림"입니다. 이것은 베드로가 직접 변화산 체험에서 얻은 것이요(16~18절) 또 그보다 더 확실한 예언 곧 성경에서 얻은 것입니다(19~21절).

2) 과거의 심판(2장)

베드로는 바른 진리를 가르치지 않고 사람들을 미혹하게 하는 거짓 선생들을 경계하라고 합니다. 그 교훈을 위해 먼저 과거 역사에서 하나님이 불의한 자들을 심판하시는 것을 상기시키며 불법을 행하는 자들의 유혹에 빠지지 않도록 권고합니다.

거짓 선생에 대한 경고(2:1~3). 과거에 거짓 선지자들이 이스라엘 백성을 잘못 인도했던 것처럼 교회 안에 거짓 선생들이 미혹하게 할 것을 경계합니다. 그들은 주를 부인하고, 거짓 교리를 가르치고, 도덕적으로 방탕하여 심판을 받을 자들입니다.

하나님의 지혜로운 심판(2:4~10a). 하나님은 과거에 불의한 자들을 심판하시고 의로운 자들은 시험에서 건지셨습니다. 하나님은 범죄한 천사들을 심판하셨고, 홍수로 옛 세상을 심판하시되 의로운 노아와 그 가족은 남겨 두셨고, 또 소돔과 고모라를 심판하실 때 의로운 롯을 남겨 두셨습니다. 베드로는 이와 같은 과거의 심판을 증거로 삼아 하나님은 경건한 자는 구원하시고 불의한 자는 심판 받을 때까지 기다리셨다가 반드시 심판하실 것을 아시는 지혜로운 재판장이신 것을 입증합니다.

불의한 자의 악(2:10b~22). 베드로는 불의한 자들의 여러 악한 모습에 대해 고발하고 그들을 따라가지 말라고 경고합니다. 그들은 권위 있는 자들을 비방하고, 더러운 정욕을 탐하며, 바른 길을 떠나 미혹되어 불의한 이익을 좇아갑니다(10b~16절). 그들은 좋은 것을 준다고 사람들을 유혹하지만 그들을 따라가면 결국 멸망뿐입니다(17~22절).

3) 미래의 심판(3장)

거짓 교사들은 주의 강림이나 다가올 심판을 부인합니다. 그런데 하나님의 심판이 지연되고 있는 이유는 많은 사람을 구원하시기 위해 오래 참으시는 하나님의 자비하심 때문입니다. 하지만 심판의 날은 반드시 올 것이며 따라서 성도는 정결한 삶을 살아야 합니다.

주의 강림에 대한 조롱(3:1~7). 베드로는 편지를 쓰는 목적을 다시 상기시킵니다(1~2절). 그는 구약 선지자들과 신약의 사도들을 통해 주신 진리의 말씀을 성도들이 계속 생각하게 하려는 목적으로 〈베드로전서〉와 〈베드로후서〉를 썼습니다. 진리를 계속 상기시키는 이유는 말세에 거짓 선생들이 주의 강림에 대한 약속을 조롱할 것이기 때문에 성도들이 미혹되지 않도록 하려는 것입니다.

확실한 심판(3:8~13절). 심판이 유보된 것은 조롱하는 자들의 말처럼 주의 강림과 심판이 일어나지 않을 것이라거나 또는 더딘 것이 아니라 하나님이 많은 사람들이 회개하도록 기다리시기 때문입니다. 하지만 그날은 도둑같이 갑자기 임할 것입니다. 그러므로 성도는 거룩하고 경건하게 살면서 하나님의 날이 임하기를 사모하며 살아야 합니다.

마무리 권면(3:14~18). 마지막으로 베드로는 주의 재림을 기다리는 성도의 자세에 대해 권면합니다. 즉 무법한 자들의 미혹에 끌리지 말고 정결하게 주님의 재림을 맞이하기를 힘쓰라는 것입니다.

❖ 〈야고보서〉와 〈베드로서〉를 정리해 봅시다.

	히브리서	야고보서/베드로서	요한서신/유다서	요한계시록
	뛰어난 예수	거룩한 행실	미혹의 경계	궁극적 완성
일 반 서 신	최종 계시	야고보서 ( )		
	믿음의 진보	베드로전서 의인의 보상		
	새 언약			
	새 생활	베드로후서 ( )		

※ 〈야고보서〉와 〈베드로서〉 외에 나머지 빈칸은 해당 단원에 가서 차례로 정리할 것입니다.

3과
요한서신/유다서

〈요한일서〉는 다른 서신서와 달리 처음 인사나 마지막 인사가 없어서 저자와 수신인이 분명하지 않습니다. 하지만 〈요한복음〉과 유사하기 때문에 초기 기독교 전통에서부터 사도 요한이 쓴 것으로 인정되고 있습니다. 〈요한이서〉와 〈요한삼서〉 역시 요한이라는 이름 없이 한 장로가 쓴 편지로 기록되어 있습니다. 그런데 그 내용은 사도적 권위를 가진 것이므로, 교회는 이 서신들도 사도 요한의 저작으로 인정해 왔습니다. 그중에서 〈요한이서〉는 "택하심을 받은 부녀와 그의 자녀들"이라는 공동체에게 쓴 것이고, 〈요한삼서〉는 "가이오"라는 개인에게 쓴 것입니다. 바울 서신의 배열에서 분량이 많은 것에서 적은 것으로 그리고 교회에 보내는 서신에서 개인에게 보내는 서신 순으로 배열하는 규칙이 여기에도 적용된 것으로 보입니다. 〈유다서〉는 야고보의 형제 유다가 쓴 서신입니다. 내용이 구약성경을 많이 반영하고 있기 때문에 그 대상은 유대인으로 보는 것이 자연스럽습니다.

미혹의 경계

요한서신과 〈유다서〉는 여러 가지 이단과 거짓 교훈을 경계하고 믿음을 지키라는 권면을 담고 있습니다. 거짓 교훈은 예수 그리스도의 신성을 부인하거나(요일 2:22; 유 1:4) 혹은 정반대로 예수 그리스도의 인성을 부인합니다(요일 4:1~3; 요이 1:7). 거짓된 교리를 가르칠 뿐만 아니라 도덕적으로도 부패하여 방탕하고 이기적인 생활을 조장합니다(요일 2:4; 요삼 1:9~10; 유 1:4, 18). 요한서신과 〈유다서〉는 이런 거짓 교훈에 대항하여 싸워 믿음의 도를 지키도록 격려하기 위해 쓴 편지들입니다.

〈요한서신〉과 〈유다서〉의 구조와 요점

1 사랑과 경계 (요한일서)	하나님에게 속한 성도는 서로 사랑하고, 의롭게 살며, 거짓 가르침은 경계해야 한다고 합니다.		
	1) 사랑의 계명(1:1~2:17) 성도는 빛이신 하나님에게 속한 자로서 새 계명을 따라 형제를 사랑하라는 계명을 지키며 살아야 합니다.	**2) 하나님의 자녀(2:18~4:6)** 성도는 적그리스도의 미혹에 넘어가지 말고 하나님의 자녀로서 의와 사랑을 실천하며 살아야 합니다.	**3) 사랑의 모범(4:7~5장)** 하나님이 아들을 보내셔서 우리를 구원하심으로 그의 사랑을 보이셨으니 우리도 서로 사랑해야 합니다.
2 거짓 교사 배척 (요한이서)	계명대로 진리를 행하는 것을 칭찬하고, 서로 사랑하며 거짓 교사는 배척하라고 권면합니다.		
	1) 인사와 칭찬(1~4절) 장로 요한은 교회와 성도에게 문안하고 축복하며, 그들이 계명대로 진리를 행하는 것을 칭찬합니다.	**2) 권고(5~11절)** 계명을 따라 서로 사랑하되 예수 그리스도께서 육체로 오심을 부인하는 거짓 교사는 배척하라고 합니다.	**3) 끝인사(12~13절)** 쓸 말은 많지만 직접 만나기를 고대하며 편지를 마치고, 문안 인사로 서신을 마무리합니다.
3 전도자 영접 (요한삼서)	전도자들을 환대한 것을 칭찬하면서, 악한 자를 본받지 말고 선한 것을 본받으라고 권면합니다.		
	1) 인사와 칭찬(1~4절) 장로 요한은 가이오에게 편지를 쓰며 그를 축복하고, 그가 진리 안에서 행한다는 것을 듣고 칭찬합니다.	**2) 권고(5~12절)** 전도자들을 환대한 것을 칭찬하고, 그렇지 않은 악한 자를 본받지 말고 선한 것을 본받으라고 권면합니다.	**3) 끝인사(13~15절)** 쓸 말은 많지만 속히 만나기를 고대하며 편지를 마치고, 문안 인사로 서신을 마무리합니다.
4 이단의 경계 (유다서)	방탕하고 주님을 거슬리는 이단을 경계하고, 재림을 기다리며 바른 신앙생활을 하도록 권면합니다.		
	1) 서론(1~4절) 유다가 자신을 소개하며 문안 인사를 하고, 이단을 경계하기 위해 편지를 쓴다는 동기를 설명합니다.	**2) 악인의 심판(5~16절)** 과거에 방탕하고 권위에 도전하다 멸망한 자들을 상기시키며, 악한 자들도 심판을 받을 것이라고 합니다.	**3) 권고(17~25절)** 육에 속한 악한 자들을 경계하고 바른 신앙생활을 하면서 예수 그리스도의 재림을 기다리라고 권면합니다.

요한일서

사랑과 경계 Ⓐ

〈요한일서〉의 요지는 공동체 안에서 서로 사랑하라는 것입니다. 하지만 이것은 편안한 상황에 있는 교회에게 하는 권면이 아닙니다. 예수 그리스도를 부인하는 적그리스도와 거짓된 가르침이 교회를 미혹하게 하고, 그래서 그것 때문에 교회 안에 분란이 생기는 어려운 상황에서 성도들에게 바른 길을 제시하는 것입니다. 여기에서 형제 사랑의 이유를 세 가지로 제시하고 있습니다.

1) 사랑의 계명(1:1~2:17)

성도는 빛이신 하나님에게 속한 자이므로 그의 계명을 따라 서로 사랑하고 세상은 사랑하지 않아야 합니다.

서문(1:1~4). 다른 서신과 달리 직접 저자의 이름을 말하지 않지만 예수 그리스도를 증거하며 그분을 직접 체험한 자인 것을 말합니다. 즉 사도적 권위를 가지고 편지를 쓰는 것입니다. 예수님을 "생명의 말씀"이요 "아버지와 함께 계시다가 우리에게 나타내신 바 된 이"로 소개하는 말씀은 〈요한복음〉의 첫 소개를 연상시킵니다. 그 외 전체 편지의 문체나 논조는 〈요한복음〉과 가까워 전통적으로 이 편지는 사도 요한이 쓴 것으로 인정됩니다. 3~4절은 편지를 쓰는 목적에 대한 설명입니다. 그것은 직접 보고 들은 바 예수 그리스도에 대해 전함으로써 하나님 아버지와 그의 아들 예수 그리스도와 더불어 성도의 교제가 있게 하려는 것입니다.

죄 사함 받은 성도(1:5~2:6). 서신의 본론으로 들어와 저자는 성도가 하나님과 예수 그리스도의 사역으로 죄 사함 받은 존재인 것을 설명합니다. 1장

5~10절은 주로 성도와 하나님과의 관계에서 죄 사함을 설명합니다. 하나님은 빛이시며, 성도는 그 하나님에게 속한 존재입니다. 하나님이 빛 가운데 계시므로 하나님에게 속한 성도 역시 빛 가운데 행합니다. 빛 가운데 행하려면 스스로 죄인인 것을 고백해야 합니다. 그러면 하나님이 예수님의 피로 말미암아 죄를 사하시고 모든 불의에서 깨끗하게 하실 것입니다. 2장 1~6절은 성도와 그리스도의 관계에 초점을 맞춥니다. 예수님은 우리의 죄를 위해 화목제물이 되신 우리의 대언자입니다. 그러므로 우리가 그를 알고 그의 안에 있다면 마땅히 그의 계명을 지켜야 합니다.

새 계명(2:7~17). 죄 사함 받은 자로서 계명을 지켜야 하는 당위성을 설명한 다음에 저자는 성도가 지켜야 할 새 계명을 쓰고 있습니다. 그것은 곧 형제를 사랑하라는 것입니다(9~11절). 이것은 전에 없다가 새롭게 생긴 계명이 아니라 옛 계명 곧 모세의 율법에서 이미 주신 말씀입니다. 그러나 아들이신 예수 그리스도께서 새 시대의 계명으로 다시 선포하셨다는 점에서 새 계명입니다 (참고. 요 13:34). 이 새 계명을 받는 사람은 태초부터 계신 예수 그리스도를 알고 그의 이름으로 말미암아 죄사함 받아 악한 자를 이긴 사람들입니다(12~14절). 성도는 형제를 사랑하면서, 반대로 세상의 정욕과 자랑거리에 대해서는 사랑하지 않아야 합니다(15~17절).

2) 하나님의 자녀(2:18~4:6)
성도는 예수 그리스도를 부인하고 거짓을 따르는 적그리스도와 구별되는 하나님의 자녀입니다. 그렇기 때문에 하나님의 자녀로서도 형제를 사랑해야 합니다.

적그리스도와 구별되는 자녀(2:18~27). 저자는 말세의 징조인 적그리스도가 많이 일어났다고 하면서, 적그리스도를 "예수께서 그리스도이심을 부인하는 자", "아버지와 아들을 부인하는 자"로 정의합니다. 그러나 성도는 거룩하신 자에게서 기름 부음을 받아 진리를 아는 자들로서 그들과 구별됩니다. 즉 성도는 성령을 선물로 받아서 예수를 그리스도라고 시인하여 하나님의 자녀가 된 자들입니다.

하나님 자녀의 품행(2:28~3:24). 예수를 믿어 하나님의 자녀가 된 성도의 첫 번째 특징은 죄를 멀리하고 의를 행하는 것입니다(2:28~3:12). 하나님에게로 난 자는 하나님의 의로우심을 따라 의롭게 행하며, 하나님의 씨 곧 그 안에서 역사하시는 성령의 권능으로 죄를 짓지 않게 됩니다(참고. 5:18). 이 점에서 하나님의 자녀는 마귀의 자녀와 확실하게 구별됩니다(3:10). 왜냐하면 마귀에게 속한 자는 마귀를 따라 죄를 짓기 때문입니다.

하나님의 자녀가 된 성도의 두 번째 특징은 말로만 사랑하는 것이 아니라 진실로 사랑을 실천한다는 것입니다(3:13~24). 그러므로 형제를 미워하는 것은 영생이 그 안에 없다는 증거이며, 사랑을 실천하는 것은 진리가 그 안에 있다는 증거입니다. 예수님이 성도를 위하여 목숨을 버리신 것처럼 성도는 마땅히 어려움 당한 형제를 외면하지 말고 관대하게 대하며 그의 계명을 따라 형제를 사랑해야 합니다.

적그리스도의 영과 하나님의 영의 분별(4:1~6). 이 단원의 첫머리에서 적그리스도와 하나님의 자녀가 구별됨을 이야기했는데, 이에 상응하는 결론으로서 저자는 성도들에게 하나님의 영과 적그리스도의 영을 분별하라고 합니다. 하나님의 영과 적그리스도의 영을 분별하는 기준은 예수 그리스도께서 육체로 오신 것을 시인하는지 그렇지 않은지입니다. 이렇게 성도는 진리의 영과 미혹의 영을 분별하여 예수가 그리스도이심을 확실히 믿어야 할 것입니다.

3) 사랑의 모범(4:7~5장)

마지막으로 성도가 형제를 사랑해야 하는 이유는 하나님이 먼저 우리를 사랑하시는 모범을 보이셨기 때문입니다.

하나님이 보이신 사랑(4:7~21). 7~11절은 사랑하라는 명령과 그 이유를 설명합니다. 즉 하나님이 아들을 보내시고 화목제물로 삼으셔서 우리를 구원하심으로 그의 사랑을 보이셨으니 우리도 마땅히 서로 사랑해야 합니다. 12~18절은 사랑의 결과를 설명합니다. 성도가 서로 사랑하면 하나님이 그 공동체 안에 거하시고 그의 사랑이 거기에서 온전히 이루어집니다(12~16절). 그리고 그렇게 사랑이 온전히 이루어질 때 두려움 없이 심판의 날을 맞이할 수 있습니다(17~18절). 19~21절은 결론적인 요약 진술입니다.

하나님의 아들을 믿음(5:1~12). 5장에 와서 저자는 사랑을 믿음과 연결시키고 있습니다. 예수께서 그리스도이심을 믿는 자는 하나님에게로 난 자이며 그래서 그는 그와 같이 하나님에게서 난 다른 자녀를 사랑합니다(1~3절). 예수께서 하나님의 아들이심을 믿는 자는 세상을 이기는 승리를 얻을 것입니다(4~5절). 적그리스도는 예수께서 하나님의 아들 되심을 부인하지만 믿는 자들에게는 분명한 증거가 있습니다(6~12절). 여기에 세 가지 증거가 있습니다. 첫째, 물과 피와 성령이 하나로 예수께서 그리스도임을 증거하고(6~8절) 둘째, 하나님이 친히 증거하시며(9~10절) 셋째, 아들을 믿는 자에게 생명이 있다는 것이 증거입니다(11~12절).

마무리(5:13~21). 편지를 쓰는 목적이 성도에게 영생이 있다는 것을 알게 하려는 것임을 다시 상기시키며, 마지막 권고를 더하고 있습니다. 영생을 얻은 성도는 불의한 죄를 짓는 다른 사람들을 돌이켜 구원할 책임이 있습니다(16~17절).

18~20절은 서신을 마무리하며 성도가 가진 확신을 표현합니다. 즉 하나님에게로 난 자는 악한 자로부터 보호하심을 받는다는 것(18절), 세상은 악한 자의 지배 아래 있지만 성도는 하나님에게 속해 있다는 것(19절), 그리고 하나님의 아들이 세상에 오셔서 성도들에게 지각을 주심으로 그를 알고 그 안에 있게 하셨다는 것(20절)입니다. 성도는 이와 같은 확신을 가지고 우상 혹은 거짓신들의 교훈을 이겨 내야 합니다(21절).

ⓑ 거짓 교사 배척

1) 인사와 칭찬(1~4절)

저자는 스스로를 장로로 소개하고 있는데 장로 요한은 따로 없으므로 교회에서는 사도 요한을 가리키는 것으로 인정되어 왔습니다. 수신자인 "택하심을 받은 부녀와 그의 자녀들"은 여인으로 의인화된 교회와 그에 속한 공동체를 의미하는 것으로 보입니다. 내용은 〈요한일서〉의 교훈을 많이 반영하고 있습니다. 권고에 앞서 먼저 그들이 계명대로 진리를 행하는 것을 칭찬합니다(4절).

2) 권고(5~11절)

서신의 본론으로서 5~6절은 긍정적인 권고를 담고 있고, 7~11절은 부정적인 권고를 담고 있습니다. 먼저 긍정적인 권고로서 저자는 성도들에게 계명대로 서로 사랑하라고 권면합니다. 그다음에 부정적인 권고로서 미혹하는 자 곧 적그리스도를 삼가라고 합니다. 〈요한일서〉에서와 마찬가지로 적그리스도에 대해 "예수 그리스도께서 육체로 오심을 부인하는 자"로 정의하고 있습니다(요일 2:22, 4:2~3). 이렇게 바른 교훈을 따르지 않는 거짓 교사는 집에 들이지도 말고 인사도 하지 말아서 철저하게 배격하라고 권고합니다. 왜냐하면 자칫 악한 일에 참여하는 것이 될 수도 있기 때문입니다.

3) 끝인사(12~13절)

저자는 아직 쓸 것이 많이 남아 있지만 직접 만나기를 고대하기 때문에 편지를 끝맺는다고 하고, 마지막 문안 인사와 함께 서신을 마무리합니다.

요한삼서

전도자 영접 ⓒ

〈요한이서〉는 미혹하는 거짓 교사를 배격할 것을 권고했고, 〈요한삼서〉는 반대로 주의 이름을 위해 전도하는 자들을 잘 영접할 것을 권고합니다.

1) 인사와 칭찬(1~4절)

저자는 장로로서 그가 사랑하는 "가이오"에게 편지를 쓰며 축복을 기원합니다. 저자는 다른 사람들을 통해 그가 진리 안에서 행한다는 말을 듣고 얼마나 기뻐했는지 그 마음을 표현하며 칭찬합니다.

2) 권고(5~12절)

5~8절에서 저자는 가이오가 주의 이름을 위해 순회하며 전도하는 자들을 환대했다는 또 다른 선행을 칭찬합니다. 이렇게 전도자들을 영접하는 것은 진리를 위하여 함께 참여하는 것이므로 성도의 마땅한 의무라고 합니다.

9~12절에서 저자는 전도자를 영접하지 않은 나쁜 실례로 디오드레베를 들고 있습니다. 그는 으뜸되기를 좋아해서 자기 위치가 흔들릴까 봐 저자를 비롯한 전도자들을 악한 말로 비방하고, 게다가 스스로 영접하지도 않을뿐더러 다른 사람들이 영접하려고 하는 것도 금지해서 교회에서 내쫓았습니다. 저자는 가이오에게 이런 악행을 본받지 말고 선한 것을 본받으라고 권고합니다. 그래서 선한 실례로서 좋은 평판을 듣고 있는 데메드리오를 언급합니다.

3) 끝인사(13~15절)

다른 요한서신들과 마찬가지로 빨리 만나기를 고대하며 줄인다고 하고 마무리 인사를 하며 편지를 맺습니다.

Ⓓ 이단의 경계

저자는 야고보의 형제로 자신을 밝히고 있습니다. 그렇다면 그는 예수님의 형제이기도 합니다(마 13:55, 막 6:3). 서두에서 밝히는 바와 같이 유다는 성도들에게 공동체 안에 가만히 들어온 불경건한 자들에 대항하여 "믿음의 도를 위하여 힘써 싸우라"(3절)는 권고를 하려고 이 편지를 썼습니다. 그래서 이 편지는 거짓 선생을 경계하라고 쓴 〈베드로후서〉와 여러 면에서 유사합니다.

1) 서론(1~4절)

유다는 먼저 저자로서 자신을 "예수 그리스도의 종이며 야고보의 형제"라고 소개한 다음, 문안 인사를 전합니다(1~2절). 3~4절에서는 편지를 쓰는 동기를 밝힙니다. 유다는 먼저 구원에 대하여 일반적인 교훈을 쓰려고 하였지만, 교회 안에 가만히 들어온 이단들이 있어서 그들을 대적하여 힘써 싸우도록 권면할 필요를 느끼고 이 편지를 썼습니다. 그들은 윤리적으로는 하나님의 은혜를 방탕한 것으로 바꾸는 방종주의자들이요, 신앙적으로는 유일하신 주재 예수 그리스도를 부인하는 이단이었습니다.

2) 악인의 심판(5~16절)

유다는 〈베드로후서〉와 유사하게 과거에 심판으로 형벌을 받은 경우들을 실례로 들며 "이 사람들"도 그렇게 악한 일을 일삼고 있으므로 그들에게 역시 심판이 있을 것을 경고합니다.

먼저 5~7절에서 유다는 과거에 방종하고 권위에 도전하다 심판 받은 실례로서 세 가지 경우 곧 출애굽한 이스라엘 백성, 자기 처소를 떠난 천사들, 음란한 소돔과 고모라를 언급합니다.

8~10절에서 저자는 현재로 눈을 돌려 "꿈꾸는 이 사람들"의 악을 지적합니다. 그들은 소돔과 고모라와 같이 육체를 더럽히고, 자기 처소를 떠난 천사들처럼 권위를 업신여기며, 애굽을 나온 백성들처럼 영광(천상의 존재들)을 비방합니다(8절). 심지어 천사장 미가엘도 모세의 시체를 두고 마귀와 변론할 때 마귀에 대해 함부로 비방하는 판결을 내리지 못하고 하나님의 권위에 맡겼는데, 이들은 감히 주님의 권위를 거슬리는 비방을 하고 있는 것입니다(9~10절).

11~16절은 불경건한 사람들이 심판을 받을 것을 말합니다. 이 사람들은 가인(창 4:1~16), 발람(민 22~24장), 고라(민 16장)와 같이 악한 길로 가다 결국 심판을 받아 멸망할 자들입니다(11~13절). 아담의 칠대 손 에녹이 적절하게 예언한 것과 같이 주님이 오실 때에 경건하지 못한 자들을 반드시 심판하실 것입니다(14~16절).

3) 권고(17~25절)

유다는 이제 악한 자들에게서 시선을 돌려 성도들에게 권고합니다. 먼저 예수 그리스도의 사도들이 경건하지 않은 자들의 등장에 대해서 이미 예고했던 것을 상기시킵니다(17~19절). 그들은 분열을 일으키고, 육에 속하여 성령이 없는 자들입니다. 그러나 성도들은 지극히 거룩한 믿음 곧 예수 그리스도를 믿는 믿음의 기초 위에 서서, 성령으로 기도하며, 하나님의 사랑 안에서 자신을 지키며 영생과 예수 그리스도의 재림을 소망하며 살라고 합니다(20~21절). 또한 의심하는 자들이나 방탕한 자들을 방관하지 말고 오히려 불쌍히 여겨 바로 인도하라고 합니다(22~23절). 마지막으로 유다는 하나님이 성도들을 보호하실 것을 기도하며 하나님에게 영광을 돌리고 편지를 마무리합니다.

❖ 〈요한서신〉과 〈유다서〉를 정리해 봅시다.

	히브리서	야고보서/베드로서	요한서신/유다서	요한계시록
	뛰어난 예수	거룩한 행실	미혹의 경계	궁극적 완성
일반서신	최종 계시	야고보서 행하는 믿음	요한일서 사랑과 경계	
	믿음의 진보	베드로전서 의인의 보상	요한이서 ( )	
	새 언약		요한삼서 전도자 영접	
	새 생활	베드로후서 악인의 심판	유다서 ( )	

※ 〈요한서신〉과 〈유다서〉 외에 나머지 빈칸은 해당 단원에 가서 차례로 정리할 것입니다.

4과
요한계시록

〈요한계시록〉은 사도 요한이 성령의 계시를 따라 "반드시 속히 될 일"(계 1:1)을 기록한 책입니다. 요한이 이 책을 기록할 때는 기독교에 대한 로마의 박해가 점점 심해져 가는 상황이었습니다. 사도 요한이 도미티안 황제의 재임 말기에 밧모 섬에 유배되었을 때(주후 95~96년경) 이 책을 기록했다고 이른 시기의 교부들이 증거하고 있습니다. 박해의 상황에서 요한은 그리스도 재림의 날에 있을 영광스러운 미래와 악한 세력의 종말을 보여 주면서 성도들을 격려하려는 것입니다. 그러므로 〈요한계시록〉을 읽을 때 그 역사적 정황과 의도를 염두에 두고 읽어야 바로 이해할 수 있을 것입니다.

궁극적 완성

〈요한계시록〉이 전달하는 중심 메시지는 한마디로 역사의 마지막에 예수 그리스도의 재림과 함께 하나님 나라가 궁극적으로 완성된다는 것입니다. 이 메시지를 통해 요한은 고난 가운데 있는 신실한 성도들에게 위로와 희망을 주고, 불성실한 성도에게 영적 각성을 촉구하며, 배교자와 불신자들에게는 경고하여 돌아오게 하려는 것입니다. 이 책은 네 장면으로 구분되며, 저자는 각 장면의 시작 부분에서 자신이 기술하려고 하는 내용의 주제를 밝히면서 동시에 그것들이 성령의 인도하심대로 된 것임을 강조합니다 (1:10~11, 4:1~2, 17:1~3, 21:9~10).

〈요한계시록〉의 구조와 요점

1 **일곱 교회** (1~3장)	요한이 성령의 감동을 받아 본 것을 일곱 교회에 알게 하라는 소명을 받고 편지를 썼습니다.		
	1) 서문(1:1~8) 책의 저자와 목적 및 가치를 설명하고 인사말과 영광송을 제시합니다.	**2) 요한의 소명(1:9~20)** 요한은 환상 가운데 예수님을 만났고, 그가 본 것을 일곱 교회에 알게 하라는 소명을 받았습니다.	**3) 일곱 편지(2~3장)** 일곱 교회에 칭찬과 책망, 구체적인 실천의 명령과 순종에 따른 보상의 약속을 담은 편지를 보냈습니다.
2 **일곱 인** (4~16장)	일곱 인, 일곱 나팔, 일곱 대접의 환상을 통하여 장차 될 일을 보이고 있습니다.		
	1) 일곱 인(4~7장) 보좌에 앉으신 하나님의 손에 일곱 인으로 봉한 책이 있고, 어린 양이 여섯 인을 하나씩 뗐습니다.	**2) 일곱 나팔(8:1~11:14)** 일곱 째 인을 뗄 때, 일곱 나팔을 불며 땅에 재난과 화가 시작되었습니다.	**3) 일곱 대접(11:15~16장)** 일곱 째 나팔을 불고, 일곱 대접을 땅에 쏟아 부으니 큰 재앙이 나서 큰 성 바벨론 무너졌습니다.
3 **음녀** (17:1~21:8)	음녀인 큰 성 바벨론이 심판을 받아 무너지고 거룩한 성 새 예루살렘이 하늘로부터 내려옵니다.		
	1) 바벨론 멸망(17:1~19:10) 제국의 권세를 가지고 만국을 호령하며 미혹하게 하던 바벨론과 그 동조 세력이 심판으로 멸망합니다.	**2) 최후 결전(19:11~20:10)** 어린 양이 군대를 이끌고 땅의 임금들의 연합군과 싸워 이기고 마귀를 비롯한 모든 대적들을 정복합니다.	**3) 최후 심판(20:11~21:8)** 하나님의 보좌 앞에서 각 사람이 심판을 받고 믿지 않는 모든 악인들은 둘째 사망 불못에 떨어질 것입니다.
4 **신부** (21:9~22장)	종말에 이루어질 하나님 나라의 거룩한 성 예루살렘을 보이며 성도들을 초청합니다.		
	1) 새 예루살렘(21:9~27) 거룩한 성 예루살렘이 하늘로서 내려오며 하나님의 영광이 거기에 있어 세상 권세가 다 굴복합니다.	**2) 생명수와 생명나무** **(22:1~5)** 하나님과 어린 양의 보좌로부터 나온 생명수 강가에 생명나무가 있어 성도들이 영생의 복을 누립니다.	**3) 후기(22:6~21)** 이 예언의 말씀은 반드시 이룰 것이므로 성도들이 말씀대로 순종하여 거룩한 성에 참여하도록 초청합니다.

1. 일곱 교회(계 1~3장)

본론 도입부에서(1:9~10) 요한은 성령에 감동되어 "나팔 소리 같은 큰 음성"을 듣습니다. 그 음성은 이제 그가 보는 것을 두루마리에 써서 일곱 교회에 보내라는 지시입니다. 〈요한계시록〉의 첫 단원은 사도 요한이 그 지시대로 소아시아의 일곱 교회에 보내는 편지를 담고 있습니다.

1) 서문(1:1~8)

이 단락은 〈요한계시록〉 전체의 서문으로서 저자와 목적 및 가치를 설명하고, 또 인사말과 영광송을 담고 있습니다. 또한 이 서문은 〈요한계시록〉 마지막 단락인 후기(22:6~21)와 짝을 이룹니다. 이것은 〈요한계시록〉이 여러 예언들을 무작위로 수집해 놓은 것이 아니라 처음부터 끝까지 그 전체가 연결되는 통일된 책이라는 것을 의미합니다. 그러므로 〈요한계시록〉을 읽을 때 그 전체의 흐름을 파악하면서 핵심 주제를 이해해야 합니다.

---

(1) 긴 옷과 금띠: 고귀한 직분자
(2) 흰 머리털: 연륜이 쌓인 지혜자(단 7:9)
(3) 불꽃같은 눈: 통찰력 있는 감독
(4) 빛난 주석 같은 발: 힘 있는 용사
(5) 많은 물소리 같은 음성: 힘 있는 음성(겔 43:2)
(6) 오른 손에 일곱 별: 일곱 교회의 통솔자(1:20)
(7) 날선 검이 나오는 입: 권세 있는 재판관
(8) 해같이 빛나는 얼굴: 영광스러운 통치자

소개(1:1~3). 요한은 저자로서 자신을 소개하면서, 그 책의 내용이 하나님의 계시를 담고 있어 신적 권위를 가진 것임을 밝히고 있습니다. 또한 이 책의 말씀을 읽고 듣고 지키는 자는 복이 있다고 선언하면서 성도에게 그 계시의 말씀을 신실하게 받아들이고 따를 것을 권합니다.

인사와 송영(1:4~6). 전반부에서(4~5a절) 요한은 수신자인 일곱 교회를 위해 삼위일체 하나님으로 말미암은 은혜와 평강이 있기를 기원합니다. 후반부에서는(5b~6절) 하나님의 구원 사역을 되새기며 하나님에게 영광을 돌립니다.

예언적 선언(1:7~8). 서문의 마지막에서 요한은 주님의 재림에 대한 예언과 하나님의 영원성을 선언하며, 이것은 〈요한계시록〉 전체의 요약이며 핵심입니다. 7절은 예수님에 대해 말하고 8절은 하나님에 초점을 맞춥니다. 또한 7절은 모든 사람이 그의 재림을 보고 인정하게 된다는 보편성을 말하고, 8절은 주권적인 하나님의 절대적인 영원성을 강조합니다.

〈요한계시록〉 1장 7~8절을 적어 봅시다.

2) 요한의 소명(1:9~20)

요한은 하나님의 말씀과 예수를 증언하다 밧모섬에 유배된 중에 성령에 감동되어 나팔 소리 같은 큰 음성을 듣고 소명을 받았습니다(9~11절). 그가 받은 소명은 그가 본 것을 두루마리에 써서 일곱 교회에 보내라는 것입니다.

12~16절은 말씀하시는 분의 모습을 묘사합니다. 요한은 일곱 금촛대와 그 촛대 사이를 다니시는 인자 같은 이를 보았습니다. 일곱 금 촛대는 일곱 교회이고(1:20), 그 사이를 다니시는 인자 같은 이는 교회의 머리로서 교회를 돌보시고 감독하시는 예수 그리스도입니다. 여기에 여러 가지 상징적인 묘사는 그

분의 능력과 영광을 표현합니다.

17~20절은 다시 요한의 소명이라는 주제로 돌아갑니다. 예수님은 엄청난 현현 앞에 두려워 엎드린 요한을 안심시키시고, 그 자신의 권세와 영광을 확증하시면서 그 권위로 다시 사명을 맡기시는 것입니다. 그것은 "본 것과 지금 있는 일과 장차 될 일을 기록하라."는 명령입니다.

3) 일곱 편지(2~3장)

도입	~ 교회의 사자에게 편지하라 ~ 하는 이가 이르시되	수신과 발신
본론	내가 …… 아노라 (인정) 그러나 …… (책망) 그러므로 …… 하라	평가와 권고
맺음	귀 있는 자는 들을지어다 이기는 자는 ……	약속

계속해서 예수님은 요한에게 일곱 교회에 각각 편지를 보내라고 하시며 그 기록할 내용을 말씀하셨습니다. 각 편지는 3부로 구성되어 있어 수신자와 발신자, 인정과 책망, 그리고 구체적인 실천 권고와 그에 따른 보상의 약속을 담고 있습니다.

도입부에서 수신자인 일곱 교회를 하나하나 부르고, 다음에 발신자인 예수 그리스도에 대한 묘사가 이어집니다. 이 묘사는 1장에서 나타난 "인자 같은 이"의 모습을 반영하고 있습니다. 그다음에 본론으로 들어가 각 교회 상황에 따라 칭찬이나 책망 또는 권면의 말씀이 나옵니다. 그리고 마지막에 들으라는 명령과 이기는 자에게 주시는 약속을 제시합니다. 이와 같이 규칙적인 순서로 편지가 기록되었으므로 이 편지들을 읽을 때 그 구조를 염두에 두고 읽으면 이해가 쉽습니다.

에베소 교회(2:1~7)

도입 오른손에 있는 일곱 별을 붙잡고 일곱 **금촛대** 사이에 다니시는 이 (비교. 1:13).

평가 (인정) 수고와 인내, 악과 거짓의 배격한 것, 주를 위해 성실함을 안 다.

(책망) 첫 사랑을 잃었다.

권고 어디에서 떨어졌는지를 생각하고 회개하여 처음 행위를 가지라.

회개하라 그렇지 아니하면 내가 네게 가서 네 **촛대**를 그 자리에서 옮기리라(2:5).

약속 생명나무의 열매를 먹게 하리라.

서머나 교회(2:8~11)

도입 처음이며 마지막이요 **죽었다가 살아나신** 이(비교. 1:18).

평가 (인정) 환난과 궁핍 가운데 있으나 실상은 부요하다.

(책망) 없음.

권고 장차 받을 고난을 두려워 말고 **죽도록** 충성하라 그러면 생명의 관을 주리라.

약속 이기는 자는 둘째 사망의 해를 받지 아니하리라.

버가모 교회(2:12~17)

도입 좌우의 **날선 검**을 가진 이(비교. 1:16).

평가 (인정) 너희 가운데 죽임 당하는 자가 있어도 믿음을 버리지 않았다.

(책망) 니골라당의 교훈을 지키는 자들이 있다.

권고 회개하라 그렇지 아니하면 **내 입의 검**으로 그들과 싸우리라.

약속 이기는 자는 감추었던 만나와 새 이름을 새긴 흰 돌을 주리라.

두아디라 교회(2:18~29)

도입 눈이 불꽃같고 그 발이 빛난 주석과 같은 하나님의 아들(비교. 1:14~15).

평가 (인정) 환난과 궁핍 가운데 있으나 실상은 부요하다.

(책망) 없음.

권고 회개하라 그렇지 아니하면 **그의 자녀를 죽이리니** 모든 교회가 나는 사람의 뜻과 마음을 **살피는 자**인 줄 알 것이다.

약속 이기는 자는 만국을 다스리는 권세와 새벽별을 주리라.

사데 교회(3:1~6)

도입 하나님의 일곱 영과 일곱 별을 가지신 이.

평가 (인정) 없음.

(책망) 네가 살았다 하는 이름만 있고 실상 죽은 자다.

권고 회개하라 그렇지 아니하면 내가 도둑같이 이를 것이다.

약속 이기는 자는 흰 옷을 입고 그 이름을 생명책에서 지우지 않을 것이다. 내가 그 이름을 아버지 앞과 천사들 앞에서 시인할 것이다.

빌라델비아 교회(3:7~13)

도입 다윗의 열쇠를 가지신 이…… 열면 닫을 사람이 없다.

평가 (인정) 작은 능력을 가지고도 내 말을 지키며 내 이름을 배반하지 않았다.

(책망) 없음.

권고 네가 가진 것을 굳게 잡아 네 면류관을 지키라.

약속 이기는 자는 하나님 성전의 기둥이 되게 할 것이다.

라오디게아 교회(3:14~22)

도입   하나님의 창조의 근본.

평가   (인정) 없음.

         (책망) 차지도 않고 뜨겁지도 않다.

권고   회개하라. 누구든지 내 음성을 듣고 문을 열면 내가 그와 더불어 먹을 것이다.

약속   이기는 자는 내 보좌에 함께 앉도록 할 것이다.

이상의 편지들은 특정 교회에만 적용되는 것이 아니라 모든 성도 곧 박해와 시험의 어려움을 겪고 있는 모든 성도를 향한 메시지입니다. 즉 약속의 말씀에 대한 소망을 가지고 현재의 고난과 시험을 극복하여 이기도록 권고하는데 그 의의가 있는 것입니다.

2. 일곱 인(계 4~16장)

4장 1절에 와서 요한은 나팔 소리 같은 음성을 두 번째로 듣습니다. 그것은 "이후에 마땅히 될 일을 네게 보이리라."는 말씀이었습니다. 그래서 요한은 성령에 감동 되어 일련의 환상들을 봅니다. 즉 다시 성령에 이끌리어 다른 환상을 보기 전까지(17:3), 4~16장에서 일곱 인, 일곱 나팔, 일곱 대접으로 이어지는 환상을 보여 줍니다. 즉 일곱째 인은 일곱 나팔로 연계되며, 일곱째 나팔은 일곱 대접으로 연계됩니다.

하나님(4장)	일곱 인의
어린 양(5장)	두루마리

일곱인(6:1~8:1)
1. 흰 말(6:1~2)
2. 붉은 말(6:3~4)
3. 검은 말(6:5~6)
4. 청황색 말(6:7~8)
5. 순교자의 기도(6:9~11)
6. 세상의 공포(6:12~17)
십사만 사천(7장)

7. 고요(8:1)	일곱 나팔(8:2~11:14)	
	1. 땅과 수목(8:7)	
	2. 바다(8:8~9)	
	3. 강(8:10~11)	
	4. 해, 달, 별(8:12) 화! 화! 화(8:13)	
	5. 황충(9:1~11)　　　첫째 화(9:12)	
	6. 네 천사와 마병대(9:13~21)	
	두 증인(10:1~11:13) 둘째 화(11:14)	
	7. 큰 음성(11:15~19)	용과 두 짐승(12~14장)
	[셋째 화(15:1)]	마지막 일곱 재앙 준비(15장)

일곱 대접(16장)
1. 땅 독종(16:2)
2. 바다 피(16:3)
3. 강, 물 근원(16:4~7)
4. 해(16:8~9)
5. 짐승의 왕좌(16:10~11)
6. 유브라데강(16:12~16)
7. 공중 – 바벨론(16:17~19)

1) 일곱 인(4∼7장)

보좌에 앉으신 하나님의 손에 일곱 인으로 봉한 두루마리가 놓여 있었고, 어린 양이 그 인들을 떼면서 하나님의 계시의 역사가 펼쳐집니다.

하늘 보좌의 환상: 일곱 인으로 봉함한 두루마리(4∼5장). 요한이 묘사하는 하늘 보좌 환상은 본 단원의 중심 주제인 일곱 인으로 봉함한 두루마리가 어디서 나온 것인지 그 배경을 설명합니다.

4장에서 요한은 성령의 감동을 따라 "하늘에 열린 문"을 통해 하늘의 보좌와 그 위에 앉으신 이를 보았습니다. 앉으신 이의 어떤 형체를 본 것이 아니라 단지 빛나는 보석과 같은 것을 본 것입니다. 하나님을 어떤 형상으로 묘사할 수 없기 때문에 단지 빛이나 불로써 그분의 영광스러운 임재를 표현한 것입니다(참고. 단 7:9; 겔 1:4). 보좌 앞에는 일곱 등불이 있고(참고. 출 25:37; 슥 4:2) 이는 하나님의 일곱 영이라고 합니다. 이것은 하나님의 영이 일곱으로 존재한다는 것이 아니라 완전하신 영을 의미하며, 〈요한계시록〉의 문맥에서는 4장의 하나님과 5장의 예수 그리스도를 연결시켜 주는 역할을 합니다(5:6).

하나님의 보좌 주위로 이십사 보좌가 둘러 있고 거기에 이십사 장로들이 앉아 있었으며, 또 거기에 네 생물들이 있었습니다. 네 생물은 여섯 날개를 가지고 있고 또 "거룩하다, 거룩하다, 거룩하다."라고 외치고 있었습니다. 그러므로 이 생물들은 선지자 이사야가 천상 보좌의 환상을 볼 때 있었던 스랍들에 해당합니다(사 6:4). 네 생물의 모양이 사자, 송아지, 사람, 독수리 같은 것은 에스겔의 환상을 반영하고 있습니다(겔 1:10). 그러나 이런 형상의 생물들이 실제 천상의 하나님 보좌 앞에 있는 것이라고 보기는 어렵습니다. 마치 5장의 어린 양이 실제 어린 양의 모습을 하고 있는 존재가 아니라 예수 그리스도의 대속적 죽음을 나타내는 상징인 것과 같습니다. 사자는 맹수의 왕, 송아지(소)는 가축의 왕, 독수리는 새의 왕, 그리고 사람은 모든 피조물을 다스리는 왕이므로 이들은 모든 피조계를 대표한다고 할 수 있습니다. 중요한 것은 그것들이 하나님을 찬양하고 영광을 드러낸다는 것이지 그 실체가 어떤 것이냐가 아닙니다.

이십사 장로의 정체에 대해서도 다양한 해석들이 있습니다. 구약에서 다윗이 정한 제사장의 24 반차를 반영한 것이라고도 합니다(대상 24:7~18). 하지만 이 숫자는 아론의 아들 중 엘르아살 가문의 우두머리 16명과 이다말의 자손 8명이 있었기 때문에 나온 것이므로 거기에 다른 의미를 부여하기가 어렵습니다(대상 24:4). 그렇다면 지상 성전이 하늘 성전의 모형과 그림자이므로(참고 히 8:5), 하늘 성전이 지상 성전을 따라 구성된다고 말하는 것은 이치에 맞지 않습니다. 구약 이스라엘 열두 지파와 신약의 .열두 사도를 합한 것이라는 해석이 많은 지지를 받고 있습니다. 새 예루살렘에 대한 환상에서 열두 문 위에 열두 지파의 이름이 있고, 성곽의 열두 기초석에 열두 사도의 이름이 있다는 것을 보면 가능한 해석으로 보입니다(21:12~14). 그러나 여기에서 이십사 장로에 대한 정체보다 더 중요한 것은 이 환상 속에서 그들의 역할입니다. 즉 그들은 관을 쓴 영화로운 존재이지만 그 관을 "보좌에 앉으신 이"에게 내려놓으며 네 생물이 한 것처럼 하나님의 영광과 존귀와 권능을 칭송합니다. 네 생물은 하나님의 속성에 초점을 맞추어 그의 거룩함과 영존성을 찬양했다면, 이십사 장로들은 만물을 창조하시고 섭리대로 주관하시는 하나님의 역사를 찬양했습니다. 결론적으로 이십사 장로와 네 생물은 어떤 권위를 가진 존재이지만 여기에서 그들의 역할은 궁극적으로 최고 권위자이신 하나님을 높이는 데 있습니다.

〈히브리서〉 8장 5절을 적어 봅시다.

_____

_____

_____

5장은 "어린 양" 곧 예수 그리스도로 시선을 돌립니다. 그에 앞서 1~5절이 보좌에 앉으신 이의 오른 손에 놓인 두루마리에 대해 묘사합니다. 안팎으로 썼고 일곱 인으로 봉한 두루마리입니다. 이것은 선지자 에스겔이 본 두루마리 책과 선지자 다니엘 본 책을 연상시킵니다. 에스겔이 본 두루마리에는 안팎으로 "애가와 애곡과 재앙의 말"이 기록되어 있었고(겔 2:10), 다니엘이 본 것도 "심판을 베푸는 책"이었습니다(단 7:10). 〈요한계시록〉의 두루마리 역시 하나님의 주권적인 섭리에 따라 펼쳐지는 심판과 재앙을 담고 있습니다. 그러나 그 심판과 재앙은 〈요한계시록〉의 맥락에서 하나님 백성의 죄에 대한 징계를 말하는 것이 아니라, 대적들을 심판하시고 궁극적으로 하나님의 나라를 세우시는 역사입니다. 그런데 여기에서 요한은 그 두루마리를 펴거나 보기에 합당한 자가 없어서 크게 울었습니다. 그러자 장로 중 한 사람이 "울지 말라 유대 지파의 사자다윗의 뿌리가 이겼으니 그 두루마리와 그 일곱 인을 떼시리라."고 했습니다.

6~14절은 예수 그리스도를 어린 양으로 부릅니다. 5절에서 "다윗의 뿌리"가 왕으로서 예수 그리스도를 묘사하는 것이라면, 어린 양은 "고난받는 종"으로서 예수 그리스도의 사역을 강조합니다. 어린 양은 일곱 뿔과 일곱 눈을 가졌으며 일곱 눈은 하나님의 일곱 영이라고 합니다. 일곱은 완전한 숫자를 뿔은 관을 상징하므로, 완전한 왕권을 가진 존재로서 소개하는 것입니다. 하나님의 일곱 영이라고 하는 일곱 눈을 가졌다는 것은 그가 왕적 권위와 능력을 발휘할 때 하나님의 완전한 영으로 한다는 것입니다. 이것은 이사야 선지자가 예언한 바 "이새의 줄기(뿌리)에서 난 한 싹"에 임한 일곱 영을 반영한 것입니다(사 11:1~3, 10). 이 예언은 예수님이 세례를 받으실 때 하나님의 성령이 임하심으로 성취되었으며(마 3:16), 실제로 그는 하나님의 성령을 힘입어 사역을 하신다고 스스로 증거하셨습니다(마 12:28). 요한의 환상 속에서 이 어린 양은 하나님과 같이 이십사 장로와 네 생물이 엎드려 경배할 신적 권위를 가지신 분으로서 대속적 희생의 죽음을 당하신 분입니다. 그래서 오직 그분만이 일곱 인을 떼실 수 있는 분입니다. 즉 하나님이 작정하신 비밀을 계시하시고 성취하시

는 분은 오직 예수 그리스도라는 의미입니다. 이제 다음 장면에서 어린 양이 차례로 일곱 인을 떼시면서 나타나는 환상은 그를 통하여 드러난 계시와 성취를 보여 줍니다.

여섯 인(6장). 어린 양이 처음 네 인을 떼실 때 각각 다른 색의 네 마리 말과 말 탄 자가 나옵니다. 처음 등장하는 "흰 말을 탄 자"를 〈요한계시록〉 19장 11절의 "백마를 탄 자"와 같이 심판주로 재림하시는 예수 그리스도를 가리키는 것으로 보는 해석이 있습니다. 그러나 이런 해석은 뒤에 오는 나머지 세 마리의 말에 대한 해석과 조화되지 않습니다. 첫째 인을 떼실 때 흰 말을 탄 자가 활을 가지고 이기려고 한다는 것은 전쟁을 상징한다고 볼 수 있습니다. 둘째 인을 떼실 때 나타나는 붉은 말을 탄 자는 피 흘림 곧 살육을 의미합니다. 셋째 인을 떼실 때 저울을 들고서 나타난 검은 말을 탄 자는 경제적 파탄을 의미하고, 넷째 인을 떼실 때 나타난 청황색 말을 탄 자는 갖가지 사람을 죽게 하는 재앙을 의미합니다. 그러나 이것이 실제 역사 속에서 어떻게 이루어지는 것인가를 추측하는 것보다 일곱 인의 진행 흐름 속에서 그 의미를 살펴봐야 합니다.

여기의 네 말과 탄 자에 대한 환상은 의심할 바 없이 선지자 스가랴가 본 네 마리의 말(슥 1:8), 혹은 색이 다른 말들이 이끄는 네 병거의 예언을 반영한 것입니다(슥 6:1~8). 〈스가랴서〉 1장 8~17절에서는 네 마리 말에 탄 사람들이 여호와의 명령을 받고 사방을 순찰하고 돌아와 여호와의 천사에게 온 땅이 평안하고 조용하다고 보고를 합니다. 이 보고를 듣고 여호와의 천사는 "여호와께서 언제까지 예루살렘과 유다 성읍들을 불쌍히 여기지 아니하시려 하나이까."라고 하나님에게 탄원을 합니다. 거기에 대해 하나님은 평온한 나라 곧 예루살렘의 원수들을 심판하고 예루살렘을 회복하실 것을 선언합니다. 그 이후에 이어지는 〈스가랴서〉의 환상은 예루살렘의 회복에 대한 것입니다. 이와 같은 스가랴의 환상이 〈요한계시록〉에 반영되어 있습니다. 스가랴의 환상과 마찬가지로 요한의 환상도 새 예루살렘과 하나님 나라의 궁극적 완성을 향하고 있습니다. 이런 맥락에서 볼 때 〈요한계시록〉의 네 말에 대한 환상은 종말에 세상에 있을 막연한 재앙을 가리키는 것이 아니라 대적들을 심판하시고 하나님 나라를 완성하시며 핍박받는 성도들을 구원하실 것을 선언하시는 약속의 일부로 보아야 합니다. 이것은 다음에 오는 남은 인 세 개를 떼는 환상과도 일치합니다.

다섯째 인을 떼실 때 순교자들이 제단 앞에서 기도하는 장면은 〈스가랴서〉에 있는 여호와 천사의 탄원을 반영한 것입니다. 이들은 하나님의 말씀에 순종하고 예수 그리스도를 증거함으로 인해 순교를 당한 자들로서 하나님이 그 원수를 갚아 주시도록 기도하고 있습니다. 여섯째 인을 떼실 때 큰 지진을 비롯하여 천체와 자연의 격변이 생기고, 세상의 권세자들과 기득권자들을 비롯해 모든 사람이 "여호와의 진노의 날"이 이르렀다는 것을 알고 굴과 산의 바위틈에 숨어 두려움에 떱니다. 이 장면은 여호와께서 높임을 받으시고 거만한 세상 권세자들을 심판하시는 여호와의 날에 대해 예언하는 〈이사야서〉 2장 10~21절을 반영한 것입니다. 〈요한계시록〉의 문맥에서 이것은 순교자들의 기도에 대한 응답으로서 하나님이 대적들을 심판하시고 그 원수를 갚아 주실 것을 약속하시는 말씀입니다.

중간 환상(1): 십사만 사천과 흰 옷 입은 무리(7장). 마지막 일곱째 인이 떼어지기 전, 즉 절정이 이르기 전에 요한은 간주곡(interlude)과 같이 중간 환상을 제시합니다. 요한은 먼저 땅의 네 모퉁이에서 네 천사가 바람을 붙잡고 있는 것을 봅니다. 이 환상은 〈스가랴서〉 6장 1~8절의 네 말과 네 병거 환상을 반영한 것입니다. 〈스가랴서〉에서 네 말과 병거는 하늘의 네 바람으로서(슥 6:5) 온 세상의 주관자이신 하나님 앞에 있다가 동서남북으로 보내집니다. 〈요한계시록〉에서는 네 천사가 바람을 붙잡고 있음으로 해서 땅과 바다와 각종 나무에 내려질 재앙이 연기되고 있습니다. 해 돋는 데서 올라온 다른 천사의 선언을 통해 왜 재앙이 연기되고 있는지 그 이유를 설명합니다. 그것은 "하나님의 종들의 이마에 인치기까지" 즉 경건한 하나님의 종들이 다치지 않도록 보호하시는 것입니다. 이것은 마치 애굽에서 열째 재앙 때 그 백성으로 하여금 양의 피를 문설주에 바르게 하여 구분하셔서 죽음의 사자가 넘어가게 하셨던 상황과 같습니다. 그러므로 성도들은 신실하게 하나님을 믿고 예수 그리스도를 따른다면 종말의 재앙이나 환난이 있다 하더라도 두려워할 이유가 없습니다.

4~8절은 인침 받은 자를 소개하는데 그들은 이스라엘 자손의 각 지파에서 일만 이천 씩 십사만 사천입니다. 그다음에 9절은 십사만 사천과 달리 셀 수 없는 큰 무리로서 이들은 열방 민족 가운데서 나오는 자들입니다.

■ 십사만 사천은 누구인가?

여기에서 우리는 십사만 사천은 누구인가라는 의문을 갖게 됩니다. 이단들은 자주 이 부분을 인용하여 자기들이 그 십사만 사천이라고 주장하기 때문에 이에 대한 바른 이해가 필요합니다. 이단 외에 보통 교회에서는 십사만 사천이 구원받는 성도 전부를 상징하는 것이라고 이해해 왔습니다. 하지만 요한은 이스라엘 자손 가운데 인침 받은 자와 열방 나라 가운데서 나오는 흰 옷 입은 무리를 따로 소개되어 있다는 것을 간과할 수 없습니다. 14장 1~4절에 다시 십사만 사천이 나오는데 그들은 "처음 익은 열매"라고 하고, 그다음 구절 14장 5절에서는 공중에 날아가는 다른 천사가 "땅에 거주하는 자들 곧 모든 민족과 종족과 방언과 백성에게 전할 영원한 복음"을 가졌다고 했습니다. 이 두 환상을 종합해 볼 때 십사만 사천은 문자 그대로 의미를 살려 이스라엘의 구원받은 자로 보는 것이 자연스럽습니다. 물론 이것은 십사만 사천이라는 숫자까지 문자적으로 계산한다는 의미는 아닙니다. 이들을 "처음 익은 열매"라고 하는 것은 이방인 전에 먼저 유대인들이 하나님의 말씀을 받아들여 구원을 받았기 때문입니다(참고 롬 1:16, 3:2). 그렇다면 이들은 바울이 이사야 선지자를 인용하며 언급했던 것과 같이, 이스라엘 백성 가운데 구원받은 남은 자에 해당합니다(롬 9:27~29). 하나님은 이들 외에도 예수 그리스도로 말미암아 이방인까지 구원받을 자로 부르셨습니다(롬 9:24). 즉 구원의 복음은 유대인에게서 머무르지 않고 모든 나라와 족속에게로 전해지고, 그래서 그를 믿는 자들은 유대인과 동등한 하나님의 자녀요 백성이 되게 하신 것입니다(엡 2:19). 이것은 구약의 선지자들 통해 이미 여러 차례 예고하셨고(사 19:24, 55:5; 겔 47:21~23; 말 1:17), 예수 그리스도께서 친히 증거하셨던 것입니다(요 10:16). 그리고 성경은 분명하게 예수 그리스도의 복음 이후에 유대인 신자와 이방인 신자 사이에 전혀 차별이 없다고 말합니다(행 15:9; 롬 3:22, 10:12; 골 3:11).

결론적으로 요한이 본 환상 곧 "이스라엘 자손 중에 인침 받은 자 십사만 사천"과 "열방에서 나온 셀 수 없는 무리"에 대한 환상에는 하나님의 구속사적 경륜이 반영되어 있습니다. 즉 복음과 구원의 역사가 예루살렘과 유대로부터 시작하지만 궁극적으로 모든 족속에게 복음이 전파되어 구원받을 자들을 다 모으심으로 그때에 끝이 오게 된다는 것입니다(사 56:8). 그러므로 이스라엘의 십사만 사천과 이방인의 셀 수 없는 무리를 구분한다 하더라도 그것은 하나님의 구원 역사의 경륜에 있어서 시간적이고 논리적인 순서의 문제이지 질적인 차이가 아닙니다. 이런 맥락에서 종말의 구원에 있어서 이스라엘과 이방인 성도를 구분하거나 이스라엘의 지리적 혹은 민족적 회복을 주장하는 세대주의적 종말론은 받아들일 수 없습니다. 또한 십사만 사천을 종말에 일어날 특정집단으로 규정하고 자신들에게 적용하는 이단이 들어설 자리는 더더욱 없습니다.

2) 일곱 나팔(8:1~11:14)

어린 양이 일곱째 인을 떼시고 난 후 일곱 천사가 일곱 나팔을 불면서 땅에 재난과 화가 시작되었습니다. 본격적으로 하나님이 심판하시는 역사가 시작되는 것입니다. 앞의 여섯 인의 문맥에 이어서 볼 때 이 심판은 막연히 온 땅에 일어나는 재앙을 의미하는 것이 아니라 하나님 백성을 박해하는 원수에 대한 심판입니다. 일단 큰 흐름을 보면 일곱 나팔은 일곱 인이 떼어질 때와 마찬가지로 처음 네 나팔이 한 묶음으로 엮어집니다(8장). 그리고 다섯째와 여섯째 나팔이 나오고(9장), 그다음에 정점인 일곱째 나팔을 불기 전에 중간 환상이 나옵니다(10:1~11:14).

일곱째 인과 일곱 나팔 준비(8:1~5). 어린 양이 마지막 일곱째 인을 떼신 이후 하늘이 잠시 고요했습니다. 곧 있을 큰 소요와 대비되는 정적입니다. 그 가운데 하나님 앞에 있는 일곱 천사가 일곱 나팔을 받았습니다. 나팔은 전쟁 개시를 알리는 신호로서 이제 하나님 나라의 대적을 치는 거룩한 전쟁이 시작되기 직전입니다(참고. 민 10:9, 31:6; 수 6:4~5; 삿 3:27; 습 1:16 등). 또 요한은 한 천사가 금 제단 곁에서 금 향로를 가지고 향을 받는 것을 보았습니다. 이 천사가 향과 함께 성도의 기도를 받아서 금 제단에 드리는 모습은 이스라엘 사람들에게 익숙한 장면입니다. 왜냐하면 성전에서 제사장이 분향하는 시간에 이스라엘 모든 백성은 밖에서 기도하기 때문입니다(눅 1:10; 참고. 시 141:2). 〈요한계시록〉의 문맥에서 이 기도는 다섯째 인을 뗄 때 보였던 순교자의 기도와 같이 박해 아래 있는 모든 성도의 기도를 의미합니다. 애굽의 압제 아래 탄식하던 이스라엘 자손의 부르짖는 소리를 하나님이 들으시고 그들을 돌보셨던 것처럼(출 2:23~25), 하나님은 여전히 성도의 기도를 들으시고 역사에 개입하셔서 하나님의 뜻을 이루십니다.

일곱 나팔(8:2~11:14)	
1. 땅과 수목(8:7)	
2. 바다(8:8~9)	
3. 강(8:10~11)	
4. 천체(8:12)	화! 화! 화!(8:13)
5. 황충(9:1~11)	첫째 화(9:12)
6. 네 천사와 마병대(9:13~21)	
두 증인(10:1~11:13)	둘째 화(11:14)
7. 큰 음성(11:15~19)	

〈사사기〉 3장 27절을 적어 봅시다.

_____

_____

처음 네 나팔: 자연(8:7~13). 처음 네 천사가 나팔을 불 때 일어나는 재앙은 자연을 향하고 있습니다.

첫째 천사가 나팔을 불 때 우박과 불이 나와서 땅과 수목의 삼분의 일을 황폐하게 합니다.

둘째 천사가 나팔을 불 때 큰 산과 같은 것이 바다에 던져져 바다 삼분의 일이 파괴됩니다.

셋째 천사가 나팔을 불 때 하늘에서 별이 강물과 물샘으로 떨어져 물 삼분의 일을 망쳐 놓습니다.

넷째 천사가 나팔을 불 때 해와 달과 별의 삼분의 일이 타격을 받아 삼분의 일이 빛을 잃습니다.

이와 같은 재앙들은 출애굽 때의 재앙을 연상시킵니다. 또한 이렇게 모든 재앙이 각 영역을 삼분의 일만 파괴하는 것은 아직 최종적인 심판이 남아 있기 때문입니다. 출애굽의 열째 재앙 때 모든 장자가 죽는 것과 같은 결정적인 심판이 이뤄질 때 대적이 굴복하고 하나님의 백성이 구원을 받을 것입니다.

처음 네 나팔의 환상이 지나고 난 후 한 독수리가 날아가며 "화, 화, 화가 있으리로다."라고 외치며 날아갑니다(8:13). 세 번 "화"를 외치는 것은 앞으로 남은 세 나팔의 재앙 때문입니다.

다섯째와 여섯째 나팔: 사람(9:1~21). 자연에 대한 재앙 이후에 이제 사람에게 직접 해가 가는 재앙이 시작됩니다. 다섯째 천사가 나팔을 불 때 하늘에서 땅에 떨어진 한 별이 무저갱을 열더니 거기에서 황충(메뚜기)이 나와 사람들을 괴롭힙니다(9:1~11). 그들은 죽이지는 못하게 되어 있으므로 사람들은 죽고 싶어도 죽지 못하고 괴로움을 당합니다. 7~10절은 그 황충이 얼마나 무서운 존재인지 묘사하며 그 대장은 아바돈(또는 아볼루온)이라고 합니다. 이들의 정체에 대해 여러 가지 해석이 분분하지만 본문의 문맥에서 그것들의 정체 자체가 그리 중요하지 않습니다. 다만 전체 진행에 있어서 그것들이 행하는 역할

두 가지를 기억해야 합니다. 하나는 그것들은 하나님의 성도들에게 피해를 입히는 것이 아니라 대적들을 공격하기 위한 존재라는 것입니다. 그렇기 때문에 그것들이 아무리 무섭게 묘사되어 있어도 두려워할 이유가 없습니다. 다른 하나는 그것들이 사람을 괴롭히는 첫 번째 재앙이면서 아직 죽음은 시작되지 않았다는 것입니다. 이제 겨우 첫째 화가 지나갔고 아직 두 가지 화가 더 남아 있습니다(9:12).

여섯째 천사 나팔 소리가 울리고 유브라데강에 결박한 네 천사가 놓여 사람들의 삼분의 일을 죽입니다(9:12-21). 유브라데강은 바벨론에 걸쳐 있는 큰 강이므로 이 재앙 역시 바벨론을 향한, 즉 하나님의 백성의 원수에 대한 심판을 의미합니다. 이때부터 본격적으로 사람들이 죽기 시작합니다. 그런데 다 죽지 않고 삼분의 일이 죽은 것은 아직 최종적인 심판이 남아 있다는 것입니다. 그럼에도 불구하고 남아 있는 자들은 회개하지 않았습니다. 결국 마지막 일곱째 천사의 나팔 소리가 나고 마지막 재앙으로 최종적인 심판이 이루어질 것입니다. 그런데 그 일곱째 천사 나팔은 11장 15절까지 미뤄지고 있습니다.

중간 환상(2): 요한의 소명과 두 증인(10장~11:14). 여섯 째 인과 일곱 째 인 사이에 중간 환상이 있었던 것처럼 여섯째 나팔과 일곱째 나팔 사이에 중간 환상이 나옵니다. 여기에는 두 가지 환상이 나옵니다. 10장은 요한의 예언적 사명을 이야기하고, 11장의 둘째 환상은 두 증인의 예언에 대해 다룹니다.

10장에서 요한은 "힘센 다른 천사"가 작은 두루마리를 들고 오른발은 바다를 왼발은 땅을 밟고 있는 것을 봅니다. 그 천사가 큰 소리로 외칠 때 일곱 우레의 소리가 납니다. 우레는 여호와의 음성이나 소리를 표현합니다(참고. 시 29:3). 요한이 이것을 기록하려고 할 때에 하늘에서 소리가 나서 그것을 인봉하고 기록하지 말라는 명령을 듣습니다. 일곱이라는 숫자 때문에 이것이 알려졌다면 일곱 인, 일곱 나팔, 일곱 대접과 연속이 될 수 있었을 것이라고 보는 해석이 있습니다. 하지만 여기에서 일곱은 어떤 연속적인 소리가 아니라 한꺼

번에 들리는 것으로서 그만큼 하나님의 음성의 장중함을 표현하는 것입니다. 그리고 그것을 기록하지 말라고 했다고 해서 또 다른 일곱 심판의 계시가 감춰진 것이라고 말하는 것도 불합리합니다. 왜냐하면 본문에서 바로 다음에 그 바다와 땅을 밟고 있는 천사가 "지체하지 아니하리니(또는 시간이 없으리니)"라고 하면서 "일곱 째 천사가 나팔을 불려고 할 때에…… 하나님의 그 비밀이 이루어지리라."고 말하고 있기 때문입니다. 이와 같은 환상은 다니엘이 본 환상을 거의 그대로 반영하고 있습니다(단 12:5~9). 다니엘은 환상 중에 강 이쪽과 저쪽에 있는 두 사람을 보았습니다. 그리고 그중 한 사람에게 이 놀라운 일이 언제 끝이 날 것인가를 묻자 그가 손을 들어 맹세하면서 모든 일이 끝날 때에 대해서 이야기합니다. 그리고 계시의 말씀을 마지막 때까지 간수하고 봉함하라는 명령을 받았습니다(단 12:9). 이와 같은 다니엘의 환상을 배경으로 하면서 요한은 이제 "하나님의 그 비밀"이 성취될 때가 임박한 것을 선포하고 있는 것입니다. 그렇기 때문에 이 장면은 계시를 감추는 것이 아니라 오히려 일곱 인과 일곱 나팔 계시의 최고 정점이 다가 오고 있다는 긴박성을 나타내는 것입니다. 그래서 바로 그다음 장면에서 요한은 그 힘센 천사에게서 두루마리를 받고 그가 다시 예언하리라는 말씀을 듣습니다.

　요한은 자신이 받은 예언의 소명에 이어 11장에 와서 두 증인에 대한 환상을 이야기합니다. 요한은 먼저 성전과 제단과 그 안에서 경배하는 자들을 측량하고, 성전 바깥마당은 그대로 두라는 명령을 받으면서 이방인들이 거룩한 성을 마흔두 달 동안 짓밟을 것이라는 예고를 들었습니다. 이것은 이방인들로 말미암아 박해를 받을 것을 예고합니다(참고. 단 7:25). 그런데 그 박해는 전면적이지도 않고 영원하지도 않습니다. 이 기간 동안 두 증인이 예언을 합니다. 그들에게서 표적이 나타나는데 비를 오게 하지 않은 것은 엘리야를 그리고 물이 피가 되게 하고 여러 가지 재앙으로 땅을 쳤다는 것은 모세를 연상하게 합니다. 그러므로 이 두 증인은 모세와 엘리야가 대표하는 구약의 율법과 선지자 전통을 이어가는 사람들입니다. 이 두 증인의 정체에 대해서 많은 논란이 있는

데 대체로 특정한 인물로 제한시키기 보다는 선지자적 사역을 이어 가는 교회로 보는 해석이 많은 인정을 받고 있습니다. 공동체를 이끄는 개인을 지칭할 가능성도 배제할 수 없는데 그럴 경우 신약시대에 순교한 베드로와 바울을 들 수 있습니다. 왜냐하면 베드로는 유대인을 위한 사도의 대표로 꼽히며, 바울은 이방인을 위한 사도로 세워졌기 때문입니다(갈 2:8). 어느 쪽이든 중요한 교훈은 성도가 하나님의 말씀을 위해 사역할 때 박해와 심지어 죽음까지 당할 수 있으나 하나님에게 궁극적으로 이기게 하신다는 것입니다.

중간환상 다음에 요한은 "둘째 화가 지나갔으나 셋째 화가 속히 이르는도다."라고 선언합니다(11:14). 둘째 화는 여섯째 천사의 나팔 소리와 함께 사람들이 삼분의 일이 죽었던 사건을 의미하며, 이제 마지막 결정적인 셋째 화가 다가오고 있습니다.

〈갈라디아서〉 2장 8절을 적어 봅시다.

9. 일곱 대접(11:15~16장)

일곱 대접은 16장에서 시작되지만, 그로 말미암은 일곱 재앙은 일곱째 나팔에 긴밀하게 연계되어 있으므로 일곱째 천사가 나팔을 부는 11장 15절을 그 시작점으로 볼 수 있습니다. 즉 일곱째 나팔이 울려 퍼진 이후 11장 16절~15장 8절은 중간 환상을 비롯해 최종 심판을 준비하는 과정을 보여 주고, 16장에 가서 일곱 대접을 쏟아부으면서 일어나는 최종 재앙을 보여 줍니다.

일곱째 나팔(11:15~19). 드디어 마지막 일곱째 천사가 나팔을 불자 하늘에 큰 음성이 들렸습니다. 이것은 일곱째 인이 열린 직후 고요했던 것과 대조됩니다. 하늘의 음성은 예수 그리스도의 왕권을 선포합니다. 그리고 보좌 앞의 이십사 장로들은 엎드려 하나님에게 경배하며 "주의 이름을 경외하는 자들에게 상주시며 또 땅을 망하게 하는 자들을 멸망시키실 때"가 다 되었음을 선포합니다. 이 선포는 앞으로 펼쳐질 최종 완성을 미리 보여 주는 것입니다.

중간 환상(3): 배도자들과 성도들(12~14장). 15장에 가서 요한은 하나님의 마지막 진노를 담은 일곱 재앙을 소개하는데, 그 정점에 이르기 전에 요한은 또다시 12~14장에서 중간 환상을 제시합니다.

12장은 큰 용 곧 사단 혹은 마귀에 대한 것입니다. 먼저 요한은 해산하는 여자의 환상을 봅니다(12:1~2). 이 여자의 아들은 "장차 철장으로 만국을 다스릴 남자"이므로 예수 그리스도를 가리킵니다(12:5; 참고. 2:27, 19:15; 시 2:9). 그렇다면 이 환상은 원시복음이라고 하는 〈창세기〉 3장 15절을 반영하고 있다고 할 수 있습니다. 예수님은 여자의 후손으로 나셔서 옛 뱀 마귀를 멸하시는 분입니다. 환상 속에서 해산한 아들은 바로 보좌 앞으로 올려갔다고 합니다. 이것은 다른 중간 과정을 생략하고 예수님의 탄생과 승천만을 설명한 것입니다. 승천하신 예수님은 하나님의 우편에 계시면서 사단의 세력을 멸하시는 최종적인 전쟁을 대비하고 계십니다(참고. 시 110:1).

요한이 본 여자의 아들이 예수님이라고 해서 그 여자를 예수님의 생모 마리아라고 하는 것은 아닙니다. 여자가 해산한 후에 광야로 도망하여 용의 박해를 받은 것 등은(12:6, 13~17) 마리아와 전혀 상관이 없는 기사이기 때문입니다. 여기에서 여자는 하나님 백성의 공동체 혹은 교회를 가리키는 것으로 보는 것이 자연스럽습니다. 즉 용이 하늘 전쟁에서 패배하여 쫓겨나 땅과 바다를 해롭게 하고 하나님의 백성을 괴롭게 합니다. 그리고 "여자의 남은 자손 곧 하나님의 계명을 지키며 예수의 증거를 가진 자들"과 싸우려고 준비하고 있습니다 (12:17).

13장은 마귀의 두 추종자로서 "바다에서 올라온 짐승"과 "땅에서 올라온 짐승"에 대한 것입니다. 사단에게 권세를 받아 이적을 행하고 사람들을 미혹하게 하는 이 두 짐승은 11장에서 하나님에게 권세를 받아 증언하는 두 선지자와 비교됩니다.

	두 증인(11:1~13)	두 짐승(13:1~18)
두 존재	두 증인(11:3) 두 감람나무와 두 촛대(11:4)	바다에서 한 짐승이 나오는데(13:1) 또 다른 짐승이 땅에서 올라오니(13:11)
권세	내가 나의 두 증인에게 권세를 주리니 그들이 굵은 베옷을 입고 천이백육십 일을 예언하리라(11:3)	…… 또 짐승이 마흔두 달 동안 일할 권세를 받으니라(13:5); 용이 자기의 능력과 보좌와 큰 권세를 그에게 주었더라(13:2); 그가 먼저 나온 짐승의 모든 권세를 그 앞에서 행하고(13:12)
부활	삼 일 반 후에 하나님께로부터 생기가 그들 속에 들어가매 그들이 발로 일어서니 구경하는 자들이 크게 두려워하더라(11:11)	그의 머리 하나가 상하여 죽게 된 것 같더니 그 죽게 되었던 상처가 나으매 온 땅이 놀랍게 여겨 짐승을 따르고(13:3); 땅과 땅에 사는 자들을 처음 짐승에게 경배하게 하니 곧 죽게 되었던 상처가 나은 자니라(13:12)

바다에서 나온 짐승은 용에게서 능력과 권세를 받았고, 또 죽게 된 것 같다가 살아난 이적으로 많은 사람으로 그를 따르게 했습니다. 그가 받은 권세로 세상을 정복하고 성도들까지 이기니 온 땅의 많은 사람들이 그것을 경배했습니다. 그러나 죽임당한 어린 양의 생명책에 기록된 사람은 경배하지 않았습니다. 그다음에 땅에서 짐승이 올라와 권세를 가지고 큰 이적을 행하여 사람들을 미혹하게 하고, 또 처음 짐승을 위해 만든 우상에 경배하게 했습니다. 그리고 짐승의 우상에 경배하지 않은 자들은 죽이고, 또 사람들에게 오른 손이나 이마에 짐승의 이름 혹은 그 이름의 수를 표로 받게 해서 그 표를 가진 자 외에는 매매를 하지 못하게 했습니다. 이와 같은 상황 속에서 성도는 두 증인을 따라 하나님을 경배하고 섬길 것인지(11:1), 아니면 두 짐승의 미혹과 강요에 넘어가 짐승의 우상에게 경배할 것인지 선택해야 합니다(13:8, 12).

14장은 최후의 심판 때에 믿음을 지킨 자들의 운명과 그렇지 않은 자들의 운명을 대조하면서 성도에게 믿음과 인내를 권고합니다. 신앙의 정절을 지킨 십사만 사천은 여자 곧 음녀 바벨론과 더불어 더럽히지 않고 어린 양을 따른 자들로서 그 이마에는 어린 양의 이름과 그 아버지의 이름이 있습니다. 그들은 하나님의 통치와 구원이 완성되는 시온산에 있습니다(사 4:2~6). 앞에서 설명한 대로 십사만 사천이 먼저 말씀을 받은 유대인을 의미한다고 보더라도 이방 그리스도인이 종말의 구원에서 배제된 것은 아닙니다. 6절에서 "모든 민족과 종족과 방언과 백성에게 전할 영원한 복음"이 있다는 것이 그 증거입니다. 하나님은 이 시온산에서 만민을 위한 잔치를 베푸시고(사 25:6~8), 신실한 이방인을 하나님의 성산으로 인도하실 것을 약속하셨습니다(사 56:7).

시온산과 달리 그 대칭점에 서 있는 큰 성 바벨론 곧 모든 나라를 더럽히던 제국의 중심은 멸망을 앞두고 있습니다(8절). "무너졌도다 무너졌도다 큰 성 바벨론이여."는 〈이사야서〉 21장 9절을 인용한 것입니다. 이사야는 유다를 멸망시키고 하나님의 언약 백성을 포로로 잡아간 바벨론을 하나님이 무너뜨리신 후 그 백성을 다시 돌아오게 하신 후 영광스러운 새 시온(예루살렘)을 창조하실 것을 예언했습니다. 초대교회 시대에는 로마가 바벨론과 같이 세계를 지배하며 하나님의 백성을 박해하는 제국의 중심이었습니다(참고. 벧전 5:13). 그래서 요한은 여기에서 제국 세력의 멸망이 임박해 있는 것을 선언하며, 그 세력에 미혹되고 굴복하여 우상에게 경배한 자들도 함께 멸망할 것을 경고하고 있습니다.

만일 누구든지 짐승과 그의 우상에게 경배하고 이마에나 손에 표를 받으면 그도 하나님의 진노의 포도주를 마시리니 그 진노의 잔에 섞인 것이 없이 부은 포도주라 거룩한 천사들 앞과 어린 양 앞에서 불과 유황으로 고난을 받으리니 그 고난의 연기가 세세토록 올라가리로다 짐승과 그의 우상에게 경배하고 그의 이름 표를 받는 자는 누구든지 밤낮 쉼을 얻지 못하리라 하더라(계 14:9~11).

여기에서 주의할 것은 이마나 손에 어떤 표식을 받는 것 자체가 문제가 아니라는 것입니다. 짐승에게 경배한 자들이 그 증거로 표식을 받는 것이기 때문입니다. 그러므로 단순히 컴퓨터 바코드나 베리 칩과 같은 현대 기술을 짐승의 표로 말하는 것은 성경의 의미를 곡해한 것입니다.

짐승에게 경배하고 표를 받는 자들은 쉼을 얻지 못하지만 "주 안에서 죽는 자들은 복이 있도다."고 하시며 그들이 수고를 그치고 쉴 것을 약속하고 있습니다(13절). 낫을 휘둘러 알곡을 거둬들이는 것은 성도의 구원을 의미합니다(14~16절). 반대로 낫을 휘둘러 포도송이를 거두어 포도주 틀에 던지는 것은 배교자와 불신자의 심판을 의미합니다(17~20절; 참고. 사 63:3).

마지막 일곱 재앙 준비(15장)

일곱 대접(15~16장). 요한은 일곱 천사가 일곱 재앙을 가진 것을 봅니다(15:1). 이것을 마지막 재앙이라고 한 것은 다섯째 나팔과 함께한 첫째 화(9:12)와 여섯째 나팔과 함께한 둘째 화(11:14)가 지나가고, 이제 마지막 일곱째 나팔과 함께 일어나는 세 번째 화로서 일곱 대접의 심판이 시작될 것이기 때문입니다. 15장 5~8절에서 일곱 재앙을 가진 일곱 천사들이 하나님의 진노를 담은 일곱 금 대접을 받습니다. 그리고 16장에서 일곱 천사들이 차례로 그 대접들을 땅에 쏟음으로 일곱 재앙이 일어납니다.

처음 네 재앙의 순서는 8장에 있는 처음 네 나팔의 순서를 그대로 따라서 첫째 대접은 땅(16:2), 둘째 대접은 바다(16:3), 셋째 대접은 강(16:4~7), 넷째 대접은 해에 쏟아 부어져 각각의 영역에서 재앙이 일어납니다(16:8~9). 처음 네 나팔 심판 때에는 각각 삼분의 일을 파괴했고 이제 전면적인 심판이 시행되고 있습니다. 즉 일곱 대접은 단순히 일곱 나팔의 심판을 반복하는 것이 아니라 심판의 강도가 강해지고 있는 것입니다. 그러나 이런 심판에도 불구하고 사람들은 하나님을 비방하고 회개하지 않습니다. 마치 애굽의 바로가 재앙을 겪으면서도 완강하게 하나님의 뜻을 거역하는 것을 연상하게 합니다.

다섯째 대접은 짐승의 왕좌에 쏟아부어졌습니다(16:10~11). 그러자 나라가 어두워지고 사람들은 독종에 시달렸는데 그래도 회개하지 않았습니다. 이것은 더 큰 심판을 예고합니다.

여섯째 대접은 큰 강 유브라데에 쏟아졌습니다(16:12~16). 강이 마르고 동방에서 오는 왕들의 길이 예비되었다는 것은 이방 군대의 침략이 가까웠다는 것입니다. 이때 개구리 같은 세 더러운 영이 각각 용, 짐승, 거짓 선지자의 입에서 나와 세상 나라의 왕들을 모읍니다. 이들은 세상을 미혹하게 하여 하나님을 대항하여 싸우는 최후 결전을 준비하는 것입니다. 이렇게 해서 점점 최후 심판의 시간이 긴박하게 다가오고 있습니다.

일곱째 대접은 공중에 쏟아지고 그 결과 큰 성 곧 바벨론이 세 갈래로 갈라져 망하게 되고 만국의 성들도 함께 무너졌습니다. 거대한 우박들이 사람들에게 떨어지는데 사람들은 그 재앙 때문에 여전히 하나님을 비방합니다. 결국 이들은 회개하지 않고 멸망의 길을 자초하는 것입니다.

이렇게 해서 일곱 인, 일곱 나팔, 일곱 대접으로 연계되는 심판이 끝이 나고 그 결과 큰 성 바벨론이 무너졌습니다. 그러므로 여기까지 제시된 심판과 재앙은 하나님을 거역하고 그 백성을 괴롭히는 원수를 향하고 있는 것입니다. 이 예언을 통해 요한은 로마의 박해 아래 있는 성도들에게 로마 제국의 멸망을 예고하며 인내하고 신앙의 정절을 지킬 것을 권고합니다. 그러나 이 예언은 1세기 그리스도인들에게만 유효한 것이 아니라 다음 세대에게도 여전히 유효하며 주님 오시는 그날까지 어떤 박해 세력이 있어도 궁극적으로 하나님과 그리스도의 나라가 승리한다는 것을 믿고 인내하도록 권고하고 있습니다.

3. 음녀(계 17:1~21:8)

〈요한계시록〉의 세 번째 단원은 "이리 오라 많은 물 위에 앉은 큰 음녀의 받을 심판을 네게 보이리라…… 성령으로 나를 데리고 광야로 가니라."(17:1~3)는 말씀으로 시작합니다. 그래서 이 단원의 중심 주제는 음녀 바벨론의 심판입니다. 바벨론은 초대교회 당시 세계의 중심이며 로마제국의 수도인 로마를 은유적으로 표현한 것입니다. 앞서 둘째 단원은 바벨론이 무너지기까지 진행되는 심판의 전 과정을 설명했다면, 이제 셋째 단원은 바벨론 심판 자체에 집중하여 심판의 이유와 결과를 설명하며, 아울러 하나님이 그 배후의 세력까지 완전히 섬멸하심으로 심판을 완성하시는 것을 보여 줍니다.

1) 바벨론 멸망(17:1~19:10)

만국을 호령하며 미혹하게 하던 바벨론 그리고 하나님의 백성을 박해하던 제국 바벨론이 하나님의 심판을 받아 무너집니다.

음녀 바벨론(17장). 천사는 요한에게 음녀를 먼저 보여 주고(1~6a절) 그다음에 구체적인 설명을 덧붙입니다(6b~18절). 많은 물 위에 앉아 있던 음녀는 일곱 머리와 열 뿔이 있는 붉은빛 짐승을 타고 있으며, 그녀 자신은 온갖 사치로 치장하고 더러운 음행으로 가득차 있고, 그 이마에는 큰 바벨론, 땅의 음녀들과 가증한 것들의 어미라고 쓰여 있습니다. 음녀가 성도들의 피와 예수의 증인들의 피에 취하였다는 것은 성도들에 대한 박해 세력인 것을 의미합니다. 음녀를 보고 놀란 요한에게 천사가 그 "여자"와 "짐승"에 관한 비밀을 설명합니다(7절).

8~14절은 짐승에 초점을 맞춥니다. 짐승은 전에 있었으나 지금은 없고 장차 다시 나타나 사람을 놀라게 할 것입니다. 일곱 머리는 여자가 앉은 일곱 산이며 동시에 일곱 왕을 의미합니다. 18절에 말한 것처럼 음녀 바벨론이 도시 자체를 비유한 것이라면 여기의 짐승은 보다 큰 제국 세력을 나타낸다고 볼 수 있습니다. 그렇다면 일곱 왕 가운데 망한 다섯은 과거의 황제를, 지금 있는 하나는 현재의 황제를, 그리고 또 다른 하나는 미래의 황제를 말합니다. 열 뿔은 열 왕을 의미하며 대제국에 종속한 변방의 통치자를 가리킵니다. 이들이 짐승과 연합하여 어린 양이 이끄는 군대와 싸울 것입니다(14절; 19:19).

15~18절은 음녀에 대한 것입니다. "많은 물 위에 앉았다."는 것은 유브라

데와 티그리스강 사이에 있는 바벨론(렘 51:13)을 빗대는 말입니다. 그런데 여기에서 많은 물은 여러 나라와 백성을 의미하고 그래서 로마가 국제적인 영향력을 행사하는 제국의 수도라는 것을 표현합니다(18절). 그런데 이 도시가 장차 짐승과 그에게 연합한 군대에 의해 몰락하게 될 것이라고 합니다. 그리고 그것은 하나님이 궁극적으로 악의 세력을 완전히 멸하시기 위해 허용하신 과정입니다.

바벨론의 경제적 몰락(18장). 17장은 음녀 바벨론이 탄 짐승과 왕들을 이야기하면서 정치적인 관점에서 바벨론의 멸망을 이야기했다면, 18장은 경제적인 관점에서 바벨론의 몰락을 묘사합니다.

1~3절은 하늘에서 내려온 천사가 큰 성 바벨론의 멸망을 선포하고 그 이유를 제시합니다. 그 이유는 한마디로 영적인 타락과 경제적인 사치의 중심이었기 때문입니다. 4~8절에서 다른 천사가 나타나 바벨론 멸망은 그의 행위와 교만에 따른 하나님의 심판인 것을 말하며 성도를 향해 그 죄에서 떠남으로써 그 받을 재앙에 참여하지 않도록 권면합니다. 9~20절은 바벨론과 무역하며 사치하고 치부하던 자들이 바벨론의 멸망 때문에 탄식하는 것을 말합니다. 여기에는 세 부류 곧 땅의 왕들(9~10절), 땅의 상인들(11~17a절), 그리고 바다에서 일하는 자들(7b~20절)의 애가가 기록되어 있습니다. 21~24절은 바다에 빠진 맷돌과 같이 큰 성 바벨론이 총체적으로 몰락하여 그곳의 사치와 즐거움도 완전히 사라진 것을 묘사합니다.

감사 찬송과 어린 양의 혼인 잔치 예고(19:1~10). 18장의 애가와 대조하여 여기에서는 바벨론 멸망이 하나님의 공의로운 심판이라는 것을 찬양하는 천상의 찬송들이 나옵니다. 허다한 무리가 찬송하며(1~3절), 이십사 장로와 네 생물이 찬양합니다(4~5절). 또한 바벨론의 멸망과 함께 하나님의 완전한 통치가 이루어지는 새 시대가 도래할 것을 찬양하며 어린 양의 혼인 잔치가 임박한 것을 예고합니다(6~8절).

■ 어린 양의 아내 신부는 누구인가?

여기에서 어린 양의 아내를 보통 '교회' 혹은 '성도'라고 해석합니다. 하지만 여기의 정결한 아내는 17~18장에 등장하는 음행하는 여자와 대칭되며, 그 음녀가 "큰 성 바벨론" 곧 로마를 가리킨 것처럼 이 신부는 "거룩한 성 예루살렘"을 가리킵니다(21:2, 9~10). 물론 바벨론이나 예루살렘을 말할 때 각각 물리적인 도시 자체를 말하는 것이 아니고 결국 그 안에 사는 사람들이 문제이기 때문에 그 주민 혹은 공동체와 분리된 도시 자체에 의미를 부여하는 것은 아닙니다. 하지만 여기에서 성경 저자는 음녀나 신부를 말할 때 도시 혹은 성을 은유로 사용하고 있다는 것을 간과해서는 안 된다는 것입니다.

구약에서 선지자들이 이스라엘 백성을 하나님의 신부로 이야기하는 경우가 있습니다(렘 2:2, 31:32; 겔 16:6~14; 호 1~3장). 그것은 하나님과 이스라엘 백성의 언약관계를 표현하기 때문입니다. 하지만 여기에서 요한은 신부의 이미지를 시온(예루살렘)의 구원과 회복을 선포하는 이사야에게서 가져왔습니다. 이사야는 교만한 바벨론이 과부가 될 것을 경고하고(47:8), 반대로 과부처럼 버림받은 시온이 영광스럽게 회복될 것을 예언합니다(49:14~21, 60~62장). 요한은 이러한 대조를 가져다가 음녀와 신부를 이야기하고 있기 때문에 어린 양의 신부는 다른 선지서보다 〈이사야서〉를 배경으로 이해해야 합니다.

〈이사야서〉 1장에서 하나님은 시온이 창녀와 같이 타락한 것을 탄식하시다가, 시온을 정결하게 하셔서 "의의 성읍 신실한 고을"로 회복하실 것을 말씀하십니다(사 1:25~26). 그리고 결론에 가서 새 하늘과 새 땅에서 예루살렘을 "즐거운 성"으로 다시 창조하실 것을 선포하십니다(사 65:17~18). 그래서 〈이사야서〉 전체는 하나님이 예루살렘을 심판하시고 다시 회복하시며 구원하시는 것을 보여 줍니다. 그 과정에서 언약 백성은 회복된 시온으로 돌아오는 자녀들로 묘사되어 있습니다(사 49:17, 21). 〈이사야서〉 54장 11~12절에서도 예루살렘을 각종 보석으로 꾸민 아름다운 도성으로 묘사하며, 그 주민들은 시온의 자녀들로 제시합니다. 이와 같이 이사야가 예루살렘을 신부로 비유하고 그 백성을 시온의 자녀로 제시한 것처럼 요한도 신부는 회복된 도성 예루살렘으로 비유하고 구원받은 백성은 "어린 양의 혼인 잔치에 청함을 받은 자들"이라고 말합니다(19:9). 그래서 〈요한계시록〉을 맺으면서 성령과 신부가 함께 성도들을 향하여 초청하는 음성을 소개합니다(22:17). 그렇기 때문에 신부를 성도 또는 교회와 혼동해서는 여러 해석상의 오류를 가져옵니다. 그러나 이사야와 요한이 예루살렘의 회복을 말한다고 해서 종말에 물리적인 도시 예루살렘의 회복이나 성전 재건을 말하는 것 역시 옳지 않습니다. 우리는 이 땅에서 영구한 도성을 찾지 못하고 하나님의 도성인 하늘의 예루살렘을 찾기 때문입니다(히 12:22; 13:14). 이것은 또 천국을 보고 왔다는 어떤 사람들의 말처럼 다른 세상에 보석으로 꾸며져 있는 피안의 세계를 찾는 것이 아닙니다. 요한이 본 바 거룩한 성 새 예루살렘이 하나님에게로부터 내려온다는 것은(21:2), 하나님의 통치가 이 땅에서 온전히 실현되고 만물이 새롭게 되어 하나님 나라가 완성되는 것을 소망하는 것이기 때문입니다(21:5; 참고. 마 6:10; 롬 8:21).

2) 최후 결전(19:11~20:10)

어린 양이 하늘의 군대를 이끌고 땅의 왕들의 연합군과 싸워 이기고, 마귀를 비롯한 모든 대적들을 완전히 정복합니다.

백마 탄 용사(19:11~21). 바벨론이 무너지고 난 후에도 여전히 최후의 결전이 남아 있습니다. 바벨론을 무너뜨린 짐승이 다른 나라들과 연합하여 하나님과 어린 양의 군대를 대적하기 때문입니다. 요한은 이 전쟁에 대해 지금까지 몇 차례 예고해 왔습니다(12:17, 16:13~14, 17:12~14). 여기에서 예수 그리스도의 이미지는 죽임 당하신 어린 양이 아니라 "백마 탄 용사"입니다(11절). 하늘의 군대들도 백마를 타고 그를 따릅니다(14절). 그런데 그 전쟁을 위한 무기는

"하나님의 말씀"(13절)이며 그리스도의 "입으로부터 나오는 검"입니다(15, 21절; 참고. 사 11:4). 이 전쟁은 예수 그리스도의 공의로운 심판이 이뤄지는 것을 의미하며 그래서 우리가 보통 생각하는 전쟁과 다른 차원의 전쟁입니다. 그러나 그렇다고 해서 이것을 단지 사상적인 차원의 충돌을 말한다고 볼 수 없는 것은 이 장면에서 대대적인 살육이 발생하고 있기 때문입니다(17~18절). 그는 철장으로 대적들을 쳐부수며(시 2:9) 하나님의 진노의 포도주 틀을 밟아 피가 튀게 합니다(사 63:6). 용에게서 권세를 받아 사람들을 미혹하게 했던 두 세력(13장) 곧 바다에서 올라온 짐승과 땅에서 올라온 짐승도 이 싸움에서 패하여 두 짐승은 유황불에 던져지고 그 짐승들을 따랐던 무리들 역시 비참하게 죽습니다(19:20~21).

천년왕국(20:1~10). 두 짐승과 거기에 미혹된 사람들뿐만 아니라 큰 용 곧 마귀/사단도 굴복하여 천 년 동안 만국을 미혹하지 못하도록 무저갱에 감금됩니다. 그 천 년 동안 하나님 말씀을 위해 순교한 자들(6:9)과 짐승과 그 우상에게 경배하지 않은 자들(13:15)이 그리스도와 더불어 왕 노릇 합니다.

천년왕국에 대해서는 다양한 이론이 교회에서 논의 되고 있습니다. 어떤 이들은 천년왕국 전에 예수님이 재림하시고, 천년왕국 지난 후에 완전한 하나님 나라가 이루어진다고 합니다(전천년설). 다른 이들은 복음 전파로 천년왕국이 이루어지고 난 다음에 예수님이 재림하심으로 하나님 나라가 완성된다고 합니다(후천년설). 또 다른 이들은 천년왕국이 따로 있는 것이 아니라 초림과 재림 사이의 현재가 그 때라고 합니다(무천년설). 이와 같은 다양한 해석에 각각 장단점이 있으므로 여기에 대해서는 따로 공부할 필요가 있습니다. 다만 여기에서 우리가 주목할 것은 심판 때에 결국 악의 원천인 사단까지 완전히 멸망을 받게 된다는 사실입니다(20:10). 사단 역시 두 짐승과 함께 영원한 유황불에 던져짐으로써 땅을 망하게 하는 자들의 심판이 완성되고(참고. 11:18) 이로써 악의 세력은 완전히 사라지게 됩니다.

3) 최후 심판(20:11~21:8)

둘째 사망(20:11~15). 사단까지 완전히 제압된 후에 하나님의 보좌 앞에서 최후의 심판이 내려집니다. 하나님 보좌 앞에 "책들"이 펴져 있고 또 다른 책 곧 "생명책"이 펴져 있습니다. 죽은 자들이 다 부활하여 그 행위를 따라 책들에 기록된 대로 심판을 받습니다. 이것은 행위에 선과 악의 정도에 따라 심판을 받는다는 의미가 아닙니다. 이들은 모두 생명책에 기록되지 못한 자들로서 하나님의 법에 기록된 대로 공정한 저주의 심판을 받고 그래서 마귀와 그 짐승이 떨어진 그 불 못에 던져질 것입니다. 이것이 둘째 사망입니다.

새 하늘과 새 땅(21:1~8). 둘째 사망의 신실한 성도들은 둘째 사망의 권세에 의해 해를 받지 않습니다(20:6). 왜냐하면 그들의 이름은 이미 어린 양의 생명책에 기록되어 있기 때문입니다(참고. 13:8). 그래서 성도들은 하나님의 백성으로서 하나님이 새롭게 하신 새 하늘과 새 땅, 새 예루살렘에서 하나님과 함께 살게 될 것입니다. 그곳에는 더 이상 사망이나 고통, 슬픔이 없을 것이며 성도들은 생명수 샘물을 마시며 영원한 생명과 복을 누릴 것입니다.

4 신부(계 21:9~22장)

요한은 네 번째 성령으로 인도함을 받아 신부 곧 어린 양의 아내를 보게 됩니다(21:9~10). 이것이 〈요한계시록〉 예언의 정점입니다. 이 책은 무서운 종말을 이야기하는 데 목적이 있는 것이 아니라 하나님이 원수의 세력을 심판하시고 궁극적으로 이루실 새 예루살렘을 보여 주며 성도들에게 인내와 믿음을 권면하는 것입니다.

1) 새 예루살렘(21:9~27)

앞 단원(21:1~8)에서 요한은 새 하늘과 새 땅을 보았지만 거룩한 성 새 예루살렘에 대해서는 단지 준비된 것만 보았습니다. 그리고 그 안에서 성도들이 누릴 복에 대해 음성으로 들었을 뿐입니다. 그러나 이제 성령은 요한을 데리고 크고 높은 산으로 올라가서 거룩한 성 예루살렘을 보여 줍니다. 정결한 신부 새 예루살렘은 하나님의 영광스러운 빛으로 꾸며져 있어(11절; 사 60:1~3), 가증한 것으로 치장한 음녀 바벨론과 대조됩니다(참고. 17:4). 이 성은 크고 높은 성곽이 둘러 있고 거기에는 사방에 세 개씩 열두 문이 있으며 그 문에 열두 천사가 있고 문에는 열두 지파의 이름이 기록되어 있습니다(참고. 겔 48:30~35). 또한 성곽에 열두 기초석에는 열두 사도의 이름이 있습니다. 이것은 구약의 언약 백성과 신약의 언약 백성이 어린 양 예수 그리스도의 통치 아래 통합되는 것을 의미합니다. 이 성안에 성전이 따로 없는 것은 더 이상 가시적인 상징이 필요 없이 하나님과 어린 양이 직접 그 백성과 함께 계시기 때문입니다. 또한 온 세상의 주권자가 거기 계시기 때문에 만국이 영광과 존귀를 그곳에 바치며 굴복하므로 그곳은 세상의 중심이 됩니다.

2) 생명수와 생명나무(22:1~5)

요한은 하나님과 어린 양의 보좌로부터 나온 생명수 강이 흘러나오는 것과 그 강 좌우에 생명나무가 있어 열두 가지에 맺는 열매와 또 만국을 치료하기 위하여 난 잎사귀를 보았습니다. 앞에서 요한은 만국의 영광과 존귀가 시온으로 들어가는 것을 보았고 이제는 반대로 하나님과 어린 양의 보좌로부터 생명의 역사가 나와 온 세상을 회복하게 하는 것을 말합니다.

3) 후기(22:6~21절)

서문에서 살펴본 것과 같이 후기는 서론과 짝을 이루며 〈요한계시록〉 전체를 결론맺습니다. 이 책에 기록된 예언의 권위와 진정성에 대해 다시 강조하고 또 임박한 재림에 대한 소망을 기원합니다. 결론적으로 〈요한계시록〉의 핵심 메시지는 세상에 군림하며 성도를 박해하는 제국 세력과 모든 악한 것들을 심판

하시고 하나님의 나라를 완성하신다는 것입니다. 그러므로 성도들은 주님 오실

날을 소망하고 기다리면서 어떤 상황 속에서도 믿음의 정절을 지켜야 합니다.

서문(1:1~8)	후기(22:6~21)
반드시 속히 일어날 일들을 그 종들에게 보이시려고 그의 천사를 그 종 요한에게 보내어 알게 하신 것이라(1:1).	그의 종들에게 반드시 속히 되어질 일을 보이시려고 그의 천사를 보내셨도다(22:6).
요한은 하나님의 말씀과 예수 그리스도의 증거 곧 자기가 본 것을 다 증언하였느니라(1:2).	이것들을 보고 들은 자는 나 요한이니……(22:8).
이 예언의 말씀을 읽는 자와 듣는 자와 그 가운데에 기록한 것을 지키는 자는 복이 있나니(1:3).	보라 내가 속히 오리니 이 두루마리의 예언의 말씀을 지키는 자는 복이 있으리라(22:7).
볼지어다 그가 구름을 타고 오시리라 각 사람의 눈이 그를 보겠고 그를 찌른 자들도 볼 것이요 땅에 있는 모든 족속이 그로 말미암아 애곡하리니 그러하리라 아멘(1:7).	보라 내가 속히 오리니 내가 줄 상이 내게 있어 각 사람에게 그가 행한 대로 갚아 주리라(22:12). 내가 진실로 속히 오리라 하시거늘 아멘 주 예수여 오시옵소서(22:20).
주 하나님이 이르시되 나는 알파와 오메가라 이제도 있고 전에도 있었고 장차 올 자요 전능한 자라 하시더라(1:8).	나는 알파와 오메가요 처음과 마지막이요 시작과 마침이라(22:13).

❖ 〈요한계시록〉을 정리해 봅시다.

	히브리서	야고보서/베드로서	요한서신/유다서	요한계시록
	뛰어난 예수	거룩한 행실	미혹의 경계	궁극적 완성
일반서신	최종 계시	야고보서 행하는 믿음	요한일서 사랑과 경계	일곱 교회
	믿음의 진보	베드로전서 의인의 보상	요한이서 거짓 교사 배척	( )
	새 언약		요한삼서 전도자 영접	음녀
	새 생활	베드로후서 악인의 심판	유다서 이단의 경계	( )

❖ 구약 총정리

	땅과 자손의 약속		약속의 땅으로				약속의 땅에서	
1부 아 브 라 함	창 1~11장	창 12~50장	출 1~18장	출 19~40장 레위기	민수기	신명기	여호수아	사사기 룻기
	시 작	**족 장**	**구 출**	**언 약**	**광 야**	**설 교**	**정 복**	**배 교**
	창조	아브라함	노역	율법	채비	회고	진입	실패
	타락	이삭	모세	성막	반역	율법	전쟁	사사
	홍수	야곱	열 재앙	제사	방황	화복	분배	혼란
	분산	요셉	인도	거룩	신세대	승계	권고	희망

	왕권의 형성		왕권의 흥망				왕권의 회복	
2부 다 윗	사무엘상	사무엘하	열왕기상	열왕기하	역대상	역대하	에스라 느헤미야	에스더
	선 택	**다윗 왕**	**왕 정**	**몰 락**	**성전 준비**	**제1성전**	**제2성전**	**보 호**
	엘리	유다 왕	솔로몬	엘리사	족보	성전 건축	성전 재건	왕후
	사무엘	통일왕	변심	개혁	다윗 왕	분열 전반	율법 정립	위기
	사울	재난	분열	북말기	언약궤	분열 후반	성벽 중수	반전
	다윗	후기	엘리야	남말기	건축 준비	유다 말기	새 공동체	승리

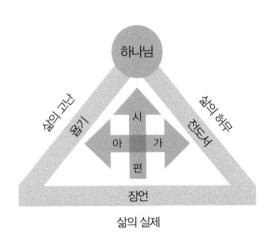

〈시가서의 주제 구성〉

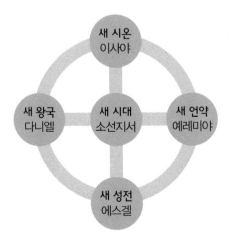

〈선지서의 주제 구성〉

3부 시가서

	욥기	시편	잠언	전도서	아가
	삶의 고난	탄식과 찬양	삶의 실제	삶의 허무	사랑의 찬가
	서문	다윗의 고난	지혜와 미련	허무	연애
	논쟁	왕권의 확립		폐단	결혼
	강론	왕국의 멸망	솔로몬의 잠언	지혜	부부
	결말	하나님 왕권	기타 모음집	권고	후기
		회복된 나라			

4부 대선지서

	이사야	예레미야/애가	에스겔	다니엘
	새 시온	새 언약	새 성전	새 왕국
	이스라엘 심판	심판 선고	유다 심판	궁정 기사
	이방 심판			
	참 도움	심판 실현		
	히스기야		이방 심판	
	구원 약속	이방 심판		환상 예언
	시온 회복		회복	
	영원한 복	애가		

5부 소선지서

	질책과 경고	회개의 권고	멸망의 선고	궁극적 소망
	호세아 배역한 백성	**오바댜** 에돔 심판	**나훔** 앗수르 멸망	**학개** 새 성전
	요엘 회개의 촉구	**요나** 긍휼하신 주	**하박국** 바벨론 멸망	**스가랴** 새 예루살렘
	아모스 철저한 심판	**미가** 인애하신 주	**스바냐** 세상과 유다 멸망	**말라기** 존귀한 이름

❖ 신약 총정리

	마태복음	마가복음/누가복음		요한복음	사도행전
	메시야	대권자	전도자	독생자	하나님 나라 확장
1부 **복음 과 역사**	왕의 준비	초기 사역	나사렛	성자	예루살렘
	변방 사역	제자 훈련	갈릴리	배척	복음 확산
	수난 예고	수난 예고	여행	제자	이방 선교
	수도 사역	대권 성취	예루살렘	영광	최후 증거

	로마서	고린도서	갈라디아서~데살로니가서	디모데서~빌레몬서
	이신칭의	신앙공동체	교회 서신	개인 서신
2부 **바 울 서 신**	칭의	들은 문제	갈라디아서 **참된 복음**	디모데전서 **목회 지침**
	새 생명	쓴 문제	에베소서 **교회 연합**	디모데후서 **종의 자세**
			빌립보서 **내적 기쁨**	
	이스라엘	변론	골로새서 **거짓 교훈**	디도서 **성도의 선행**
	새 생활	권면	데살로니가서 **종말의 대비**	빌레몬서 **관용의 요청**

	히브리서	야고보서/베드로서	요한서신/유다서	요한계시록
	뛰어난 예수	거룩한 행실	미혹의 경계	궁극적 완성
일 반 서 신	최종 계시	야고보서 **행하는 믿음**	요한일서 **사랑과 경계**	일곱 교회
	믿음의 진보	베드로전서 **의인의 보상**	요한이서 **거짓 교사 배척**	일곱 인
	새 언약		요한삼서 **전도자 영접**	음녀
	새 생활	베드로후서 **악인의 심판**	유다서 **이단의 경계**	신부